5 フロンティア
実験社会科学

選好形成と意思決定

西條辰義 [監修]
Saijo Tatsuyoshi

竹村和久 [編著]
Takemura Kazuhisa

勁草書房

フロンティア実験社会科学　刊行にあたって

　「いきもの」としてのヒトは数百万年の単位で進化し，今もなお進化し続けている。そして，ヒトビトの行動や選択の積み重なりが結果として社会を作っていく。したがって，ヒトの特性を無視して社会を理解することはできない。ところが，従来の政治学，経営学，経済学，社会学，心理学を含む人文社会科学の分野は，そのような特性を分野ごとに想定し，各々の固有の手法に固執して互いに交わることなく，独立の分野としての学問を発達させてきた。

　ヒトの特性を各分野で独自に想定するのではなく，ヒトの特性を観察することから研究をはじめねばならない。実際，20世紀最後の四半世紀頃から，ヒトを対象とする様々な社会科学実験が始まった。とりわけ，長い実験の伝統を持つ心理学との交流が社会科学そのものを豊かなものに変革するきっかけとなりつつある。さらには，実験手法やその結果が，社会科学の分野のみならず，社会科学者と生物学，神経科学，工学などの分野の研究者を繋ぐ接着剤の役割を果たし始めている。ここでいう実験は，ヒトビトを実験室に集めて実施する実験に限らない。フィールドでの実験・調査，コンピューターシミュレーションなど，ヒトの特性に関するエビデンス（証拠）を精査し，蓄積する研究すべてを含む。

　本シリーズの基礎になっているのは，平成19年度から平成24年度にわたる文部科学省の科学研究費補助金による特定領域研究「実験社会科学—実験が切り開く21世紀の社会科学—」（領域代表者・西條辰義）の研究成果である。社会科学の様々な分野から構成される本領域の各班の班名，テーマ，班長は以下のとおりである。

　市場班・総括班（市場制度の分析と設計：西條辰義（大阪大学から高知工科大学））
　組織班（組織の分析と設計：下村研一（神戸大学））
　政治班（政治制度の選択と機能分析：蒲島郁夫（東京大学から熊本県）から肥前
　　洋一（北海道大学から高知工科大学））

社会班（社会関係資本の機能と創出：大和毅彦（東京工業大学）から清水和巳（早稲田大学））

意思決定班（意思決定のマイクロ過程分析：竹村和久（早稲田大学））

集団班（集団行動と社会規範：亀田達也（北海道大学））

文化班（社会行動の文化・制度的基盤：山岸俊男（北海道大学，玉川大学，東京大学から一橋大学））

理論班（実験研究の意義と役割：巌佐庸（九州大学））

　各班には数多くの研究者・院生が参加している。また，班を超えるクモの巣状のネットワークも形成されている。すべての参加者の名前をあげるだけで数ページにわたるであろう。班長や参加者の皆さんの献身的な努力とあくなき好奇心に心より感謝したい。

西條辰義

はじめに

　私たちの社会のなかでは，個人が様々な意思決定を行っている。意思決定とは，選択肢のなかからひとつあるいはいくつかを選び取る行為である。個人の意思決定のメカニズムを明らかにすることは，心理学，経営学，経済学，政治学などの社会科学にとって基本的な知見を提供できる。本書は，意思決定の過程を分析するということから，人々の選好がどのように形成されて，どのように選択がなされるかということを，主に心理過程の側面から検討したものである。選好の形成と意思決定の問題は，社会心理学の古典的研究において検討されてはいたが，経済学や他の社会科学との関連や神経科学との関係など，十分には解明されてはいなかった。本巻がひとつの契機となって，この問題に多くの学徒が取り込まれることを期待したい。

　本巻は，特定領域研究「実験社会科学——実験が切り開く 21 世紀の社会科学」の「意思決定過程のマイクロ分析」班に属する研究者——実験心理学者，社会心理学者，行動分析学者，行動計量学者，工学者，精神医学者——の研究成果によって編まれている。本書の執筆者とは，特定領域研究期間が終了した現段階でも活発な交流が続いているだけではなく，他の班のメンバーの方がたとも多方面にわたる議論をさせていただいている。この特定領域研究に我々を導いていただいた西條辰義先生，亀田達也先生，そして本年惜しくもご逝去された故山岸俊男先生，さらに，貴重なご意見を頂戴した特定領域研究のメンバーの皆様に深く感謝申し上げる。また，本書の完成まで辛抱強く待っていただき，終始適切なコメントをくださった勁草書房永田悠一氏に，記して謝意を表したい。

竹村和久

目　次

フロンティア実験社会科学　刊行にあたって
はじめに

序　章　選好と意思決定の問題……………………………………竹村和久　1
　1.　はじめに　1
　2.　選好形成と意思決定の研究とは　1
　3.　意思決定についての心理学と行動経済学とのかかわりの歴史　3
　4.　意思決定過程研究の典型的な実験パラダイム　5
　5.　本巻の構成　7

第Ⅰ部　選好と意思決定過程分析のパラダイム

第1章　意思決定における「選好形成」問題…………藤井聡・羽鳥剛史　15
　1.　はじめに　15
　2.　ハイデガーの存在論に基づく選好形成理論　20
　3.　選択が選好構造を形成する　34
　4.　非道具的シンボル体系の形成としての，近代人的選好構造の形成　39
　5.　おわりに　50

第2章　行動分析学と意思決定研究…………………丹野貴行・坂上貴之　53
　1.　はじめに　53
　2.　行動分析学における選択行動研究の開始とマッチング法則　54
　3.　理論的接続Ⅰ：マッチング法則の理論的根拠としてのミクロ経済学　57
　4.　理論的接続Ⅱ：マッチング法則から派生した遅延割引研究　58
　5.　理論的接続Ⅲ：マッチング法則とプロスペクト理論　61

v

目　次

6. 実験的接続Ⅰ：不確実性嫌悪と基準比率の無視における学習の要因　64
7. 実験的接続Ⅱ：選択機会が選好に及ぼす影響　67
8. 実験的接続Ⅲ：意思決定の変容過程の微視的分析　71
9. おわりに　73

第3章　意思決定過程の脳機能画像研究……………………………高橋英彦　79
1. はじめに　79
2. 意思決定の脳機能画像研究の方法論　80
3. 意思決定過程の fMRI 研究　82
4. 妬みに関する脳活動　84
5. 他人の不幸は蜜の味　85
6. 神経経済学の発展　86
7. 確率の非線型な重みづけとドーパミン　87
8. 損失忌避とノルアドレナリン　90
9. おわりに　93

第Ⅱ部　選好と意思決定過程の分析と実証

第4章　選好の形成過程に関する実験的検討………井出野尚・竹村和久　99
1. はじめに　99
2. 選好形成過程に関する心理学的研究　101
3. 選好形成過程を扱った実験　108
4. まとめと今後の展望　118

第5章　眼球運動測定装置を用いた意思決定過程分析
　　　　……………………………………………森井真広・坂上貴之　123
1. はじめに　123
2. 眼球運動研究の歴史と意義　124
2. 眼球運動の種類と基礎的知見　127
3. 行動分析学における選択行動と眼球運動の研究　132

4. 意思決定研究における眼球運動の研究　138

5. 選択や判断に関わる眼球運動についての研究　144

第6章　多段階多属性意思決定過程の計算機シミュレーション分析
……………………………………………竹村和久・原口僚平・玉利祐樹　155

1. はじめに　155

2. 決定方略についての知見と多段階決定方略　156

3. 計算機シミュレーション1の目的と方法　167

4. 計算機シミュレーション1の結果と考察　172

5. 計算機シミュレーション2の目的と方法　186

6. 計算機シミュレーション2の結果と考察　187

7. 総合考察　188

8. まとめと今後の研究の問題　191

第7章　意思決定における確率荷重関数と時間割引関数
…………………………………………………竹村和久・村上始　195

1. はじめに　195

2. プロスペクト理論と確率荷重関数　197

3. 累積プロスペクト理論と確率荷重関数　200

4. 遅延価値割引と確率荷重関数　205

5. 確率荷重関数の推定実験　210

6. 遅延時間割引関数の推定　216

7. 結論と今後の課題　220

索　引　225

執筆者紹介　229

序　章　選好と意思決定の問題

1. はじめに

　この章では，本巻の問題である「選好形成と意思決定」について，その概念や研究の経緯を，意思決定の心理学である「行動意思決定論」と，近年新しい展開を遂げている「行動経済学」とのかかわりのなかで解説し，最後に，本書の構成とねらいについて説明する。なお，本章は，竹村（2018）および竹村・村上（印刷中）の論文の一部を加筆修正したものによって構成されている。

2. 選好形成と意思決定の研究とは

　選好とは，いわゆる対象に対する好みや好意のことを指し，選好形成とは，その選好が作られていく過程を指す。また，意思決定とは，選択肢の集合の中からいくつかを採択する行為であると定義できる。意思決定過程という場合，広義には選好の形成過程と選択の過程や選択後の過程を指すが，通常は選好が形成されたあとの選択の心的過程を指すことが多い。選好形成と選択を含む意思決定過程は，下記のような段階で生じると考えられる。

　　対象への選好の形成　→　選好関係の生成　→　選好関係から意思決定（選択）→　行動の継続または変化　→　行動後の心理的変化

　行動の継続は，習慣化を生み出し，また，行動の継続が生じないで変化を起

こすこともあるだろう。しかし，行動の継続または変化が，行動後の心理的変化を生み出し，もとの対象の選好へとフィードバックして新たな選好を生み出す循環が存在する。たとえば，意思決定後に選択した行為への正当化が生じやすくなる認知的不協和の現象などは，行動後の心理的変化を扱っていると言える。

選好形成の研究は，第1章や第4章でも解説されるように，当初は社会心理学の好意形成の研究などで盛んに行われたが，経済学の領域では，西部（1975）が選好形成の問題を検討することの重要性を説いていたにもかかわらずあまり研究されず，この選好形成の問題が経済学の分野で注目を浴びるようになってきたのは近年である。

意思決定は，結果の状態が確定している場合を確実性下の意思決定，結果の確率分布が既知な場合をリスク下の意思決定，結果の確率分布が不明な場合を不確実性下の意思決定と呼び，通常は，考慮する属性が複数にわたる多属性意思決定であると考えられている（竹村，2009; Takemura, 2014）。たとえば，天候の確率がわかっている状況での天候を考慮した意思決定はリスク下の意思決定であり，対人相互作用のように相手の出方がわからないばあいは不確実性下の意思決定になる。また，価格，品質，デザインなどを考慮して行う消費者の意思決定は多属性意思決定になる。

選好形成や選択についての意思決定過程の研究は，当初は「行動意思決定論」と呼ばれる心理学の領域で始まったといえるが，近年の行動経済学とのかかわりが深い（竹村，2009）。心理学と行動経済学とのかかわりの歴史は，非常に長い。社会科学の領域で「行動経済学」という領域が有名になったのは，2002年度のノーベル経済学賞受賞者のカーネマン（Kahneman, D.）と彼の共同研究者のトヴェルスキー（Tversky, A.）らの一連の経済心理学的研究を契機にしている。また，2017年度にノーベル経済学賞を受賞したセイラー（Thaler, R.）の心的会計の研究も，その次に来る心理学的な研究であるとも言える行動経済学の研究である。しかし，行動経済学という研究領域は，心理学の中では別の学問動向の中ですでに育っていた。この序章では，まず，このような人間の意思決定過程を研究する行動経済学と心理学との経緯について，国際的な流れとともに国内の動向や経緯についても論述する。

3. 意思決定についての心理学と行動経済学とのかかわりの歴史……

　心理学での意思決定研究は，広義に解釈するとさらに 19 世紀にまで遡れる。古典的心理学理論で有名なフェヒナー（Fechner, G. T.）は，1860 年に刊行された著書において，心理物理学的測定法（psychophysical method）を提唱し，刺激強度と判断を通じてなされる心理量との関数関係を特定するための定数測定法と尺度構成法を開発し，対数関数で表現される感覚量の理論を導出している。このフェヒナーの研究自体が，18 世紀の数理科学者ベルヌーイ（Bernoulli, D.）の期待効用理論の研究を参考にしていることからも，心理学と経済学の関係はかなり古い。また，心理学と経済学が数理科学的側面だけでなく，解釈学的にも密接な関係を持っていたことについても，塩野谷（2009）が詳しく述べているが，彼によると，経済学の方法論として心理学的方法が用いられることは，19 世紀にはそれほど特異なことではなかったようである。

　心理学分野で既に存在していた「行動経済学」は，第 2 章でも解説される行動分析学と呼ばれるアメリカの心理学者スキナー（Skinner, B. F.）が 1930 年代に始めた研究に端を発する。スキナーは，パブロフ（Pavlov, I. P.）の条件反射学やソーンダイク（Thorndike, E）の試行錯誤学習説による研究を発展させて，オペラント条件づけという概念で人間や他の動物の行動を説明しようとした。オペラント条件づけというのは，その行動が生じた直後の環境の変化に応じて，その後にその行動が自発的に生じる頻度が変化する学習のことであり，スキナーはこの条件づけによって多くの学習行動を説明しようとした。この行動分析学と経済学を結びつけた研究領域としての行動経済学的研究がすでに 1970 年代に生まれており，1980 年にはハーシュ（Hursh, 1980）によって，動物の行動実験データを，具体的に，封鎖・開放経済環境，価格弾力性，あるいは代替性・補完性という経済学的概念に関連づけて考察がなされている。この流れでの行動経済学は，伝統的経済学に仮定されている効用最大化の仮定や価格弾力性や代替性や補完性などの概念を用いて動物行動を説明しようとするものであった（伊藤, 2001 参照）。この行動分析学におけ行動経済学も，現代の「行動経済学」の流れと融合しており，時間割引や確率割引などの研究も進んでいる。

序　章　選好と意思決定の問題

　他方，意思決定過程を取り扱う現在の「行動経済学」は，心理学の分野で言うと行動意思決定論の研究に遡ることができる。従来，心理学における意思決定の研究においては，伝統的に規範理論の研究が先行し，そこでの理論と実際の人間の意思決定行動を比較する形で，記述的な理論研究である行動意思決定論研究がなされるようになってきた。行動意思決定論の創始者はエドワーズ（Edwards, W.）である。彼は，1948 年から意思決定に関する心理学的研究を始めていたし，1961 年には，すでに「行動意思決定論（behavioral decision theory)」というタイトルのレビュー論文を書いているのである（Edwards, 1961)。この行動意思決定論研究は，伝統的には心理学の中で行なわれてきた。とくに，方法論的には，数理心理学者，実験心理学者によって，研究対象領域で分けると，認知心理学者，社会心理学者によって，研究がなされてきたと言える。この行動意思決定論が現在の行動経済学に与えた影響は大きいと思われる。高見（2017）によると，1952 年にフランスのパリでリスクに関する国際シンポジウムが開催されて，そこで「アレのパラドックス」で有名なアレ（Allais, M.）が講演を行い，主観的期待効用理論の創始者のサヴェッジ（Savage, L. J.）と議論を行い，その数か月後にアメリカのランド研究所で心理学者のクームズ（Coombs, C. H.）と数学者のスロール（Thrall, R. M.）の組織した学際的研究会「意思決定過程における実験計画法」が開催され，意思決定についての行動経済学的な研究が発表された。上記のクームズとエドワーズの両者に教えを受けた行動経済学者にトヴェルスキーがいる。わが国においての行動意思決定論の先がけとなる研究者に戸田正直がいる。戸田は 1950 年代からアメリカの数理心理学者との交流もあり，主観的確率の測定や，感情と意思決定の問題を論じてかなり先駆的な研究をしている。また，小嶋外弘は，1950 年代にすでにカーネマンとトヴェルスキーによって提唱されたフレーミングやセイラーの心的会計の概念に極めて近い「心理的財布」という概念を提唱して実証的研究を行っている。その後，オランダで学んだ小橋康章の決定支援の研究（小橋，1988）も行動意思決定論の系譜に入る。また，ベイズ統計学の松原望，繁桝算男も主観的確率と意思決定についての行動経済学的な考察を行っており，繁桝が 1992年に発足させた「認知的統計的意思決定研究会（CGSTDM)」では，意思決定の研究が活発に議論された。

4

さらに，意思決定過程の心理学研究において，中心的になる研究対象は，消費者行動である。近年の消費者行動の研究は，従来のように認知心理学や社会心理学の単なる応用というものではなく，独自の理論を生み出している傾向にある。実際，ベットマン（Bettman, J. R.）らに代表される消費者の意思決定研究は，彼ら独自の理論と方法論によるものであり，知覚や認知を扱う米国の基礎系の心理学会（Psychonomic Society）でも，ひとつの分野を形成している。また，行動経済学とのかかわりのある意思決定の心理学については，リスク心理学があり，これはスロビック（Slovic, P.）やフィッシュホフ（Fischhoff, B.）らが 1970 年代より研究を行っているが，わが国では木下冨雄，田中靖政らの先駆的研究者がいる。

行動意思決定理論から派生したとも考えられる行動経済学は，人間行動が，効用理論のような規範的理論に従わない現象やその理由を検討し，逆に，行動分析学から派生した行動経済学は，人間よりもハトやラットなどの動物に対して伝統的経済学の理論を適用する傾向にあった。しかし，近年では，両者のアプローチはかなり近づいている。特に，遅延価値割引の研究やリスク下での選択行動研究などについて，人間にもその他の動物にも当てはまる統一的な研究をしようとする傾向がある。

4. 意思決定過程研究の典型的な実験パラダイム ······························

意思決定過程の心理学研究は，社会的心理学分野での広義の研究を含めて，基礎心理学の領域の典型的研究とはその問題意識の重点の置き方が若干異なっていることがある。たとえば，ミルグラム（Milgram, 1963）の服従の研究，アッシュ（Asch, 1955）の同調行動の研究などにも代表されるように，まずは社会的常識から考えて意外な現象を実験状況で再現してそのことを同定するということが最初に行われる。これは，錯視に関する知覚研究が，常識的には想定されない錯視現象を発見することから始まるのと類似している。アッシュの同調行動の研究では，線分の判断において，視覚刺激より他者の反応を優先してしまい，ミルグラムの服従の実験では，他者の人命や健康の確保よりも権威への服従が優先されてしまうという本末転倒した意思決定の現象が扱われている。

また，意思決定研究においても，トヴェルスキーとカーネマン（Tversky & Kahneman, 1981）による決定フレーミングの研究や選好逆転の研究においても，本来意思決定理論から本質的でない言語表現や選好手続きによって，決定結果が逆転してしまう現象を記述している。

　社会心理学や意思決定研究のこのような発見的研究を抽象的に記述すると，下記のように表現できる。ある対象A，Bがあるとする（簡単のために2つの対象にする）。これらの対象を，属性 $x_1,...,x_n$ で対象を記述できるとして，対象Aの属性値 $x_{a1},...,x_{an}$，対象Bの属性値 $x_{b1},...,x_{bn}$ があるとする。ここで，$x_1,...,x_k$ の属性についてAの属性値がBの属性値より明らかに優越しており，$x_j,...,x_n$ の属性値については，逆にBがAより優越していると仮定する。簡単のために，重要である属性群（$x_1,...,x_k$）を x_I，重要でない属性群（$x_j,…,x_n$）を x_{II} と記す。常識的観点からすると，このとき対象AがBより選好されると考えるのが合理的と考えられるが，それにもかかわらずBがAより実際には選好されてしまうというような現象をさす。たとえば，アッシュの同調行動の研究で言うならば，線分の長さの判断で明らかにAの物理的長さ（x_{aI}）がBの物理的長さ（x_{bI}）より長いのに，他の人の行動などの線分判断では副次的な属性（x_{II}）のBの優越性（$x_{bII} > x_{aII}$）によって，AよりもBが長い（B>A）と答えてしまうような現象である。線分の長さの判断においては，他の人の判断も考慮に入れる必要もあるかもしれないが自分の視覚判断での物理的長さが優先されることが課題にとって合目的である。ミルグラムの権威の実験であれば，実験者に服従すること（x_{II}）よりも実験参加者の健康や人命（x_I）を考えることが重要であるにもかかわらず，逆の判断をしてしまうことが実験的に明らかにされる。このことは，$(x_{a1},...,x_{ak}) > (x_{b1},...,x_{bk})$，すなわち $x_{aI} > x_{bI}$ であるならば，他の属性の値に関わらず，A>Bとなること（すなわち属性群に関する辞書的順序）が社会的に合意されているにもかかわらず，上記の関係が明白に成立しないこと（B>A）が示されることになる。意思決定研究のフレーミングの研究やその他の行動経済学におけるアノマリー研究も同様なパラダイムになっている。たとえば，フレーミング効果の研究（Tversk & Kahneman, 1981）では，ある結果と確率の組であるプロスペクトAよりプロスペクトBをある言語表現I（たとえばポジティブ・フレーミング条件）のもとでは選好するにもかかわらず，別の言語表現

Ⅱ（たとえばネガティブ・フレーミング条件）のもとでは，プロスペクトBをプロスペクトAより選好するということを示すことによって，意思決定の非合理性を示そうとしている。期待効用理論の反例として知られるアレ（Allais, 1953）のパラドックスや主観的期待効用理論の反例として知られるエルスバーグ（Ellsberg, 1961）のパラドックスも同様な構造になっている。

　意思決定の研究にしても一般の社会心理学の研究でも，それほど重要でない属性あるいは意思決定や行動にあたって取るに足りない変数が操作されるにもかかわらず意思決定や行動が変化することを記述することが問題発見初期の研究では非常に重要になっている。このような形の古典的研究が一通り終わった段階で，これらの現象に及ぼす諸変数の同定や各種の計量モデルのパラメータ推定研究などが始まってくる。現状の意思決定研究は，本巻の第4章から第7章でも示されるように，古典的実験のパラダイムを踏襲しながらも，計量モデル的研究も増えており，計量モデル研究は，第3章でも紹介される意思決定の神経科学研究でもよく用いられている。

5. 本巻の構成 ……………………………………………………………

　本巻では，選好形成と意思決定についての，主に実験研究を中心に取り上げながら，意思決定過程の行動理論とその示唆について，展開する。本巻は，大きく二部に分かれ，第Ⅰ部が選好と意思決定過程分析のパラダイムについて検討し，第Ⅱ部が選好と意思決定過程の分析と実証研究について記述する。

　まず，第1章「意思決定における「選好形成」」（藤井聡・羽鳥剛史）では，一人一人の意思決定あるいは選択を決定するものと想定される「選好」という構成概念が，行動科学としての心理学のみならず，実社会の経済政策に重大な影響を及ぼしている経済学においても中心的な構成概念であるにもかかわらず，この問題が十分に理論的に検討されていないことを心理学や経済学の学説史の検討から指摘する。そのことを受けて，この章では，選好形成の問題を現象学的な「意味の形成」の観点から取り上げて，選好形成過程に関する理論的枠組みを提示して，その理論枠組みに基づくいくつかの経験的仮説を，実証データで検証し，それを通して，選好形成についての理論的，実証的理解をさらに深

めようと意図したものである。

第2章「行動分析学と意思決定研究」（丹野貴之・坂上貴之）では，動物を被験体とした膨大な行動データが蓄積されている行動分析学の観点から，意思決定の基本的なプロセスの解明に寄与できるような視点や知見を提供する。本章では，行動分析学と意思決定研究の接続の歴史を概観し，その利点を整理することでさらなる相互接続への架け橋を提供することを目的とする。まず，行動分析学における選択行動研究の歴史を論じた後，動物の選択行動の理論と実験例を提示する。とくに，不確実性下における選択，自由選択の問題，マッチング法則として知られる動物の選択現象について，理論的にどのように解釈を行うことができるかについて，実験例をもとに説明を行う。これらの問題は，それぞれ，不確実性下の意思決定，自由意志と選択の問題，意思決定における効用最大化の問題とも関係している。

第3章「意思決定過程の脳機能画像研究」（高橋英彦）では，精神医学，神経科学をその研究領域とする著者が脳機能画像装置の機能的MRI（fMRI）やPETなどを用いて，意思決定について研究した実験研究を紹介ながら，これらの研究が，精神疾患などの病態の解明につながることを指摘する。著者によると，精神疾患はその定義上，なんらかの行動異常が存在する。行動異常の一歩手前には意思決定の障害が想定され，どんな精神疾患でも多かれ少なかれ意思決定障害が存在するといえることから，意思決定過程を把握し，評価することができれば，診断や治療効果の判定に有用と考えられ，また，意思決定の異常がバイオマーカーや表現型に成り得るのではないかという指摘を行っている。意思決定過程の脳機能画像研究は，現在では，心理学者や経済学者のような社会科学者にも広く用いられている方法であり，このようなアプローチは意思決定過程の解明に関して貴重な知見を提供すると考えられる。

第4章「選好の形成過程に関する実験的検討」（井出野尚・竹村和久）では，選好の形成過程に関する主に実験心理学的研究を展望しながらも，著者らが行った選好形成に関する実験心理学的研究を紹介して，その知見を検討する。これらの一連の実験では，選ぶという選択行為自体が，選好を形成するのではないかという仮説を検討しており，選好形成に関する単純接触効果やゲーズカスケード効果などの他の学説などとの比較検討を行っている。選好の形成過程に

関する研究から言えることは，選好の形成過程が選択という行為とも非常に密接な関係を持ちながらも，常識的な観点からは本質的な属性と想定されていなかった諸要因が選好を形成しうるということである。これらのことは，選択や意思決定が選好に基づいているという社会科学において暗黙に想定されていた前提に疑問を投げかけるものでもある。

第5章「眼球運動測定を用いた意思決定過程分析」（森井真広・坂上貴之）では，近年特に注目されるようになった眼球運動測定装置（いわゆるアイカメラ）を用いた意思決定過程研究とその分析例の解説を行い，眼球運動測定を用いた意思決定研究の展望を行う。心理学分野では，19世紀後半から様々なタイプの眼球運動測定装置が開発されるようになり，20世紀に入るとさらに，読みや図形の知覚の研究を中心に研究対象が徐々に拡大していったが，近年は意思決定過程の研究に眼球運動測定が広く用いられるようになっている。とくに，調査対象者に直接機材の装着を行わない非接触タイプの眼球運動測定装置や，調査対象者の身体運動を妨げない軽量で測定が容易なヘッドマウントタイプの測定装置も開発されたことで，交通，スポーツ，購買行動をはじめとした選択場面での意思決定過程の研究が行われている。それらの研究の紹介と，眼球運動測定や結果の解釈についての注意点などについての指摘も行っている。

第6章「多段階多属性意思決定過程の計算機シミュレーション分析」（竹村和久・原口僚平・玉利祐樹）では，複数の属性にわたる意思決定である多属性意思決定の過程において，どのような研究法が存在するのかについて，まず解説を行う。また，意思決定者がどのような情報探索を行い，評価を行うかについての心的操作の系列である種々の決定方略（decision strategy）についてその説明を行い，その決定方略の計算機シミュレーションを紹介し，その心理的な機能について検討を行う。本章では，意思決定の途中で決定方略が変更されることを考慮に入れて，意思決定過程に二段階を設定し，決定方略が変化することを仮定した計算機シミュレーションを紹介し，どのような決定方略の組み合わせが，認知的努力が少なく，比較的正確かを検討した。そして，どのような二段階意思決定方略が現実場面での意思決定において，認知的努力が少なく比較的正確なのかについて，その心理的な機能の側面からの考察も行った。この検討によると，重要な属性について第一に考慮するような決定方略が，認知的努

力が低く，結果の正確さについても比較的優れていることがわかっている。

　最後の第7章「意思決定における確率荷重関数と時間割引関数」（竹村和久・村上始）では，リスク下の意思決定において，人々は確率で表現されるリスクをどのように評価しているのかということを中心にその心理実験と計量モデルを中心に考察を行い，時間割引との関係も理論的に考察している。これまでの意思決定の研究では，宝くじに当たる確率は，極めて低いが人々は比較的過大評価することが知られている一方，比較的よく起こる事象の確率は，人々は過小評価することも知られている。このように人々は，確率情報をある意味で歪めて解釈していると考えることができる。このような確率を歪めて解釈する傾向性を表現する際に，意思決定への確率の重みづけが歪められるという考えのもとで，「確率荷重関数」を考えるやり方がある。この確率荷重関数がどのようにして生じるのかということについては，意思決定研究の文脈でいろいろな理論的考察がなされているが，本章では，時間割引が関与しているのではないかという観点での理論的考察とその実験的検討の結果を紹介している。すなわち，本章では，確率情報を，一種の遅延報酬の観点から，確率荷重関数の形状を考え，その考察をもとに，実際の確率荷重関数を実験心理学的に推定した結果を解釈する。

　このように本巻は，多様な分野にまたがる研究者が執筆を行っているが，選好がどのように形成され，また意思決定過程がどのように進展するかということについてのある程度統一的な研究の方法論を提供し，また，実験的アプローチがどのように行われるかという事例を示しているといえる。これらの研究方法やその後の新しい研究方法の開発と研究知見の蓄積，さらに，その社会科学上や実務上への貢献を視野に入れた考察が今後さらに必要になってくると考える。

引用文献

Allais, M., (1953). Le comportement de l'homme rationnel devant le risque: critique des postulats et axiomes de l'école Américaine. *Econometrica, 21*, 503-546.

Asch, S. E. (1955). Opinions and social pressure. *Scientific American, 193*(5), 31-35.

Edwards, W. (1961). Behavioral decision theory. *Annual Review of Psychology, 12*, 473-498.

引用文献

Ellsberg, D.（1961）. Risk, ambiguity, and the Savage axiom. *Quarterly Journal of Economics, 75*, 643-669.

Hursh, S. R.（1980）. Economic concepts for the analysis of behavior. *Journal of the Experimental Analysis of Behavior, 34*, 219-238.

伊藤正人（2001）．行動経済学は行動研究にどのような貢献をなしたのか：行動経済学特集にあたって　行動分析学研究，*16*, 86-91.

Kahneman, D., & Tversky, A.（1979）. Prospect theory: An analysis of decision under risk. *Econometrica, 47*, 263-292.

小橋康章（1988）．認知科学選書 18：決定を支援する　東京大学出版会

Milgram, S.（1963）. Behavioral Study of Obedience. *Journal of Abnormal and Social Psychology, 67*(4), 371-378.

西部邁（1975）．ソシオ・エコノミックス──集団の経済行動　中央公論社

塩野谷祐一（2009）．経済哲学原理──解釈学的接近　東京大学出版会

高見典（2017）．行動経済学の由来　連載経済学史第 10 回．経済セミナー 10 月・11 月号，日本評論社，95-101.

竹村和久（2009）．行動意思決定論──経済行動の心理学　日本評論社

竹村和久（2018）．意思決定研究と実験法　基礎心理学研究，*36*, 210-221.

竹村和久・村上始（印刷中）行動経済学と心理学──古典的心理学と確率荷重関数の関係を中心に──　行動経済学（行動経済学会学会誌），12.

Takemura, K.（2014）. *Behavioral decision theory: Psychological and mathematical representations of human choice behavior*. Springer, New York.

Tversky, A., & Kahneman, D.（1981）. The framing of decisions and the psychology of choice. *Science, 211*, 453-458.

第Ⅰ部　選好と意思決定過程分析のパラダイム

第1章	意思決定における「選好形成」問題

1. はじめに……………………………………………………………………

●「選好」ならびに「選好構造」の定義

　一人一人の意思決定あるいは選択を決定するものと想定される「選好」
（preference）という構成概念は，行動科学としての心理学のみならず，実社会
の経済政策に重大な影響を及ぼしている経済学においても中心的な構成概念で
ある。そしてそれ以外の社会科学においても，とりわけ数理的に社会現象を記
述しようとする数理的な社会学や数理的な政治学においても「選好」は重大な
意味を担い続けてきた。

　ここに選好とは，日常用語で言うところの「好み」のことである。たとえば，
「甲さんの選好」と言えば，それは，「甲さんが何を好み何を好まないのか」と
いう甲さんの「選択における傾向性」を意味している。

　ただし，特定の数理的な研究領域では，選好はより厳密に定義されている。
たとえば，数理心理学においては，特定の人物の選好は，「選択肢間の順序づけ」
として定式化されている。つまり，数理的理論体系の中では，「選好」とは「あ
る個人甲が，ある選択肢aよりも選択肢bをより好ましく感じている」とい
う関係そのものを意味するものとして定義されている。そして，しばしばそう
いう関係は「a＜b」と表記される。

　さらには，数理心理学では，そうした選好が創出されるのは，その選択者が
特定の「選好構造」を持っているためであると想定されることがしばしばであ
る。この「選好構造」は，消費者行動理論では一般に「効用関数」と表現され

ている。つまり，a＜bなる選好を甲が持つのは，「効用aよりも効用bが大きい」という効用を創出するような効用関数（あるいは選好構造）を，その甲が持っているからだと説明される（e.g. 竹村，2009）。

ミクロ経済学では，この「選択行動」は「選好」に一致すると想定される。つまり，人々の行動は，人々の「選好」によって説明できるという立場に立つのである。そして現実の社会現象，経済現象はミクロな一人一人の行動の集積と見なすこともできることから，マクロな社会経済現象は，畢竟，一人一人の「選好」あるいは「選好構造・効用関数」によって説明することができると想定されている。

さて，先に述べた日常用語における「選好」（好み）とは，以上に述べた数理心理学において厳密に定義される「選好」と「選好構造」「効用関数」の双方を含む概念として用いられている。つまり，「あの人の好み（選好）」という言葉は，「aよりもbを好む」という選好関係の事実を表現しようとする場合の言葉として活用されているばかりでなく，「aよりもbを好むような性質」という選好構造・効用関数を表現しようとする場合の言葉としても活用されている。ついては，本章では，数理心理学や消費者行動理論で「選好」と呼ばれているものと「効用関数」「選好構造」と呼ばれているものの双方を含めた概念として「選好」という用語を用いることとする。

●「選好形成」の問題

さて，このように定義される「選好」であるが，たとえば，現在主流派となっている新古典派経済学（以下，主流派経済学と呼称）では，この「選好」そのものが，一人一人の行動，ひいてはマクロな経済や社会の動態を決定づけるものだという立場に立つのであるが，その「選好」がいかにして形成されるのかについては言及しないのが一般的である。それゆえ，主流派経済学には，現実の経済がどのように変化するのかという点について十分な回答を提供することができない理論構造が内在していると言える。そして選好を重視しつつ社会の動態を記述しようとする数理社会学も数理政治学も同様の事態を抱えていることから，それらにもまた，記述しようとする社会や政治の動きを十分に説明することができない理論構造が内在している。さらに言うなら，数理的な経済学，

政治学，社会学のみならず，一人一人の行動を踏まえながら社会の動態の説明を試みる「方法論的個人主義」（Methodological Individualism; Elster, 1989）の考え方を一部にでも取り入れている社会科学はいずれも，同様の問題を抱えているということもできる。

　しかしながら，「選好の形成」については，いまだ十分な議論がなされていないのが実情である。

　たとえば，社会心理学において蓄積されてきた「態度変容」に関わる諸知見（e.g. 藤井，2003）が，意思決定研究で言うところの“選好”の形成プロセスを考える上で大いに援用しうるものと期待される。代表的なものとして，認知的不協和理論（Festinger, 1957）やコミットメント効果（Kiesler, 1971）などを踏まえるなら，人々は一旦選択したものをより“好む”ようになるという可能性をはじめ，選好の形成について様々な傾向を理論的に予測することができる。

　ただし，こうした社会心理学上の理論は，特定の対象（entity）に対する態度の変容を記述するものであるが，各人は，一群の対象に対して類似した態度を形成したり，一群の対象に対してある種の態度を形成すれば，それ以外の一群の対象に対して，逆の態度を形成する，という事態が生じうる。そして一般的に意思決定における「選好」，とりわけ上述の「選好構造」という概念は，特定の対象にのみ形成されるものではなく，複数の対象に対して共通して適用可能なものとして想定されるのであり，ここで論じている選好形成の問題というのは，そうした，多様な対象に対して援用可能な選好，ないしは選好構造の形成問題を意味している。それゆえ，以上に論じた選考形成問題と，態度形成，態度変容の問題とは，似て非なる問題であると言わざるをえないのである。

　ただし，選好形成の問題も，一部において議論されていることは，ここで改めて指摘しておきたい。この問題に最も積極的に関与しているのは，社会的な全体的過程ではなく，個人の行動的，心的過程を取り扱うことを専らとする心理学である。たとえば，Lichtenstein と Slovic は，2006 年に *The Construction of Preference*（選好の形成）という書籍を出版している。この書籍は，主として認知的な意思決定研究の中で，選好形成についてどのような研究がなされ，どのようなことが明らかにされてきたかを取りまとめたものである。認知的意思決定研究では，たとえば，人々の（狭義の）選好は，対象の客観的な属

第1章　意思決定における「選好形成」問題

性（たとえば，大きさや値段や機能）に影響を受けるのみでなく，「意思決定の問題の記述の仕方」や「問題の中で決められた"答え方"（たとえば，選択で聞かれるのか，連続変数の評価を求められるのか，等の違い）」によっても異なったものとなることが明らかにされている。前者の現象は特に「フレーミング効果」（Tversky & Kahneman, 1981）と呼ばれ，後者の現象は「選好逆転」（Slovic & Lichtenstein, 1983）と呼ばれている。こうした現象はいずれも消費者行動理論では「効用関数（選好構造）が，状況によって変化」した現象と解釈せざるをえない。すなわち，こうした現象は人々の選好構造，あるいは，広義の「選好」が，意思決定の状況によって形成される，ということを実証するものと解釈できるのである。これらの現象の他にも，選好形成に関わる意思決定理論としては，Svenson（1992）の Differentiation and Consolidation Theory や，Montgomery（1983）の Dominance Structure Theory 等を挙げることができる。これらはいずれも，意思決定の問題や状況に応じて，消費者行動理論で言うところの効用関数（選好構造）を"アドホック（その場限り）に作り上げていく"ことを前提とした意思決定理論であり，それぞれ，その選好の形成プロセスにどのような定性的な傾向が存在するのかについての一群の仮説から構成されるものである。

　このように，少なくとも心理学においては「選好形成」の議論は重ねられてきているのであるが，本章で定義する選好，つまり，日常用語における「好み」という意味における「選好」の形成については，以上に紹介した心理学の選好形成議論は，全くもって不十分なものにしか過ぎない。

　まず，Lichtenstein と Slovic がとりまとめた選好形成の議論はいずれも一定の実証的妥当性がある現象であるとは思われるものの，それらはいずれも「アドホックな選好形成過程」を取り扱うものであるという点である。彼らの実証研究が明らかにしているように，我々の選択や選好に，そうしたアドホックな側面があるということが事実であることは疑いようがないものである。しかし，我々が日常用語で，「好み」という言葉を用いる時は，そうしたアドホックに形成されるものを想定しているのではない。音楽の好み，食べ物の好み，という言葉はいずれも，時と場合によらずに安定的に特定個人が持ち続ける選択における傾向性を意味するものとして用いられている。そして少なくとも我々の

18

日常を振り返るに，そうした非アドホックな，持続的な選好が存在していることもまた，間違いないであろう。

　この点に関して，Fujii & Gärling（2003）は，広義の選好は，「時と場合によらずに持続する安定的な部分」（core preference: 核選好）と，「時と場合によってアドホックに変化する部分」（contingent preference: 状況依存的選好）とで構成されると議論している。そして，この定義に従うなら，既往の心理学研究では，「状況依存的選好の形成」については様々な研究が進められている一方で，「核選好の形成」についてはほとんど明らかにされていない，というのが実態であるものと考えられるのである。そして，選好形成の議論において論ずべき中心的課題は，その核選好の形成問題そのものである。

　かくして，経済学や社会学，政治学などの多様な社会科学にとって重大な意味を持つ「選好形成」については，その研究を最も推進している心理学においてすら，十分に明らかにされていない，と言わざるをえないのである。

　このことは，少なくとも先に述べた方法論的個人主義を採用する傾きの強い社会科学の諸領域は，いずれも重大な論理的欠陥を内包していることを含意しているのである。

●本章の目的

　本章では以上に論じた状況依存的選好のみならずそれぞれの意思決定者の核選好の形成を含めた「選好形成」の過程を論じようとするものである。こうした視点から，選好形成を包括的に論じた先行研究として，藤井（2010）が挙げられる。

　藤井（2010）においては，選好形成を考えるにあたって，ドイツの哲学者ハイデガーが彼の主著『存在と時間』にて展開した現象学的な存在論を，その理論的枠組みとして採用している。これは，人間は，これまでの認知心理学が想定してきたような「情報処理を行う存在」以上の，かつ，これまでの動物行動心理学が想定してきたような「オペラント／レスポンデント学習する存在」以上の，「意味を付与したり操作したりすることができる存在」であるに違いないと想定したことが基本的な理由であった。すなわち，人間が普段ごく当たり前に様々な対象物に対して付与している「意味」があるからこそ，人間は様々

第1章　意思決定における「選好形成」問題

な「好み」を持つに至っている，あるいは言い替えるなら，人間が付与する多様な「意味」の在り方の1つとして「好み」というものがあると想定した，という次第である。そして，ハイデガーの存在論は，そうした人間の「意味」の形成過程そのものに立ち入った論考であることから，選好形成を考えるにあたりハイデガーの存在論は重大な意味を持つと期待されるのである。

　本章は，まず，この藤井（2010）における選好形成についての理論的枠組みを概説した上で，その理論に関するいくつかの仮説を実証データで検証し，それを通して，選好形成についての理論的，実証的理解をさらに深めようとするものである。

2. ハイデガーの存在論に基づく選好形成理論 ………………………………

●現存在，シンボル体系，意味，そして「選好」

　ハイデガーは，我々が普段人間と呼称している存在は，「現存在」であると論ずる。ここに「現存在」とは，物心がついた時にはもうすでに「投げ出されて」（被投されて）しまっていた「世界」の中に（世界内存在として）存在している，という人間の在り方を言うものである。そして，この現存在は，自身が認知している「環境」に対して，様々な「意味」すなわち「シンボル」を「企投」（付与）している（＝解釈している）ものと論ぜられる。たとえば，我々日本人は一定の長さの棒のペアに対して「お箸」という意味を「企投」しているが，お箸で食事を取ったことが全くない海外の人々にとっては，それは食事のための道具ではなく，単なるペアの棒という程度の意味しか「企投」しないだろう。

　さらに，こうした様々な事物についての「意味」「シンボル」は，複雑に関連した「体系」を作り上げている。たとえば我々の“日本文化”においては，お箸，お茶碗，湯飲み，ちゃぶ台，お米，たくわん，炊飯……というそれぞれの事物の意味は，互いに密接に関わり合い，体系をなしている。そしてそうした体系そのものがなければ，「お箸」という言葉そのものがナンセンスなものとならざるをえないのであり，そうした体系があるからこそ，個々の事物に意味が“宿る”こととなる。つまり，この体系は「独立して存在する意味」が寄

20

せ集められ「体系化」されるのではなく，体系そのものが一次的にあり，そこから個々の事物の意味が二次的に，あるいは，より厳密に言うなら"同時相即的"に浮かび上がる，という類の体系なのである。そしてこうしたハイデガーの存在論における意味の体系は，一般に「シンボル体系」と呼ばれている（なお，シンボル体系については，後に詳述する）。

このようにして，それぞれの現存在はそれぞれの「シンボル体系」をもつのであるが，このシンボル体系は，その現存在が世界内のあらゆる事物に対して抱く意味の源泉となっている。そして言うまでもなく，その現存在の特定の事物に対する「好み」，すなわち，「選好」もまたその現存在がその事物に対して抱く"意味"の一種である。したがって，選好もまた「シンボル体系」に由来するものと言わざるをえないのである。

かくして，「選好形成」の過程は，シンボル体系がいかにして変化するのか，というシンボル体系の変遷過程を理解することではじめて，理解されるのである。

●シンボル体系における道具的連関性

現存在の「シンボル体系」を考える上で，重要な位置を占める構成概念が「道具的連関性」である。ここに，道具的連関性とは，世界内の各種の事物が，現存在にとっては，特定の"目的"を達成するための"手段"すなわち"道具"として活用可能である一方，その"道具"を活用するためには，その道具を活用すること自体を"目的"とした"手段"が必要で……，という連関関係を言うものである。たとえば，"食事"をするという目的のために"お箸"があり，そのお箸を使うためには，それを保管する"水屋"が必要であり，水屋をおいておくために"台所"が必要である。さらには，そのお箸や水屋や台所を所有するためには，近代経済社会では"金銭"が必要であり，そのために"労働"が必要であり，それを続けるために，やはり"食事"を日々とることが必要である。このように，我々の身の回りのあらゆる事物は，さまざまなかたちで"手段"や"目的"となり，現存在の活動に関与しているのである。こうした道具の連関が，道具的連関なのであり，日本人にとっての道具的連関において"お箸"は"お箸"としての意味が浮かび上がる一方で，こうした道具的連関を持

たない海外の人々にとっては，お箸は単なるペアの棒としてしか捉えられなくなるのである。こうして道具的連関は，シンボル体系において重要な意味を持つ部分的要素となるのである。

さて，こうした道具的連関は，必ずしも，ハイデガーが「現存在」と呼んだ我々人間でなくても，"生体"であるならば，その複雑性の程度にこそ差はあったとしても（そして，それを自認しているか否かは別として）所持することができる。ここで非現存在である生体を「動物」と呼び，これを「現存在」と区別するなら，「動物」においても，自身の環境世界に対して"道具的意味"を付与していることとなる。なぜなら，動物が生体である以上，環境に持続的に働きかけ，生体活動を維持していくことに成功し続けているからである。このことは，それぞれの動物は，それがいかなる生物であろうとも自身の環境世界における特定の事物に対しては特定の働きかけ（たとえば，エサを取る，威嚇する，住み処を作る，等）をする一方で，それ以外の事物に対してはそうした特定の働きかけをしない，ということを意味している。すなわち，動物が生体として生き続けていけるのは，特定の事物に対して"道具的意味"を（繰り返しとなるが，それを自覚しているか否かは別として）付与しているからに他ならない，と解釈しうるのである。

●基礎的な道具的連関性の学習

このように，選好とはシンボル体系に依存するものであり，かつ，シンボル体系において道具的連関性が一定の位置を占めている以上，道具的連関性の形成や学習は，選好形成において重要な意味を担うこととなる。この点に着目すると，選好形成には，行動主義心理学で議論されてきた次の3つの契機が，少なくとも存在するであろうことが含意される。

　①生得的準備性（preparedness）
　②レスポンデント（respondent）学習
　③オペラント（operant）学習

①の生得的準備性とは，その個体が生まれながらに持っている道具的連関性

の学習についての傾向性を言う。たとえば，人間は，生まれながらにして甘い
ものや脂身を好み，苦いものや腐敗臭のものを嫌う傾向を持つが，これは，生
得的なものである。こうした刺激は無条件刺激とも言われるが，こうした条件
が生得的なものであるのは，それらの刺激が，その生体にとって「道具的に意
味あるもの」（たとえば，採餌などに意味あるもの）だからであると解釈できる。

　これらは生まれながらにしての「選好」であり，必ずしも選好の「形成」と
は直接言えるものではないが，こうした生得性は，「学習」の過程にも決定的
な影響を及ぼす。たとえば腐敗しているか否かに関わる刺激（腐臭や味覚等）
については，それ以外の刺激よりも急速に学習する，などが考えられる。つま
り，選好の初期的な状況，ならびに，その学習過程は，その生体の生まれなが
らにしてもっている性質に大きく依存しているのである。

　②のレスポンデント学習とは，「パブロフの犬」の実験でよく知られた学習
を意味するものである。この実験の例で言うなら，犬は餌を見るだけで唾液を
出すのだが，餌を見せると同時にベルの音を聞かせ続けると，その内，ベルの
音を聞くだけで，唾液を出すようになる，というものである（なお，厳密に言
えば，この実験における餌は「無条件刺激」，唾液の分泌が「反応」で，ベルの音は
もともとが「中性的な条件刺激」であったが，それが繰り返しその無条件刺激と「対
呈示」され続けると，その内にレスポンデント条件づけられ，特定の反応をもたら
すようになる，と言うことができる）。つまり，この犬にとってみれば，最初は
無意味なベルの音が，特定の学習を通して，「道具的に意味あるもの」さらに（語
弊を恐れずに）言うなら「好ましいもの」になったのである。つまり，この犬
は餌が必ずベルの音と共に出現するという経験を通して，ベルの音を好む選好
を「形成」するに至ったのである。

　③のオペラント学習とは，特定の行為を行えば必ず道具的に意味のあること
（たとえば，餌がもらえる，苦痛が訪れる，など）が（随伴して）生起する，とい
う経験を繰り返し行うと，その特定の行為をより高い（あるいは，低い）頻度
で実施するようになる，という種類の学習である。たとえば，特定の行為を褒
められ続けると，その行為を行うことを，だんだんと“好む”ようになる，と
いう種類の学習である。つまり，特定の行動を行うことが特定の道具的な意味
を持つ帰結をもたらす，という形で，その生体の道具的連関性に変化が生じ，

特定の行為に道具的な意味が付与されることとなり，その行為についての選好が「形成」されることとなるのである。

このように，現存在＝人間を含む生体の選好の基礎に位置づけられるであろう"道具的連関性"の形成と変容，あるいは，学習においては，生得性，ならびにレスポンデント学習，オペラント学習が重要な役割を担っていることが，従来の行動主義心理学によって明らかにされている。それゆえ，生得性，ならびにレスポンデント学習，オペラント学習が現存在＝人間の選好に重大な影響を及ぼしているのである。

ただしこれらだけで，現存在の選好形成過程の全てを説明することは不可能である。なぜなら，これらの行動心理学的な学習プロセスで構築される"道具的連関の体系"は，現存在の"シンボル体系"とは本質的に異なっているからである。

では，それらはどのように異なっているのだろうか？

この「質的な差異」を理解するためには，"シンボル"と"シグナル"の相違を理解する必要がある。以下，この両者の質的差異について述べることとしよう。

●シグナルとシンボル

ハイデガーの存在論においては，"シンボル"は"シグナル"の一種であると見なされる。ついては，シンボルを述べる前に，"シグナル"とは何かについて述べることとしよう。

シグナルとは，ある"生体"とその"環境世界"を考えた時に，その生体がその環境世界内の一要素より読み取ることを通じて，特定の行動・反応が駆動されるようなものを言う。たとえば，コウモリなら，視覚よりもむしろ"聴覚"を基本とした，コウモリの環境世界を構築していると考えられる。その時，コウモリの環境世界の中にコウモリが常食するような餌がある場合，コウモリはそれを採取するための行動を採る。この時に，コウモリによって発せられた超音波に対応して"餌"が反射する音波こそが，"シグナル"である。ミツバチにとって花蜜の臭いは花蜜のシグナルであり，魚にとってオキアミの臭いもまたシグナルである。そして言うまでもなく，生体にとって採餌行動や生殖行動

等の諸活動に関わりのある事物が，生体に対して発しうるものはいずれも"シグナル"となりうる。ただしこれも言うまでもないが，嗅覚のない生物にとって，花蜜やオキアミの臭いはシグナルになりえない。つまり，"シグナル"とは生体とその生活環境との間の相互作用の中ではじめて定義されるものなのである（なお，先の議論を踏まえるなら，こうしたシグナルはいずれも，生得的な無条件刺激か，オペラント学習やレスポンデント学習を通じて学習された諸刺激であると考えられる）。

ここで，"シンボル"とは，こうしたシグナルの特種な一形態である。

たとえば，モリス（1972）は，生体が特定の行動を制御するにあたって，他のシグナルの代理をする記号を自らしつらえ，それが代理されている記号と同じ意味を持つ場合，その記号は"シンボル"である，と述べている。つまり，シンボルとは，たとえば，言語体系の中で，人工的に付与される"名前"のように，人工的にしつらえられ，しかも，具体の事物を指し示すことができるような記号を言うものとして定義される。同様の定義は，ヤーキズも述べているのだが，シンボルは，環境世界の要素と必ずしも直接的に関わる必要はなく，当該の要素，あるいはそのシグナル，さらには，そのシグナルの代理信号としてのシンボルが消失していたとしても，一定の反応を誘発しうるシグナルを言うものとして定義している（c.f. 木田，2000）（それゆえ，「麒麟」や「龍」といった空想上の存在を指し示す言葉は，シンボルである）。

つまり，モリスやヤーキズの定義に従うなら，シンボルとは，1）人工的に産出され，かつ，2）他のシグナル（あるいは，他のシンボル）を指し示すことができる，という特殊なシグナルなのである。かくして，言葉や数字といった，人工的であり，かつ，他のシグナルを指し示すことができる機能を持つシグナルは，"シンボル"となるのである。

さて，こうした"シンボル"を使いこなすことができる能力を"シンボル能力"と呼ぶとするなら，今のところ，人間以外の生体は，こうしたシンボル能力を持たないということが指摘されている（メルロ＝ポンティ，1964; ボイテンディック，1970）。それは，たとえば，天井に吊されたバナナを採るための道具として棒を使うことができるチンパンジーですら，それが可能なのは，バナナと棒が「同一の視界に入っている」場合に限られるのであり，棒が別の部屋に

第1章 意思決定における「選好形成」問題

置かれていれば，その棒をバナナを採るための道具として活用できなくなる，というという実証的事実からも示唆される。これはつまり，チンパンジーは，ある瞬間に認知される棒とバナナとを関係づける能力を持つ一方で，時刻 T_1 に見たバナナと，別の部屋で時刻 T_2 に見た棒とを関係づける能力を持たないことを意味している。ところが人間は，いともたやすくバナナを採るために別の部屋の棒を取ってくることができる。これは，バナナとは同時に呈示されない棒それ自体に対して，「バナナを取ることができるモノ＝"棒"」というシンボルを付与しているからに他ならない。そして，このシンボルは，特定の時刻のみに通用するものではなく，様々な時点において通用する時間的な不変性を帯びたものなのである。ところが，チンパンジーにしてみれば，棒は単なる物体でしかなく，バナナと共に置かれた棒と，別の部屋に置かれた棒とは，全く別物としてしか知覚されてはおらず，両者を関係づける力を持たないのである。

　つまり，シンボル機能とは，ある時点に眼前にある環境世界における"関係"（たとえば部屋Aに居る時に構成される環境世界内の関係）と別の時点における"関係"（たとえば部屋Bに居る時に構成される環境世界内の関係）を，"シンボル"という時間的な不変性を持つ人工物を介して"関係"づける，人間のみが持つ能力を言うのである。

　さて，シンボルは，このように一定の時間的不変性を持つものである以上，生体が個々の瞬間にのみ拘束されている限り，こうしたシンボル機能を所持することが不可能である。その一方で，将来を先駆したり，過去を反復するような，"時間性"を持つ生体であるなら，時間的不変性が前提とされているシンボルを所持することができるのであり，それゆえにシンボル機能を獲得することとなるのである。

　そして，ハイデガーが主張するように，そうした"時間性"を持ち，動物が逃避することができなかった瞬間瞬間の呪縛から逃げ出すことができるようになった存在こそが，現存在＝人間なのである。つまり，ハイデガーが言う「時間性」を獲得したがゆえに，現存在＝人間はシンボル機能を獲得するに至ったのである。

2. ハイデガーの存在論に基づく選好形成理論

●シンボル機能に基づく道具的連関性の学習

さて，以上の議論を踏まえると，先に述べたオペラント学習やレスポンデント学習は，シンボル機能を持たない生体一般において見られるものであることから，いずれも"シンボル"ではない単なる"シグナル"に関わるものであることが分かる。

しかし，我々は今や，現存在＝人間という生体だけが，"時間を超越して，関係と関係を関係づけるシンボル機能"を持つ，ということを理解する地点に立っている。それゆえ，単なるシグナルとは異なる"シンボル"の体系の形成プロセスに着目しつつ，選好形成プロセスについて考察を深めていくことが可能となる。

ついてはここではまず，シンボル体系の形成過程の中でも，"道具的連関性"という側面におけるシンボル体系の形成プロセスについて考察することとしたい。

まず，人間＝現存在がシンボル機能を持つ以上，彼は「ある行為Aを行えば，最終的には帰結Bが得られるであろう」，という「道具的連関性」を，必ずしもオペラント学習／レスポンデント学習を経ずとも予期できるようになる。すなわち，シンボル機能があれば，行為Aと帰結Bとの間の随伴性や対呈示を繰り返し経験することなく，シンボルを操作することを通じて行為Aと帰結Bとの間の関係を予期し，それに基づいて「意思決定」を行うことが可能なのである。そして，帰結Bを得るという"目的"を明確に"意図"した上で行為Aを選択することができるようになる。つまり，現存在＝人間はシンボル機能を持つからこそ"意図的行動"（intentional behavior）を想定した"意思決定"（decision making）を実行することができるようになったのである。

さて，こうした意思決定において重要なのは，行為Aを行えば帰結Bが得られるという因果性についての推論である。

この推論過程において重要な役割を担いうる学習として挙げられるのが，「ベイズ学習」である。

行為と帰結の間には，時間的隔たりがある以上，常に不確実性がつきまとう。行為Aをすれば帰結Bが得られるとは限らず，帰結CやDが起こることもある。こうした場合，我々は，様々な試行錯誤を繰り返すことを通じて，行為Aを行

第1章　意思決定における「選好形成」問題

った時に帰結Bが得られる「確からしさ」，あるいは，「主観確率」を想定することとなる。この主観確率が，経験を通じて学習されていく代表的なプロセスが「ベイズ学習」である。ここで，無条件刺激（シグナル）や，それを基本として学習されたレスポンデント学習やオペラント学習にて条件づけられる等して，好まれるに至った「ある好ましいシグナル」を導きうる（主観）確率が高い「ある行為」がベイズ学習によって同定されれば，その現存在＝人間は，その「行為」に対して，「ある好ましいシグナルを導きうる行為」という「シンボル」を付与するに至ることが考えられる。そしてその結果，その行為を「好む」ようになることが考えられる。つまり，ベイズ学習を通じた主観確率の形成プロセスは，シンボル体系の形成に寄与し，それを通じて，選好形成をもたらすものと考えられるのである。

　さて，このベイズ学習において重要となるのは，「初期確率」である。これは，一切個人的な経験がない場合において，個人が想定している主観確率を意味するものである。こうした初期確率は，その個人が暮らす社会の中で，歴史的・伝統的に蓄積された因果関係についての知識を，何らかの形で「他者から伝承」されることを通じて形成されるものと考えられる。たとえば，「あれをすれば○○だからしてはだめ」「こうすれば○○だから，こうしなさい」などの形で，直接的に伝承されることもあれば，皆が「こうすれば○○になる」と信じているだけで，初期確率が形成されることとなる。

　先に，「生得的準備性」によって様々な基礎的な学習過程が大きく支配されるという点を指摘したが，こうした社会的，文化的な側面も，現存在＝人間のシンボル機能を前提とする学習プロセスにおいても大きな影響を及ぼしうるものと考えられる。それゆえ，こうした社会的・文化的な条件は，「社会的準備性」と言うこともできる。

　さらに，シンボル機能を持つ現存在＝人間であるなら，より高次の推論を行うことができる。最も典型的なのが，数学というシンボルを駆使し物理学理論を活用した推論である。こうした推論によって，我々人類は月への往復旅行が可能となったのである。こうした高度の推論でなくとも，我々は日々，様々な意思決定場面で，この行為を行えばどのような帰結が得られるのかを，ベイズ学習とは異なる過程を通してロジカルに推論している。こうした，「**論理的推**

28

論過程」もまた，道具的連関性に関わるシンボル体系の変容や精緻化，すなわちその形成に寄与するものと考えられるのである。

●本来的な現存在と，非本来的な現存在

このように，現存在＝人間は，「時間性」を携えることによって，ベイズ学習や推論過程等を活用して，動物よりも効率的に，「目的」を達成することが可能となったのであり，それを通じて「道具的連関性」としての「シンボル体系」を形成していくものと考えられるのである。

ただし，「道具的連関性」は「シンボル体系」のあり方の一様態であるが，それは，必ずしも唯一の様態ではない。なぜなら，ハイデガーの議論に基づくなら，「おのれの将来の可能性」に対してどのように「気遣う」のかによって「シンボル体系」が異なったものとなるからである（ハイデガー，1960）。

ハイデガーによれば，種々の「気遣い」の形態の中でも，唯一本質的なものは自分自身の究極的な将来の可能性である「死」を先駆的に覚悟するというのである，と指摘されている。そしてさらには，こうした死に対する「先駆的覚悟性」に裏打ちされた「時間性」こそが「本来的時間性」であり，それ以外の時間性は「非本来的時間性」にしか過ぎないのだ，と論ずる。

以下，ハイデガーのこの着想に基づいて，「選好」という視点からどのような相違が，本来的な時間性を持つ「本来的な現存在」とそうではない「非本来的な現存在」との間に生ずることとなるのかを，論考してみよう。

「非本来的時間性」しか持たない現存在＝人間が，「非本来的」に生きている場合には，確実に訪れるおのれの死から目を背け，目の前に現れ出る諸現象である「現前」に没頭する。そして，将来は漠然とした「期待」として立ち現れ，既在はもはやないものとして「忘却」される（表1-1参照）。かくして，「非本来的な現存在」は，将来や既在よりも「現前」をとりわけ重視せざるをえなくなる。そして，「現前」における様々な刺激を，享楽的に求める傾向性が強くなる。こうした状態は，戸田（1992）の言うところの「いま・ここ原理」（いま，ここのことしか考えず，将来や他者のことを一切気遣わないという行動原理）に支配された状態である。あるいは，社会的ジレンマ研究で言われるところの一切の協力的傾向を持たない完全なる非協力者（藤井，2003）だと言うこともできる。

第 1 章　意思決定における「選好形成」問題

表 1-1　本来的現存在と非本来的現存在による「現在」「将来」「既存」に対する意味

	既在－現在－将来
非本来的現存在	忘却－現前－期待
本来的現存在	反復－瞬間－先駆

　さらには，新古典派経済学が想定する合理的経済人（藤井, 2009）と，完全に一致した人間だということもできようし，「生の哲学」を主張したオルテガ（1930）の用語を借りるなら「大衆」と言うこともできよう。いずれにしても，彼はシンボル機能を持つ現存在でありながら，そのシンボル機能が相当程度弱体化した，単なる生物学的な生体＝動物の行動形態に近い存在にしか過ぎないのである。

　それゆえ，このような「非本来的な現存在」が仮に将来を先駆することがあったとしても，彼は己の「死」までを先駆することなどはありえない。将来時点における個人的な利益（行動主義心理学で言われるところの，無条件刺激・条件刺激，あるいは強化子等）に配慮することが関の山である。つまり彼は，折角のシンボル機能を，単なる「利己的利益の増進」にのみ活用してしまっているのである。

　かくして，「非本来的な現存在」のシンボル体系は，「道具的連関性」と基本的に重なり合うこととなるのである。

　一方で，究極の可能性である死に対する先駆的覚悟に裏打ちされた「本来的時間性」を携えた現存在＝人間は，究極的な死をはじめとした，将来における「あらゆる可能性」を先駆的に気にかけるのである。彼はそれと共に，既在を「反復」的に繰り返し意味づけ，解釈し続ける。そして，その「先駆」と「反復」によってはじめて開かれている，己の置かれた歴史的状況を「瞬間」的に直視するのである（表 1-1 参照）。

　したがって，「本来的な現存在」は，将来に起こりうるあらゆる可能性に思いを馳せつつ，過去についても十分に反復することから，「非本来的な現存在」とは比べものにはならないくらいにシンボル体系を精緻化させていくこととなる。

　このように「本来的な現存在」は，「非本来的な現存在」よりも精緻なるシ

ンボル体系を持つがゆえに，「非本来的な現存在」とは様々な点で異なる選好
を有することとなる。

　第一に，「本来的な現存在」は，究極的な可能性である「死」を先駆的に覚
悟することから，生誕から死に至る自身の生涯全体を見据え，その生涯全体の
意味を問う傾向性が，「非本来的な現存在」よりも格段に強い。そして，自らが，
この「世界」の中に投げ出されている「被投的存在」であることをありありと
了解する。それと共に，将来時点における肯定的な個人的利益（無条件刺激・
条件刺激，あるいは強化子）の獲得「のみ」を目的に据える傾向性が，「非本来
的な現存在」よりも低い水準に留まることとなる。

　この時，自らの生全体を，さながら自らの生の外側から眺める力を持つ「本
来的な現存在」は，個人的な利益の獲得とは異なる，たとえば「善く生きる」「美
しく生きる」というような倫理的・宗教的・美的な目的を措定するに至る。そ
してそれを通じて，シンボル体系も単なる道具的連関性よりも豊かなものとな
っていく。その結果，「非本来的な現存在」の道具的連関性の中では「損や得」
という価値しか浮かび上がらない一方で，「本来的な現存在」においては，真偽，
善悪，美醜，聖邪等の価値観が浮かび上がることとなるのである。

　そして第二に，「非本来的な現存在」は，十分に将来を「先駆」する力を持
たないため，「利己的利益の増進」という基準でも，十分に賢明なる予期を行
った上で，彼らの言う「合理的な」行動を選択することもできなくなってしま
うが，自らの死をすら先駆する力を持つ「本来的な現存在」は，様々な意味で
将来を先駆することが可能である。それゆえ，「本来的な現存在」は，「利己的
利益の増進をもたらす合理性」という，「非本来的な現存在」が"のどから手
が出る程"に欲しいものを，軽々と手に収めることができるのである。ただし，
繰り返しとなるが，「本来的な現存在」は，そうした「合理性」のみでなく，様々
な宗教的，倫理的，美的な価値観を持つ以上，合理性のみを基準として振る舞
うわけではない。

　以上，「本来的な現存在」と「非本来的な現存在」を二分して論じたが，実
際には，全ての個人が両者の側面を持つ，と考えることの方が妥当であろう。
すなわち，本来的時間性と非本来的時間性の双方を各人が携えていると考える
のが適当であろう。したがって，彼が現存在である以上，本来的時間性を起源

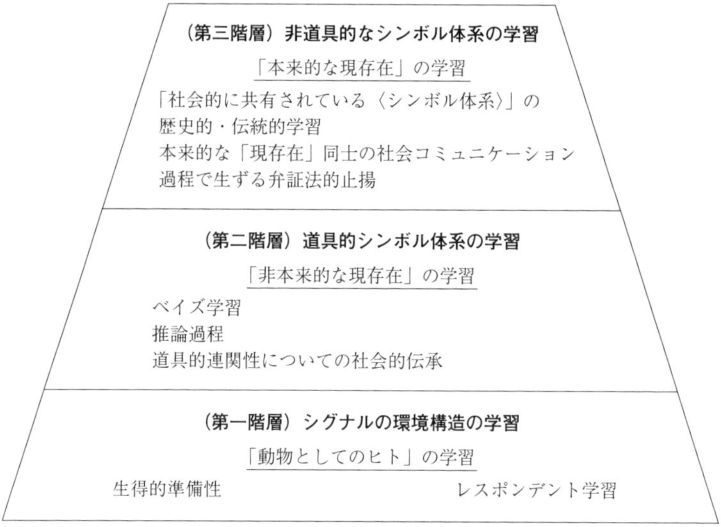

第1章　意思決定における「選好形成」問題

```
（第三階層）非道具的なシンボル体系の学習
        「本来的な現存在」の学習
「社会的に共有されている〈シンボル体系〉」の
歴史的・伝統的学習
本来的な「現存在」同士の社会コミュニケーション
過程で生ずる弁証法的止揚

（第二階層）道具的シンボル体系の学習
        「非本来的な現存在」の学習
ベイズ学習
推論過程
道具的連関性についての社会的伝承

（第一階層）シグナルの環境構造の学習
        「動物としてのヒト」の学習
  生得的準備性              レスポンデント学習
```

図1-1　シンボル体系の形成としての選好形成をもたらす

とする道具的連関性以上のシンボル体系（以下，便宜のためにこれを，「非道具的シンボル体系」と呼ぶこととしよう）を，多かれ少なかれ携えているだろう，と期待できるのである。

◉非道具的シンボル体系の学習

　さて，そうした，非道具的なシンボル体系は，どのようにして形成されるのであろうか。

　その第一に考えられるのが，歴史的，伝統的，社会的に共有された「シンボル体系」である。その中心にあるものが言うまでもなく「言語」であるし，その言語を使って伝承されている様々な文化や宗教，風習である。つまり，「**歴史的・伝統的・社会的に共有されたシンボル体系の学習**」が，非道具的シンボル体系の学習において重要な役割を担うのである。

　こうした社会的に共有されているシンボル体系は，どこかある一時点で作られ，その後全く変化しない，というようなものでは決してなく，歴史の中で徐々に変容していくものである。それゆえ，各現存在の生の働きかけによっても変

32

化するものでもある。

すなわち，歴史的・伝統的・社会的なマクロレベルのシンボル体系は，現存在の生の相互作用，すなわち，社会的なコミュニケーション過程＝「社交」によって動的に変容するものである。そして，そのマクロレベルのシンボル体系の変容は，再び現存在のシンボル体系の変容をもたらすこととなる。

ここで，非本来的時間性に支配された非本来的な現存在は非道具的シンボル体系を持たない存在であるから，非本来的な現存在が参与するコミュニケーションでは非道具的シンボル体系が変容するとは考えられない（事実，それを裏づける実験データも得られている（羽鳥・小松・藤井，2014））。さらに，コミュニケーション過程の中で，何らかの新しい「意味」あるいは「解釈」が見いだされた時にはじめて，シンボル体系の変容が生ずるであろうという点を踏まえると，「**本来的な現存在同士の社会コミュニケーション過程において生じる弁証法的止揚**」（ヘーゲル，1807）を通じて，非道具的シンボル体系の精緻化をもたらすものと考えられる。

さらにこうした弁証法的止揚は，必ずしもコミュニケーションが不在であっても生じうるものである。

そもそも，「現存在」が「非本来的な現存在」ではなく，「本来的な現存在」となりうる唯一の契機は，瞬間瞬間の超越であり，それを通じて，シンボル体系が本質的に深化し，変質することとなる。キルケゴール（1846）はこの超越を「質的弁証法」と呼び，ヘーゲルのそれを「量的弁証法」と呼称した上で両者を区別している。この質的弁証法は，あれもこれもといった止揚による総合ではなく，あれかこれかの決断による，挫折に基づいて飛躍するものとして定義される。すなわち，「**本来的な〈現存在〉による，「あれかこれか」の決断による挫折に基づく質的弁証法的止揚**」によって，非道具的シンボル体系が，美的，倫理的，宗教的な価値を携えるに至ることとなると考えられるのである。

●選好形成プロセスの構造

以上，ここではまず，選好の形成についての包括的な議論を目指し，ハイデガーの現象学的存在論を理論的な枠組みとした選好形成プロセスについての哲学的考察を行った。この現象学的存在論では，人間を，言葉を駆使しつつ様々

な現実的，仮想的な事物に様々な意味を付与する「シンボル体系」を形成する存在＝現存在と見なす。それゆえ，選好の形成過程とは，畢竟，このシンボル体系の形成過程であると見なした考察を加えたのだが，その結果，選好の形成過程においては，図1-1に示すような，3つの階層の学習，すなわち，

（第一階層）シグナルの環境構造の学習
（第二階層）道具的なシンボル体系の学習
（第三階層）非道具的なシンボル体系の学習

によって，シンボル体系が形成され，それを通じて選好が形成されていく理論的可能性が考えられることを論じた。

　以下本章では，こうした理論的可能性の実証的妥当性を確認すべく，その実証的検討の第一歩として行った，2つの実証研究について報告する。

3. 選択が選好構造を形成する ……………………………………………

　以上に論じた選好プロセスでは，その最も基礎的な段階における学習は，上記の第一階層に位置する「シグナルの環境構造の学習」である。そしてこの基礎的な第一階層における学習の中でも，とりわけ基礎的なものの1つとして挙げられるのが，環境内に存在する様々な対象（entity）の中のいずれが「かつて選択したもの」であり，いずれが「かつて選択したことのないもの」なのか，というシグナル学習である。これはつまり，選好（構造）が選択を決定する，という一般的な議論とは逆に，第4章でも議論されている「選択が選好（構造）を決定づける」という因果方向の効果の可能性を示唆している。

　既往研究で明らかにされた各種の心的効果に関連して考えるなら，広範な実証データが蓄積されている「単純接触効果」（Zajonc, 1968）が，この「選択が選好（構造）を決定づける」という理論的可能性を示唆するものと考えられる。つまり，選択するという形で接触した対象を，そうでないものよりも好むようになる，という可能性である。

　ただし，この単純接触効果は，特定の対象についての「選好」の形成につい

ては理論的な予測を与えるものであるが，「選好構造」の形成については理論的予想を与えるものではない。そして実際，「選択」という行為が，その行為者の「選択構造」に影響を及ぼす可能性も考えられる。

たとえば，「甘いものばかりを食べていれば，その内，甘いもの好きになる」という現象はしばしば我々の生活の中で生ずるものであるが，これは選択行為が，選択構造に影響を及ぼす事例である。繰り返すがこれは単純接触効果とは異なるものである。なぜなら，「甘いものばかり食べていれば，甘いのもの好きになる」という現象は，甘いものばかりを食べていれば，「はじめて触れる，いまだかつて接触したことのないもの」であっても，「それは甘い」という情報，すなわち「シグナル」さえあれば，それを選好するようになる，という傾向を意味しているからである。

この可能性を一般化して言うのなら，次のようになる。

> **仮説1** 意思決定者は，特定の属性が優越している選択肢を選択すると，その属性に対してより大きな重みが付与された選好構造を形成する。

その仮説が真である可能性は，いくつかの理論的な議論から演繹される。

たとえば，認知的不協和理論（Festinger, 1957）に基づけば，特定の属性が優越している選択肢を選択しているという認知（たとえば，甘いものばかりいつも食べているという認知）と，その属性をとりわけ好んでいるという認知（私は甘いもの好きであるという認知）とは協和するため，特定の属性が優越している選択肢を選択し続けている内に，その属性を好む選好構造を形成するに至る，という可能性である。

あるいは，次のようにより一般化した単純接触効果で考えても，この仮説を演繹することができる。すなわち，特定の属性が優越した選択肢と接触した経験を1つの「対象」と捉えるなら（たとえば，甘いものを食べたときに感ずる感覚，すなわち「甘さ」を1つの対象と捉えるなら），いまだかつて触れたことのない対象物であっても，その「経験という対象」そのもの（先の例で言うなら「甘さ」）

には触れたことがあるという理由で，その「経験という対象」（甘さ）を好むようになる，という可能性を，単純接触効果から演繹することも可能である。

あるいは，進化心理学的に考えるなら，仮説1の傾向を持たない個体と持つ個体を考えれば，そういう傾向を持たない個体は，特定の属性が優越した選択肢と接触した体験を好まないために常に新しい体験に触れ続ける可能性が仮説1の傾向を持つ個体よりも多くなる（つまり，体験したことのない味を経験する可能性が高くなる）。そして，環境の中に何らかのリスクが一定程度潜んでいる状況下では，そういう「新しい体験」を繰り返す個体の方が，そうでない個体よりも生存率が低下してしまう可能性が考えられる。かくして，進化プロセスの中で，仮説1の傾向を持つ個体の方が生き延びやすくなる可能性が考えられることとなる。

このように，仮説1が理論的に正当である可能性は，複数の理論から演繹されるものである。ただし，筆者の知る限り，選好構造の形成プロセスについての実証研究が十分に蓄積されていなかったという背景から，上記の仮説1は理論的に措定される一方で，実証的に検証されてはいないものと考えられる。

ついては筆者等は，この仮説1の経験的妥当性を確証すべく，次のような実証分析を行った（Hatori, Fujii, & Takemura, 2017）。

まず，東京工業大学の大学生・大学院生 100 名（男 89 名・女 11 名，平均年齢 20.65 歳・標準偏差 1.85 歳）を対象として，彼（女）らが所有する自転車と，普段の通学経路についての質問紙（項目内容は表 1-2 を参照）の回答を要請した。

その上で，上記の Stated Preference 調査の 8 つの回答から，自転車と通学経路についての効用関数を，二項ロジットモデルを仮定した上で，各個人ごとに求めた。なお，効用関数に含まれる説明変数については，自転車については価値高低評価と意匠性評価，通学経路については通学時間長短評価と快適性評価をそれぞれ想定した。

次に，上記の各説明変数と，自転車と通学経路の使用年数のそれぞれの中位値を求め，その上下で参加者を二分した。さらに，自転車については使用年数×価格高低評価と使用年数×意匠性評価，通学経路については使用年数×通勤時間長短評価，使用年数×快適性評価の組み合わせのそれぞれについて参加者を 4 つのグループに分類した。そして，グループごとに，効用関数のパラメー

3. 選択が選好構造を形成する

表1-2　質問項目

自転車	使用年数，価格高低評価（あなたの自転車は，"普通の自転車"に比べて，高いと思いますか，安いと思いますか？），意匠性評価（あなたの自転車は，"普通の自転車"に比べて，どれくらいかっこいいと思いますか，かっこ悪いと思いますか？），Stated Preference 調査項目（自転車を一台も持っていないという状況を想定させ，その上で，「今持っている自転車」か「今持っている自転車と価格高低評価と意匠性評価が少し違う自転車」のいずれを購入するかの回答を，8パターンについて要請）等
通学経路	使用年数，通学時間長短評価（あなたの今の"通学"の通学時間は，"他の人の平均的な通学時間"に比べて，長いと思いますか？），快適性評価（あなたは，あなたの今の"通学"は，"快適"なものだと思いますか？　"他の人の平均的な通学での快適性"に比べて，お答え下さい），Stated Preference 調査項目（大学の下宿を選択しているという状況を想定させ，その上で，「今とほぼ同程度の条件の通学経路となる下宿」か「今の経路と通学時間長短評価と快適性評価が少し違う条件の通学経路となる下宿か」のいずれを借りるかの回答を，8パターンについて要請）等

タの平均値を求めた。そして，「使用年数が長いグループと短いグループとの間の各説明変数の係数の差」についての「その説明変数の高い群と低い群の間の差」（以下，この差の差を「使用期間長短間の差の差」と呼称する）についての t 検定を行った。これらの結果を表1-3に示す。なお，表1-3においては，「所有している自転車（経路）の属性が優越している群」については，「属性優越群」と記載した。

表1-3より，「自転車の価格高低評価」については「使用期間長短間の差の差」は有意とならなかったが，それ以外の3つの組み合わせについての「使用期間長短間の差の差」はいずれも有意となった。有意となった t 値を解釈すると，いずれも，「属性優越群」の方が，そうでない群よりも，「使用年数が長いグループの方が，短いグループよりも重みが大きい傾向」が強いことが分かる。たとえば，意匠性評価の係数について言えば，属性優越群（つまり，意匠性評価_高の群）においては，使用期間が短い群よりも長い群の方が意匠性評価の係数が高く，その差は +0.04（= 0.84 - 0.80）である一方，属性優越群でない群（つまり，意匠性評価_低の群）については，使用期間が短い群よりも長い群の方が意匠性評価の係数が低く，その差は -0.85（= 0.64 - 1.49）である。したがって，このケースにおける使用期間長短間の差の差は，0.89となり，これが統計的に有意となったのである。このことは，「格好いい自転車（= 意匠性が高い）」を買った人々は，長くそれを持てば持つほど「格好よさ（= 意匠性）」を重視す

37

第 1 章　意思決定における「選好形成」問題

表 1-3　検定結果

			使用期間 _ 長	使用期間 _ 短	「使用期間長短間」の差の t 値
自転車	価格高低評価の係数	価格高低評価 _ 低（属性優越群）	1.39	1.00	1.19
		価格高低評価 _ 高	0.81	0.58	
	意匠性評価の係数	意匠性評価 _ 高（属性優越群）	0.84	0.80	6.54
		意匠性評価 _ 低	0.64	1.49	
通学経路	通学時間長短評価の係数	通学時間長短評価 _ 短（属性優越群）	1.61	0.93	16.49
		通学時間長短評価 _ 長	1.27	1.38	
	快適性評価の係数	快適性評価 _ 高（属性優越群）	1.57	1.19	6.83
		快適性評価 _ 低	1.21	1.16	

る傾向を強くしていく一方で，そうでない人々は，長く持てば持つほど，「格好よさ（＝意匠性）」をあまり気にしなくなっていく，ということを意味している。

　同様の傾向は，通学時間の長短，通学経路の快適性についても見られる。つまり，大学に近いところに住んでいる学生は，その経路を使えば使うほど「通学時間が短いこと」をより重視していく傾向が（大学から遠いところに住んでいる学生よりも相対的に）強く，また，快適な経路で通学している学生は，その経路を使えば使うほど「通学経路の快適さ」をより重視していく傾向が（快適性の低い経路で通学している学生よりも相対的に）強い，という結果が，統計的に示されたのである。これらの結果はいずれも，本研究の仮説を支持するものである。すなわち，以上の結果は，人々は，特定の属性が優越している（劣っている）選択肢を選択すると，その属性に対してより大きな（小さな）重みが付与された選好を所持するに至るという理論的可能性を支持しているのであり，ここで措定した「仮説 1」を確証するものである。すなわち，「選択によって選好が形成される」という因果関係の存在を，この分析結果は示唆しているのである。

4. 非道具的シンボル体系の形成としての，近代人的選好構造の形成 ……

　以上で確認した仮説1は，選好構造の形成過程における第一階層の選好形成プロセスに関わるものであるが，そこで検証した属性が「シグナル」のみでなく「シンボル」の役割を担うものであると解釈するのなら，第二階層の選好形成プロセスにも関わるものであると解釈することができる。ただし，そこで想定されているシンボルは「道具的」なシンボルであって，第三階層が想定する「非道具的なシンボル」とは異なる可能性も考えられる。

　そして，現在の我々の振る舞い，すなわち，意思決定は，第一階層や第二階層で形成された選好構造に規定されているのみならず，この第三階層にて形成された「非道具的なシンボル体系」に対応する選好構造に，多大なる影響を受けている。

　ついてはここでは，現代人の振る舞いに着目しつつ，この「非道具的なシンボル」に関わる選好形成についての仮説を理論的に措定すると同時に，その検証を行う。

●近代人的選好構造が近代の動態を産み出している

　先に述べた通り，「非道具的なシンボル体系」に関わる選好構造の変容は歴史的なマクロレベルにおいて進行する現象であるが，我が国において，人々の選好構造に根本的な変化が生じた歴史的契機として，明治維新に端を発する"近代化（modernization）"を挙げることができる。ここに近代化とは，大きく産業化と民主化からなるものであると言われており（西部，1987），我々現代人の振る舞いに多大な影響を及ぼしているものと考えられる。前者は，技術的発達と営利の追求を表しており，我が国において，そうした産業化を経て，著しい経済的発展や物質的豊かさが実現された。一方，後者は，国民への権力の帰属化を表しており，そうした民主化を経て，政治的な平等や社会福祉の充実が図られた。

　ただし，近代化による影響は，人々の生活環境だけを変えるものではなく，それと同時に，人々の態度や行動そのものが，近代社会に協和する形で変化し

第1章　意思決定における「選好形成」問題

つつある可能性が考えられる。たとえば，大量生産型の産業の振興に伴い，人々の消費傾向が以前にも増して大量消費を好む方向へと移行しつつあるものと推察される。また，政治的な平等が進む中で，階級や性別の差異に対する差別意識が低下しつつあることも考えられる。

　このように，近代社会と協和するように行動する人間のタイプを特に「近代人」と呼べば，そうした近代人が，近代化の進展と相俟って出現するとともに，近代社会の動態を生み出しているものと考えられる。そしてその近代人の振る舞いは，近代人が形成している「近代人的選好構造」と言うべきものに基づいて決定されているものと考えるとするなら，近代人達の近代人的選好構造こそが，現代社会の動態を産み出しているのである。

　そうした近代的動態がいかなるものかと言えば，著しい経済発展や政治的平等の実現といった，一般に肯定的に論じられるような側面があるばかりでなく，様々な弊害が，今や我が国の至る所で顕在化しつつあることも様々に指摘されている（藤井・羽鳥，2014）。

　たとえば，人々において個人的利益を重視し過ぎた結果，社会的・経済的格差が拡大しつつある問題が，現在たびたび指摘されている（e.g. 三浦，2005）。また，大量消費型の生活スタイルは，ゴミ問題や地球温暖化問題（環境省，2008）等，様々な社会問題の原因となっていることも指摘されている。また，政治的平等を追求し過ぎた結果，誰もが政治に参加すべきであるといった社会的風潮が広がりつつある可能性があり，そうした状況において，人々の無責任な発言や自己利益のみを優先しようとする言動が助長されつつあることが懸念されている（羽鳥・小松・藤井，2008a）。さらに，そうした個人的利益を追求し過ぎた余り，人々の道徳意識や倫理性が低下しつつある可能性も危惧されるところである（e.g. 藤井，2009）。たとえば，景観問題を取り上げてみても，現在，ゴミのポイ捨てや放置駐輪が後を絶たず，また，経済性や機能性のみを重視した無個性・画一的な建物が濫立し，我が国の伝統的な町並みや良質な景観が破壊されつつあることが指摘されている（小松・羽鳥・藤井，2009）。

　このように，近代社会はその内に様々な弊害を内在しているものと考えられる。それでは，そうした近代社会，あるいは，それを牽引する「近代人的選好構造」は，いかにして形成されたのであろうか。

40

この問いかけこそ，本章にて論じている第三階層における「非道具的シンボル体系の形成プロセス」についての議論が対応すべき問いかけであると言えよう。

そしてこの問いかけについて，本章では，近代社会の動態を社会哲学の視点から論じたオルテガの大衆社会論と，そして，近代の形成過程それ自身を直接論じたヘーゲルの社会哲学を援用する。以下，ヘーゲルとオルテガの社会哲学の概要を，近代人的選好構造の形成プロセスの視点から論ずる。

●ヘーゲル，オルテガの議論に基づく選好形成プロセスについての仮説

スペインの哲学者オルテガは，その著書『大衆の反逆』（1930）において，近代大衆社会にみられる価値喪失の中に，人間的生の否定や非道徳が胚胎していることを鋭く指摘した。オルテガの大衆論の特徴は，大衆を数量的な概念あるいは政治的・社会的階級として捉えるのではなく，万人に共通する「心理的事実」として捉えようとしたところにある。オルテガによれば，「大衆」とは，自分自身に何も課さず，現状に満足しきった「平均人」であり，この意味において「選ばれた者」とは区別される。

この認識の下，羽鳥・小松・藤井（2008b）では，以上のオルテガの定義する心理的事実としての大衆概念に着目し，オルテガの「大衆の反逆」における大衆の心理的描写に基づいて，個人の大衆性を表す質問項目を作成し，大衆性についての心理尺度を構成している。そして，この先行研究の結果，大衆性が「傲慢性」と「自己閉塞性」から構成されることが示されている。ここで，傲慢性とは「ものの道理や背後関係はさておき，とにかく自分自身には様々な能力が携わっており，自分の望み通りに物事が進むであろうと盲信する傾向」を表し，自己閉塞性とは「自分自身の外部環境からの閉塞性」を表している。さらに幼少期の家庭内のコミュニケーションや地域コミュニティとの関わりが，大衆性の一側面である自己閉塞性の形成要因の1つである可能性が示されている（藤井・羽鳥・小松，2007）。

そして，個人の大衆性が社会に及ぼす影響に関して，景観問題と公共事業を巡る合意形成問題について，個人の大衆性が否定的な影響を及ぼす傾向が示されている。ただし，すでに論じたように，個人の大衆性は，万人に共通する普

遍的な人間の心理的類型であり，それゆえ，個人の様々な判断や行動に影響を及ぼすものと考えられる。この点を踏まえれば，人々の大衆化は，これらの特定の問題のみでなく，近代社会の至る所で様々な問題を引き起こしている可能性が考えられるところである。

　一方，ヘーゲルは，その著書『精神現象学』（1807）の中で，「人間疎外」の概念について論じている。本書において，ヘーゲルは「疎外」なる概念を，近代社会における人間精神の発展にとって不可欠な過程として位置づけている。ヘーゲルによれば，「疎外」とは「共同体が意識の外へ押し出された」状態，すなわち，自己と共同体が一体化しておらず遊離している状態を表している。そして，人間精神は，この疎外を通じて，自己を共同体から外化し，自分自身を疎遠化することによって，「家族」や「国家」等の様々な共同体の存在を認識するものと考えられている。その上で，人間精神は，共同体と再び一体化することにより，これらの共同体との関わりを深めていくものと想定されている。

　しかし，外化された人間精神が再び共同体と一体化せず，どの共同体にも吸着されない可能性が考えられ，ヘーゲルの理論によれば，この場合，人間精神は「個」として共同体から遊離したままとなり，人間精神の成長は停滞することとなる。本章では，人間精神がそうした疎外されたままの状態に陥っていることを特に「人間疎外」と呼ぶこととする。

　さて，以上の2つの議論をさらに発展的に論ずると，「選好形成」に関して，次のように議論を演繹することができる。

　まず，羽鳥他（2008b）より，オルテガの論ずる大衆性が，「傲慢性」と「自己閉塞性」から構成されることが示されている。前述の通り，「自己閉塞性」とは「自分自身の外部環境からの閉塞性」を表しているが，そうした大衆人は，いかなる共同体からも乖離した状態，すなわちヘーゲルの言うところの「人間疎外」に陥っている可能性が考えられる。この点に関連して，オルテガ自身も「［大衆人は］自己の中に閉じこもり，外部の力によって自己の外に出ることを強制されない限り永遠の逼塞を申し渡されている（オルテガ，1930, p. 91）」と述べているが，そうした大衆人の精神状態は，共同体から疎外された「個」としての状態に他ならないものと考えられる。

　さらに，藤井他（2007）において，オルテガの論ずる大衆性の形成要因として，

4. 非道具的シンボル体系の形成としての，近代人的選好構造の形成

幼少期の生活環境の影響について検討されているが，その結果，幼少期における家庭内のコミュニケーション不足や，地域との連帯の希薄さが，個人の自己閉塞性を増進する傾向にあることが示されている。これらはヘーゲルの論ずる「家族」や「地域」という共同体からの疎外によってもたらされうるものであると考えられる。それゆえ，以上の先行研究もまた，ヘーゲルの論ずる人間疎外に陥っている存在とオルテガの言うところの大衆人とが，同一の精神状態にある可能性を暗示しているものと考えられる。

さらに，小松（2009）では，自己閉塞性が高い人において，時間を経るにつれ，傲慢性が形成されていく可能性が示唆されているが，このことから，大衆性を形成する根源的な要因は自己閉塞性であり，先に述べたように，自己閉塞性が，家庭や地域コミュニティから遊離することでもたらされていることを考え合わせると，家庭や地域コミュニティから遊離することが，オルテガが指摘する大衆化をもたらしていると言えるだろう。

以上の議論に基づいて，以下の仮説を仮説2として措定する。

> **仮説2** ヘーゲルの論ずる「人間疎外」の状態にある存在こそが，オルテガの論ずる大衆人である。

前述した通り，ヘーゲルは近代社会が「人間疎外」を契機として形成されていることを論じているが，以上の仮説が真であるとするならば，それと同時に，そうした近代社会の形成と相俟って，大衆人が出現し，近代人に特有の種々の態度や行動を形成しているという可能性が考えられるところである。これより，個人の大衆性と近代人の態度や行動との関連性について，以下の仮説を仮説3として措定することができる。

> **仮説3** オルテガの論ずる「大衆性」が，「近代人」に特有の「近代人的選好構造」を形成している。

第1章　意思決定における「選好形成」問題

　すなわち,「人間疎外」が生ずることによって人々が大衆化し,近代人特有の選好構造が形成されたと考えるわけである.

　なお,ここでは,近代人的選好構造の測定については,近代人固有の振る舞いを包括的に捉えることを企図して,近代人に特有の態度や行動を表す尺度を「近代エージェント尺度」と呼称しつつ,その具体的な項目を複数想定し,それぞれの項目について測定することとした.すなわち,「消費行動」,「近代的権威への追従・前近代的権威の軽視の度合い」,「絶対的価値に対する信念」,「権威主義の度合い」,「後悔・追求傾向」,「福祉政策への賛否」,「政府・環境問題への意識」,「主観的幸福感」等の,既往文献の中で,近代人的傾向を反映したものであると示唆されている諸尺度を測定し,それらによって近代人的選好構造を間接的に測定することとした.なお,選好構造をより厳密に特定するためには,前項のように行動から数理的に構造を特定していくことが必要となるが,その特定作業については今後の課題としたい.

●実験概要

　ここでは,上記の目的のもと,Web アンケートによる調査を実施した(羽鳥・渡邉・藤井・竹村,2012).被験者は男女共に 200 人で平均年齢は 52.08 歳,年齢標準偏差は 18.94 歳であった.

　そして,調査において,a) 人間疎外に関する項目,b) 大衆性に関する項目,c) 近代人特有の態度や行動に関する項目(近代エージェント尺度)を測定した.

人間疎外に関する項目

　「家族」「組織(学校,会社等)」「地域」「国家」の 4 つの共同体からの疎外意識の程度を量るための質問項目として,先行研究(羽鳥・中野・藤井,2010;渡邉・羽鳥・藤井・竹村,2009)で提案された「人間疎外」尺度を用いることとした.この尺度は,ヘーゲルの『精神現象学』を基に作成されたものであり,4 つの共同体のそれぞれについて,「一心同体感」「共同体全体の非認知」「共同体への親近意識」「自己断念」「共同体への奉仕」という 5 つの項目から構成される(表 1−4).表 1−4 の質問項目は「家族」についてのみ記載しているが,「地域」,「組織」,「国家」についても同様の質問項目を作成した.回答は 7 件法で

4. 非道具的シンボル体系の形成としての，近代人的選好構造の形成

表 1 - 4　人間疎外尺度の質問項目

「人間疎外（家族）」　信頼性係数（a）＝ 0.72
・自分と自分の家族とは一心同体だという感じがする。（一心同体感）＋
・家族とは，家族の中の一人一人の人間関係の集合にしかすぎないと思う。（共同体全体の非認知）
・自分は自分の家族というものをとても身近なものとして自然に感じる。（共同体への親近意識）＋
・結婚した人はその新しい家族に自らをなじませるのが当たり前だと思う。（自己断念）＋
・もしも自分一人の利益と家族全体の利益が対立したら，どちらを優先しますか。（共同体への奉仕）＋
「人間疎外（組織）」　信頼性係数（a）＝ 0.78
「人間疎外（地域）」　信頼性係数（a）＝ 0.75
「人間疎外（国家）」　信頼性係数（a）＝ 0.78

＋逆転項目

要請し，それぞれの共同体についての質問項目の加算平均を尺度化した。

大衆性に関する項目

　大衆性に関する項目として，羽鳥他（2000b）で提案された大衆性尺度（表 1 - 5）を用い，2 因子（傲慢性，自己閉塞性）19 項目の質問項目を設定し，7 件法で回答を要請した。

近代人特有の態度や行動に関する項目（近代エージェント尺度）

　近代エージェント尺度として，表 1 - 6 に示す通り，既往研究で用いられた尺度を用いた。各質問項目はそれぞれ 7 件法で回答を要請し，加算平均を尺度として用いた。なお，それぞれの尺度と大衆性との間に想定される理論的関係は以下の通りである。まず，大衆人は自己閉塞的であるがゆえに，弁証法的止揚や伝統的価値観の継承を行わず，それゆえ，彼らのシンボル体系それ自身が，非道具性が低く，道具性が高い。それゆえ，真善美を想定した倫理的行為よりは，損得を基準とした自己利益を追求する傾向が高い。つまり，彼らのシンボル体系は，文明化されているというよりは野蛮な水準にとどまっていると解釈することができる（藤井・羽鳥，2014）。この点を踏まえると，大衆人は，物質的な消費を追求すると共に，近代的な権威に追従する一方で，前近代的な権威を軽視し，さらに真善美なる絶対的な価値を忌避する傾向にあると考えられる。また，公共的利益を軽視するため，福祉政策全般に対して否定的であり，さら

第 1 章　意思決定における「選好形成」問題

表 1-5　大衆性尺度の質問項目

「傲慢性」尺度　信頼性係数（a）= 0.68
　1)　自分の意見が誤っている事などない，と思う
　2)　私は，どんな時でも勝ち続けるのではないか，と何となく思う
　3)　自分個人の「好み」が社会に反映されるべきだと思う
　4)　どんなときも自分を信じて，他人の言葉などに耳を貸すべきではない，と思う
　5)　「ものの道理」には，あまり興味がない
　6)　物事の背景にあることには，あまり興味がない
　7)　世の中の問題は，技術ですべて解決できると思う
　8)　自分のことを，自分以外のものに委ねることは一切許されないことだと思う
　9)　自分を拘束するのは自分だけだと思う
　10)　道徳や倫理などというものから自由に生きていたいと思う
　11)　人は人，自分は自分，だと思う
　12)　日本が将来なくなる可能性は，皆無ではないと思う +

「自己閉塞性」尺度　信頼性係数（a）= 0.67
　13)　伝統的な事柄に対して敬意・配慮をもっている +
　14)　日々の日常生活は感謝すべき対象で満たされている +
　15)　世の中は驚きに満ちていると感じる +
　16)　我々には，伝統を受け継ぎ，改良を加え，伝承していく義務があると思う +
　17)　自分自身への要求が多いほうだ +
　18)　自分は進んで義務や困難を負う方だ +
　19)　もしも奉仕すべき対象がなくなれば，生きている意味がなくなるのではないかと思う +

+ 逆転項目

に環境に配慮する傾向も低いものと考えられる。それゆえ，大衆性が高ければ，消費尺度はいずれも高く，権威尺度も高く，絶対的価値尺度は低く，アドルノF尺度は高く，そして，福祉政策には反対傾向が強く，政府に対しては支持しない傾向が強く，環境配慮的態度を持たないということが想定される。また，利益に対して固執する傾向が強いことも想定されることから，後悔・追求尺度も高いことが想定される。

　なお，この調査では，以上の近代人的選好構造についての尺度に加えて，どの程度幸福であると感じているかについての主観的幸福尺度も測定した。

●結果と考察

　仮説 2 の検証を行うために，まず，人間疎外尺度と大衆性尺度の間で相関分析を行った（表 1-7）。表 1-7 より，すべての共同体についての，人間疎外尺

4. 非道具的シンボル体系の形成としての，近代人的選好構造の形成

表1-6　近代エージェント尺度の各項目の説明

尺　度	概　要
消費尺度　優越感 （ a = 0.91） ガジェット （ a = 0.80）	ジャン・ボードリヤール『消費社会の神話と構造』（1970）の中から，ボードリヤールの論ずる「高度消費社会」において支配的な種々の行動や態度について記述されている箇所を抜き出し，その原文の意を汲み取りつつ，消費行動に関する質問項目を作成した。これらの質問項目に対し，因子分析（主因子法，プロマックス回転）を行い，固有値の減衰，各因子への負荷量を考慮した後，a値を算出し，第1因子と第2因子を採用した。第1因子については，モノそのものに対して価値を見出すのではなく，他人が持っていないモノを所持することに優越感を感じる傾向と解釈でき，これを「優越感」因子と命名した。第2因子については，不要なモノを欲する傾向を表す項目から構成されているものと解釈でき，ボードリヤールは，生活に直接必要のない無駄なモノのことを「ガジェット」と呼んでいることから，この概念を用いて第2因子を「ガジェット」因子と命名した。
権威尺度　近代的権威 （ a = 0.76） 前近代的権威 （ a = 0.88）	近代に特有のものと考えられる権威として，「マスコミ（テレビ・報道）」「世論（流行・知名度）」「ブランド」を取り上げ，これらの近代的権威に対する追従傾向を量るための質問項目を作成した。同様にして，近代以前から存在すると考えられる権威として，「親」「お天道様」「祖先」「習慣」「法」「国家」を取り上げ，これらの前近代的権威に対する追従傾向を量るための質問項目を作成した。
絶対的価値尺度 （ a = 0.66）	Schmöcker, Petterssonb, & Fujii（2012）で用いられた絶対的価値に対する信念を量る質問項目を用いた。
アドルノF尺度 （ a = 0.83）	Adorno（1950）は，個人の権威主義的パーソナリティを量るための心理尺度としてアドルノF尺度を提案している。この心理尺度は，「因襲尊重」，「権威主義的服従性」，「権威主義的攻撃性」，「内省拒否」，「迷信とステレオタイプ」，「権力とタフネス」，「破壊性とシニズム」，「投射性」，「性」の9因子から構成されており，合計40の質問項目から構成されている。本調査では，これらの40個の質問項目の中から，個人の大衆性と特に関連すると考えられる17項目を選定し，質問項目として用いた。なお，アドルノの心理尺度の日本語版として，本調査では，西山（1981）の尺度を用いた。
後悔・追求尺度　後悔 （ a = 0.69） 追求 （ a = 0.87）	意思決定のスタイルを「追求者（maximizer）」と「満足者（satisficer）」という2種類に分類した。ここで，Schwartz（2002）らは，「追求者」は最良の結果を手に入れることを目的に，「満足者」は適度に満足できる結果を手に入れることを目的に，それぞれの意思決定をしている。本研究では，Schwartzらの質問項目を基に作成された「日本版 追求者－満足者尺度・後悔尺度」（磯部他，2008）の中から，後悔・追求傾向を量るための16個の質問項目を用いた。
福祉政策への賛否 （ a = 0.78）	福祉政策への賛否意識を量るための質問項目として，5つの福祉政策を取り上げ，これらの政策に政府が税金を投入することについて，「賛成」から「反対」の7件法で回答を要請した。
環境配慮的態度 （ a = 0.87）	小松他（2009）と藤井他（2001）を基にして，「環境配慮的態度」を量るための質問項目を設定した。
政府への支持 （ a = 0.69）	羽鳥他（2008a）を基にして，「政府への支持意識」を量るための質問項目を設定した。
主観的幸福観 （ a = 0.78）	主観的幸福感とは，主観的に幸せであると思っている程度を表わす尺度であり，本研究では，Lyubomirsky他（1999）を基に「主観的幸福感」に関する4つの質問項目を和訳し，作成した。

a は信頼性係数を表す

第1章　意思決定における「選好形成」問題

表1-7　人間疎外尺度と大衆性尺度の相関分析結果

	傲慢性		自己閉塞性	
	r	p	r	p
人間疎外（家族）	.182	.000 **	.334	.000 **
人間疎外（地域）	−.003	.950	.345	.000 **
人間疎外（組織）	.087	.081	.361	.000 **
人間疎外（国家）	−.002	.963	.285	.000 **

r：相関係数　p：有意確率　**：1％水準で有意

表1-8　共同体に所属群と共同体に未所属群との大衆性得点の比較

		N	平均値	標準化係数	t	p
傲慢性	共同体に未所属	57	3.370	0.569	1.454	.147
	共同体に所属	343	3.238	0.645		
自己閉塞性	共同体に未所属	57	3.837	0.764	5.168	0.00
	共同体に所属	343	3.302	0.717		

度と，大衆性尺度を構成する自己閉塞性との間に有意な正の相関が確認された。また，家族からのについての人間疎外尺度と傲慢性との間にも有意な正の相関が確認された。次に，本研究で想定した4つの共同体（家族・地域・組織・国家）のどれにも属しておらず，それゆえ，人間疎外されていると考えられる人（以下“未所属群”と呼称する）と，少なくともどれか1つの共同体に属していると考えられる人（以下“所属群”と呼称する）の大衆性を比較した（表1-8）。表1-8より，未所属群は，所属群より有意に自己閉塞性が高い傾向が示された。

　さて，大衆人なるものが，傲慢性と自己閉塞性を併せ持つ存在であることは，羽鳥他（2008b）においても，そして本研究の分析結果でも両尺度が有意な正の相関（r＝0.114）を示していることからも裏づけられている。その点を踏まえれば，自己閉塞性においてデータによる支持を受けたという本研究の2つの分析結果は，大衆性に関する仮説についてもデータの支持を受けたと解釈することができ，それゆえ，仮説2を支持する結果が得られたものと考えられる。

　また，仮説3の検証を行うために，大衆性尺度と近代エージェント尺度の間

4. 非道具的シンボル体系の形成としての，近代人的選好構造の形成

表1-9 大衆性と近代エージェント尺度の相関分析結果

	消費尺度				権威尺度			
	優越感		ガジェット		近代的権威		前近代的権威	
	r	p	r	p	r	p	r	p
傲慢性	.225	.000 **	−.077	.126	.206	.000 **	−.118	.018 *
自己閉塞性	−.057	.257	−.013	.790	−.055	.270	−.454	.000 **

	絶対的価値尺度		アドルノF尺度		後悔・追及傾向			
					追及		後悔	
	r	p	r	p	r	p	r	p
傲慢性	−.225	.000 **	.346	.000 **	.104	.037 *	.104	.037 *
自己閉塞性	−.314	.000 **	−.266	.000 **	−.194	.000 **	.007	.889

	福祉政策への賛否		環境配慮的態度		政府への支持		主観的幸福感	
	r	p	r	p	r	p	r	p
傲慢性	−.183	.000 **	−.172	.001 **	−.242	.000 **	−.124	.013 *
自己閉塞性	−.228	.000 **	−.161	.001 **	−.388	.000 **	−.208	.000 **

r：相関係数　p：有意確率　*：5% 水準で有意　**：1% 水準で有意

で相関分析を行った（表1-9）。表1-9より，近代エージェント尺度の形成，すなわち，近代人的選好構造の形成に，大衆性尺度を構成する傲慢性と自己閉塞性の少なくとも一方が影響を及ぼしていることが示された。また，自己閉塞性が高い個人は主観的幸福感が低い傾向も示された。

●結　論

　以上の結果より，大衆人が台頭し，様々な社会的弊害をもたらすこととなった根本的な原因にヘーゲルの論ずる「人間疎外」があったこと，そして，それを通して生じた「大衆人」が形成するシンボル体系は，「道具性」が高く「非道具性」が低い傾向が示された。そして，そうしたシンボル体系の特徴こそが，近代人的選好構造の重大な特徴である可能性が示された。そして，非道具的シンボル体系が形成されていないがゆえに，現代大衆人は，

第1章　意思決定における「選好形成」問題

　　1）真善美を巡る客観的，絶対的な価値基準の存在を信じないニヒリスティックな態度に終始し，

　　2）虚栄的な優越感を得んがために流行を追いかけると同時に，

　　3）ほしいものができればそれが手に入らなければいつまでもウジウジと執念深く後悔しつつ，それを手に入れるためにはそれを執拗に追い回し，

　　4）世間一般で権威あると言われるものにすぐに飛びつく一方で，自らが権威の側に立っているとひとたび認識すれば威張りちらす一方で，

　　5）環境や福祉には何ら協力せず，政府に対しては常に文句ばかりを口にするという傾向を持っているのである。

　はたして，このような人生は幸福なのだろうか？

　我々のデータは，それについては明確に「ノー」と回答している。

　以上のデータについては，さらなる追試と多面的な検証が求められているところではあるが，少なくとも以上のデータは，もしも現代人が幸福を追求したいと考えるなら，非道具的なシンボル体系の存在を受容しつつ，虚栄や権威にすら左右される損得勘定以外の非道具的な「意味」を重視するような「選好構造」を形成していくことの重要性を示唆しているものと考えられる。そして，そんな選好構造の形成において決定的に重要なのが，共同体からの疎外を回避し続ける態度である可能性も併せて示しているのである。

5. おわりに

　本章では，選好構造の形成について，ハイデガーの存在論を基本として，その理論的構成を包括的に論じた上で，その理論的枠組みを援用しつつ，いくつかの理論仮説を演繹し，実証データに基づいてその仮説を検証した。その結果，選好形成，とりわけ，その構造の形成にかかわる実証的ないくつかの知見を得た。今後は，それらの追試をさらに重ねると同時に，本理論的枠組みの下，様々な仮説を理論的に演繹し，検証することを通して，選好形成に関する我々の知見を蓄積していくことが，さらに求められているものと考えられる。

50

参考文献

Adorno, T. W., Frenkel-Brunswik, E., Levinson, D., & Sanford, N. (1950). *The Authoritarian Personality*. New York: Harper and Row.

ボイテンディック 浜中淑彦（訳）(1970). 人間と動物 みすず書房.

Elster, J. (1989). *Nuts and Bolts for the Social Sciences*. Cambridge: Cambridge University Press.

Festinger, L. (1957). *A Theory of Cognitive Dissonance*. Evanston, IL: Row Peterson.

藤井聡（2003）. 社会的ジレンマの処方箋 ナカニシヤ出版

藤井聡（2009）. なぜ正直者は得をするのか 幻冬舎新書

藤井聡（2010）.「選好形成」について――ハイデガーの現象学的存在論に基づく考察 感性工学, *9*, 217-225.

Fujii, S., & Gärling, T. (2003). Application of attitude theory for improved predictive accuracy of stated preference methods in travel demand analysis, *Transport Research A: Policy & Practice, 37*, 389-402.

藤井聡・Garling, T.・Jacobssen, C.（2001）. ロードプライシングの社会的受容と環境意識――社会的ジレンマにおける心理的方略の可能性 土木計画学研究・論文集, *18*, 773-778.

藤井聡・羽鳥剛史（2014）. 大衆社会の処方箋――実学としての社会哲学 北樹出版

藤井聡・羽鳥剛史・小松佳弘（2007）. オルテガ「大衆の反逆」論についての実証的研究 日本社会心理学会第48回大会論文集, 120-121.

Hatori, T., Fujii, S., & Takemura, K. (2017). How previous choice affects decision attribute weights: a field survey. *Behaviormetrika, 44*, 477-487.

羽鳥剛史・小松佳弘・藤井聡（2008a）. 政府に対する大衆の反逆――公共事業合意形成に及ぼす大衆性の否定的影響についての実証的研究 土木計画学研究・論文集, *25*, 37-48.

羽鳥剛史・小松佳弘・藤井聡（2008b）. 大衆性尺度の構成についての研究―― Ortega "大衆の反逆"に基づく大衆の心的構造分析 心理学研究, *79*, 423-431.

羽鳥剛史・小松佳弘・藤井聡（2014）. 個人の大衆性が弁証法的議論に及ぼす影響に関する実験検討 *Contemporary and Applied Philosophy, 5*, 1052-1073.

羽鳥剛史・中野剛志・藤井聡（2010）. ナショナリズムと市民社会の調和的関係についての実証的研究 人間環境学研究 *8*, 163-168.

羽鳥剛史・渡邉望・藤井聡・竹村和久（2012）. ヘーゲル「人間疎外」とオルテガ「大衆」との関連についての実証分析 人間環境学研究, *10*(2)(2012年12月号), 99-107.

ヘーゲル, ゲオルク・ヴィルヘルム・フリードリヒ 長谷川宏（訳）(1998). 精神現象学 作品社

ハイデッガー, マルティン 桑木務（訳）(1960). 存在と時間（上）（下）岩波書店

磯部綾美・久冨哲兵・松井豊・宇井美代子・高橋尚也・竹村和久（2008）. 意思決定における後悔・追求者尺度の開発―― Schwartz 尺度の日本版 心理学研究, *79*, 453-458.

環境省（2008）. 平成20年度版 環境白書・循環型社会白書

キルケゴール, セーレン 桝田啓三郎（訳）(1846). 現代の批評, キルケゴール 死に至る病・現代の批評 中央公論新社

木田元（2000）. ハイデガー『存在と時間』の構築 岩波書店

第1章　意思決定における「選好形成」問題

Kiesler, C. A. (1971). *The Psychology of Commitmen.* New York: Academic Press.

小松佳弘 (2009)．個人の大衆性と弁証法的議論の失敗に関する実証的研究　東京工業大学土木工学専攻平成 20 年度修士論文

ジャン・ボードリヤール　今村仁司・塚原史訳（訳）(1995)．消費社会の神話と構造　紀伊国屋書店

小松佳弘・羽鳥剛史・藤井聡 (2009)．大衆による風景破壊：オルテガ「大衆の反逆」の景観問題への示唆　景観デザイン論文集, *6*, 23-30.

Lyubomirsky, S., & Lepper, H. S. (1999). A measure of subjective happiness: Preliminary reliability and construct validation. *Social Indicators Research*, ABI/INFORM Global, 137.

メルロ＝ポンティ　滝浦静雄・木田元（訳）(1964)．行動の構造　みすず書房

モリス，チャールズ (1972)．記号と言語と行動――意味の新しい科学的展開　三省堂

三浦展 (2005)．下流社会 新たな階層の出現　光文社新書

Montgomery, H. (1983). Decision rules and the search for a dominance structure: Towards a process model of decision making. In P.C. Humphreys, O. Svenson, & A. Vasi (eds.), *Analyzing and Aiding Decision Process* (pp. 343-369). Amsterdam: North-Holland.

西部邁 (1987)．大衆の病理――袋小路にたちすくむ戦後日本 NHK ブックス

西山俊彦 (1981)．カリフォルニア権威主義尺度の包括的検討 サピエンチア, *15*, 1-25.

オルテガ・イ・ガセット，ホセ 神吉敬三（訳）(1995)．大衆の反逆　筑摩書房

Schmocker, J. D., Pettersson, P., & Fujii, S. (2012). Comparative analysis of proximal and distal determinants for the acceptance of coercive charging policies in the UK and Japan. *International Journal of Sustainable Transportation, 6*, 156-173.

Schwartz, B., Ward, A., Monterosso, J., Lyubomirsky, S., White, K., & Lehman, D. R. (2002). Maximizing versus satisficing: Happiness is a matter of choice. *Journal of Personality and Social Psychology, 83*, 1178-1197.

Slovic, P., & Lichtenstein, S. (1983). Preference reversal: A broader perspective. *American Economic Review, 73*, 623-638.

杉山尚子・島宗理・佐藤方哉・リチャード. W. マロット・アリア. E. マロット (1998)．行動分析学入門　産業図書

Svenson, O. (1992). Differentiation and consolidation theory of human decision making: A frame of reference for the study of pre- and post-decision process. *Acta Psychologica, 80*, 143-168.

竹村和久 (2009)．行動意思決定論――経済行動の心理学　日本評論社

戸田正直 (1992)．感情――人を動かしている適応プログラム　東京大学出版会

Tversky, A., & Kahneman, D. (1981). The framing of decisions and the psychology of choice. *Science, 211*, 453-458.

渡邉望・羽鳥剛史・藤井聡・竹村和久 (2009)．近代大衆社会における人間疎外と大衆性についての実証的研究 土木計画学研究・講演集, Vol. 40.

Zajonc, R.B. (1968). Attitudinal effects of mere exposure. *Journal of Personality and Social Psychology, 9(2)*, 1-27.

第2章 **行動分析学と意思決定研究**

1. はじめに

　我々はなぜそのように行動するのか。行動分析学（behavior analysis）はこの問いに科学的に答えることを目的とした学術体系である。米国の心理学者 B. F. Skinner が 1930 年代に動物を被験体として方法論を確立させ，その後 1950 年代に入り研究数が大きく増加，特に単一事例法に基づいた研究を掲載するべく機関誌 *Journal of the Experimental Analysis of Behavior* が 1958 年に創刊された。また 1960 年代に入ると，その成果を現実場面のヒトの行動改善に役立てようとする研究も行われるようになり，1968 年にはそうした研究を掲載する専門誌 *Journal of Applied Behavior Analysis* が創刊された。根本にやや独特な哲学的立場[1]をもつものの，利得（強化）と損失（罰・弱化[2]）に基づく行動変容という単純な考え方と，自閉症児への行動的介入に代表されるその高い応用性・実用性から，心理学において一定の位置を保ち続けている。

　行動分析学と意思決定研究はその研究目的を共有する部分が多い。両者は選択に注目し，その振る舞いを数量的に記述しようとする。また両者は方法論的に補いあえる立場にある。行動分析学では動物を被験体とした膨大な行動データが蓄積されており，これは意思決定の基本的なプロセスの解明に大いに役立つはずである。また意思決定研究が明らかにしてきた各種の非合理的行動は，行動分析学に新たな研究課題をもたらしている。このように両者の接続は高い生産性をもたらしうるのだが，現在までのところそういった動きは一定のレベルに留まっている。本章では，行動分析学と意思決定研究の接続の歴史を概観

第 2 章　行動分析学と意思決定研究

し，その利点を整理することでさらなる相互接続への架け橋を提供することを
目的とする。つまり次節で行動分析学における選択行動研究の歴史を論じた後，
3 つの理論的接続と，同じく 3 つの実験的接続の例を紹介する。そしてこれら
各論を土台とした総論的な議論として，最後の節において利点の整理と今後の
展望を論じる。

2.　行動分析学における選択行動研究の開始とマッチング法則 ………

1961 年，前述の *Journal of the Experimental Analysis of Behavior* 誌に一本
の論文が掲載された。Harvard 大学において Skinner の後任を務める Herrn-
stein, R. J. による "Relative and absolute strength of response as a function of

---

1) 功利主義者ジェレミ・ベンサムは『道徳および立法の原理序説』の中で次のように述べ
ている。「自然は人間を苦痛と快楽という 2 つの最高の支配者のもとにおいた……彼らは，
我々の行為のすべて，言葉のすべて，思考のすべてを決定する」。これは行動分析学の基
本的立場を端的に表現している。行動分析学は行動を，それに後続する強化子あるいは弱
化子（罰子）により制御されるものだと考える。そして言語的活動も行動であり，さらに
は思考や感情といった内的な心理現象も行動の 1 つであって，それらは他の行動と同じく
強化子や弱化子により制御されるものだと考える。つまり内的な認知的過程やそれを表現
する心的な概念を行動の原因と捉えず，むしろそれらを行動と捉え，一般的な行動と同じ
ように強化や弱化（罰）のメカニズムによって説明しようとする。行動分析学は，徹底的
行動主義（radical behaviorism）とよばれるこのような哲学的立場から個体の行動を理解
しようとする。これに対し認知心理学的な色合いが強い意思決定研究では，内的な認知過
程を原因として行動を説明しようとする。このような哲学的立場の相違も，選択行動・意
思決定過程の解明という目的を共有するにも関わらず，両者の接続が一定のレベルに留ま
っている一因だと思われる。
2) 行動分析学は，とりわけその開始時点でイギリス連合主義や学習心理学の伝統が引き継
がれていたため，反応が増加するという現象に対して強化，また増加をもたらした刺激に
対して強化子という用語が用いられるようになった。ここで重要なのは，強化子は反応が
増加したことによって定義されているということである。例えばある反応に対して 1000 円
の"報酬"を与えたとしても，それによってその後の反応の増加が確認されなかったなら
ば，それを"強化子"とはよばない。現代の行動分析学は連合主義よりはむしろ進化論と
のつながりが強くなっているが，強化・強化子という用語が引き続き用いられている 1 つ
の理由は，報酬や損失という日常用語のもたらすこのような意味の混乱を回避するためで
ある。本章でもこれにならい，文脈上報酬とよぶべきと思われた箇所を除き，強化・強化
子という用語を用いることとした。

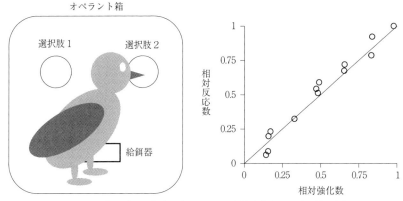

図2-1 Herrnstein（1961）の実験 左側はハトを被験体とした実験場面を示している。ハトは2つの選択肢キーへつつき反応を行った。各選択肢からはそれぞれ独立したVIスケジュールに従って，中央の給餌器から強化子としての餌が呈示された。右側は実験結果である（Herrnstein, 1961より改変）。両選択肢への反応数の相対値（相対反応数）は，両選択肢から呈示される強化数の相対値（相対強化数）に一致するというマッチング法則が示された（図中の右上がりの線は相対強化数と相対反応数が完全に一致する場合を示している）。

frequency of reinforcement（強化頻度と相対および絶対反応強度との関係）"と題された論文である。そしてこの論文が，行動分析学と意思決定研究の接続をもたらす契機となる。行動分析学のそれまでの研究では，実験箱内に反応検出器が1つだけ設置され，それに対する単位時間当たりの反応数すなわち反応率が測定されていた。これに対しHerrnsteinの実験は，もう1つの反応検出器を設置した2選択肢の場面において，その間に見られる選択を問題とした。これにより，行動分析学と意思決定研究は「選択」という研究対象を共有することになった。

行動分析学の研究方法の紹介を兼ね，Herrnstein（1961）が行った実験をここで説明しておこう。図2-1左は実験場面の模式図である。被験体はハトであった。餌を報酬（強化子）として機能させるため，ハトの体重は食物自由摂取時の80％に制限された。実験はオペラント箱とよばれる箱の内部で行われ，箱内部の正面パネルに，左右に2つ並んだ反応キーが設置されていた。これらのキーへつつき反応を行うと，一定のルール（強化スケジュールとよばれる）に

第 2 章　行動分析学と意思決定研究

従って，正面パネル下部に設置された給餌器から数秒間の餌の摂取が可能となった。Herrnstein の実験では，2 つのキーの強化スケジュールはともに変動時隔（variable interval: VI）スケジュールであった。たとえば VI 30 秒では，前回の強化子呈示から平均して 30 秒が経過すると給餌準備状態となり，その後の 1 回のキーつつき反応によって給餌器からの餌の摂取が可能となった[3]。Herrnstein はこのような VI スケジュールを 2 つのキーに独立に配置した（片方での反応が，もう片方での強化子呈示に効果をもたらさないよう，完全に分離した）並立 VI VI スケジュールとよばれる場面において，VI スケジュールの時隔値を最大を 9 分として様々に変化させ，それに応じた両選択肢への反応数の変化を測定した。その結果，図 2 - 1 右に示すように，両選択肢の相対反応率はその相対強化率に一致することを発見した。これは次のように表現される。

$$\frac{B_1}{B_1+B_2} = \frac{R_1}{R_1+R_2} \quad \cdots\cdots\cdots\cdots\cdots\cdots\cdots\cdots\cdots\cdots\cdots\cdots\cdots\cdots\cdots\cdots\cdots\cdots\cdots (1)$$

ここで B は反応数，R は強化数，添え字 1 と 2 は選択肢 1 と 2 を表す。Herrnstein は相対反応数が相対強化数に一致するこの現象をマッチング法則（matching law）と名づけた。

　その後マッチング法則は，強化量（Catania, 1963）や，強化遅延の逆数としての強化即時性（Chung & Herrnstein, 1967）の次元でも成り立つことが示された。そして Baum & Rachlin（1969）はそれらの知見を次のように集約した。まず相対値に関しての式（1）は次のような比率値に変換することができる。

$$\frac{B_1}{B_2} = \frac{R_1}{R_2} \quad \cdots\cdots\cdots\cdots\cdots\cdots\cdots\cdots\cdots\cdots\cdots\cdots\cdots\cdots\cdots\cdots\cdots\cdots\cdots\cdots\cdots\cdots (2)$$

そしてこの比率値の枠組みにおいて，強化量 A および遅延 D の影響を次のように連結させた。

3）VI スケジュールが用いられた理由は，反応率が実験セッション内で比較的安定する点にある。たとえば平均して 30 秒ではなく毎回 30 秒となっている固定時隔（fixed interval）スケジュールの場合，ハトは強化子呈示後に長い反応休止を見せ，その後 30 秒に近づくにつれて徐々に反応を行うようになる。選択肢の選好を研究対象とする場合，反応率のこのような微視的レベルでの変動は，経過時間に依存して反応率が変容するので取り扱いが難しくなる。

$$\frac{B_1}{B_2} = \frac{R_1}{R_2} \frac{A_1}{A_2} \frac{D_2}{D_1} = \frac{V_1}{V_2} \quad \cdots\cdots\cdots\cdots\cdots\cdots\cdots\cdots\cdots\cdots\cdots\cdots\cdots\cdots \quad (3)$$

　ここで V は価値を表す。この式は，個体の反応比は強化率，強化量，強化即時性（報酬遅延の逆数）の3つの比の積によって決まるとし，それを価値という概念によって表現することを提案したものである。

　Skinner が創始した行動分析学により行動の科学が可能であることが示され，そして Herrnstein のマッチング法則により，その科学が数量的な水準に到達しうることが示された。マッチング法則をめぐる研究はその後，行動分析学の研究における柱の1つとなり，その一般性も次々と確認された。ハト以外でも，ラット，サル，ヒトでマッチング法則が得られるという種間一般性や，依存性の薬物，金銭，社会的な注目といった様々な強化子でも成り立つという強化子一般性，さらにハトでのキーつつきやラットでのレバー押し以外でも，たとえばラットの回転輪走行や，複雑な反応系列（たとえばレバーを左・右と押すことを一回の反応と定義する）でも成り立つという反応間一般性などが確認されている。また選択肢が3つ以上の場面でも成り立ち，さらには Skinner が問題としていた単一選択肢しかない場面でも，反応するかしないかの選択としてマッチング法則が成り立つという選択肢数一般性も確認されている。野生状態に近いハトや，日常場面でのヒトの行動でもマッチング法則が確認されており，これはマッチング法則が実験室場面でのみ特異的に観察されるものではないことを示している。これらの一般性から現在では，マッチング法則は選択行動の一般法則としての地位を確立している（展望として Davison & McCarthy, 1988; de Villiers, 1977; de Villiers & Herrnstein, 1976; Logue, 2002; 高橋, 1997; Williams, 1988; とくにヒトでのマッチング法則の議論を中心としたものとして McDowell, 1988）。

3. 理論的接続 I：
マッチング法則の理論的根拠としてのミクロ経済学 ⋯⋯⋯⋯⋯⋯

　マッチング法則が文字通り法則としての地位を確立しはじめると，その後はなぜマッチング法則が成り立つのかという，その理論的根拠が問われることとなった。そしてその中で Rachlin を中心とする研究グループは，ミクロ経済学

第2章　行動分析学と意思決定研究

の領域で展開されてきた無差別曲線分析を用いた巨視的最大化理論（molar maximization theory）を提案した（集大成として Rachlin, Battalio, Kagel, & Green, 1981）。彼らは図2-1左に示すような選択行動場面を，スケジュールが課す制約条件のもとで2財間の選択から得られる効用（具体的には強化率や強化量）を最大化する過程として概念化し，実際に効用最大化の前提からマッチング法則が導出できることを解析的な方法とコンピュータシミュレーションの両面から示した。

　この接続は，マッチング法則の理論的根拠の一仮説を提供するだけでは留まらなかった。無差別曲線の考え方は，質的に異なる強化子間（たとえば食物と水）の選択行動など新たな実験的研究を刺激し，これまでの法則では取り扱えなかった現象（たとえば逆マッチング）にも新しい解釈を与えた。また，経済学領域との接続の際に必然的に生み出される最適化という考え方は，自然界の動物行動をエネルギー最適化という観点から分析する行動生態学との接続ももたらした（展望として坂上, 1994, 1996, 1997, 2001）。

4. 理論的接続Ⅱ：マッチング法則から派生した遅延割引研究………

　前節での議論は，行動分析学において重要な位置を占めるマッチング法則に対し，その理論的根拠をミクロ経済学に求めるという形での接続であった。これとは逆に，行動分析学での研究成果が経済学や意思決定研究に貢献したものとして，遅延割引（delay discounting）についての実験的分析が挙げられる。たとえば即時に得られる 10,000 円と1週間後に得られる 10,000 円の選択を迫られたならば，誰もが前者を選ぶであろう。これは 10,000 円という金銭の価値が，1週間という遅延によって「割り引かれた」ためだと考えることができる。では1週間後の 10,000 円と等価な価値をもつのは即時の何円なのか。これを調べることで，1週間という遅延がもたらす価値割引を調べることができる。たとえば1週間後の 10,000 円が即時の 7,500 円と等価ならば，1週間の遅延は 10,000 円から 2,500 円分の価値を割り引いたと解釈することができる。

　経済学において遅延割引が学術的に定式化されたのは Samuelson（1937）によってである。Samuelson は，ある報酬量（強化量）A の価値 V（正確には効用だがここでは効用と価値を同義とする）の遅延 D による割引は次の指数関数に

58

4. 理論的接続Ⅱ：マッチング法則から派生した遅延割引研究

よって表現できるとした。

$$V = A \exp(-kD) \quad\text{(4)}$$

　ここでkは割引率（時間選好率）で，遅延への感度を示すフリーパラメータである。この指数関数モデルは，価値の割引率が単位時間当たり一定であることを仮定している（たとえば10,000円という価値が1カ月の遅延により5,000円まで割り引かれたならば，その遅延が1カ月から2カ月に延びると，価値はさらにその半分の2,500円まで減少する）。Samuelson自身はこの指数関数モデルと実際の価値割引現象との整合性を確認しておらず，その後Strotz (1956) は実際の割引率は時間的に一定ではない可能性を指摘している。しかしながらその単純性と解釈のしやすさから，指数関数モデルは経済学において遅延割引の標準的なモデルとして扱われるようになっていった。そしてこのモデルの実験的な検証は1980年頃まで待たねばならなかった（e.g. Thaler, 1981; 展望としてFrederick, Loewnstein, & O'Donoghue, 2002; 佐伯, 2001, 2011）。

　行動分析学における選択行動研究は，この遅延割引に関して異なる見方を提供した。Rachlin & Green (1972) は，式（3）より，強化量と強化遅延の2変数が問題となる場面ではその選択肢の価値は次式で算出できるとした。

$$V = \frac{A}{D} \quad\text{(5)}$$

　ただし式（5）は，遅延Dが存在しない（即時に強化子が与えられる）場合に無限大の値を取ってしまう問題があった。そこでMazur (1987) は，分母に1を加えることでこの点を改良し，また遅延に対する感度のフリーパラメータkを入れた式（6）の双曲線関数モデルを提案した。

$$V = \frac{A}{1+kD} \quad\text{(6)}$$

　そしてMazurは遅延調整法（delay adjusting procedure）とよばれる手法を用いた実験から，式（6）が式（4）や式（5）よりも実際のデータに適合することを示した（Mazur, 1987）。

　同じ時期にAinslie (1975) は，指数関数よりも双曲線関数が適切であることを示すより明確な証拠として，選好逆転（preference reversal）という現象に注

第 2 章　行動分析学と意思決定研究

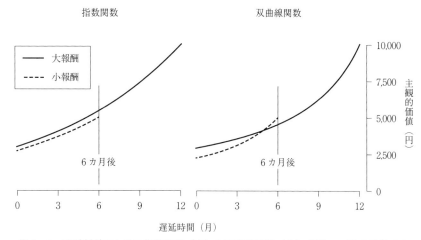

図 2-2　遅延割引における指数関数（左）と双曲線関数（右）の違い　12 カ月後の大報酬（10,000 円）と 6 カ月後の小報酬（5,000 円）の価値について，両関数ともに現在時点（横軸が 0）では，大報酬の価値がより高くなっている。しかしそこから 6 カ月が経過した時点となり，6 カ月後の大報酬と即時の小報酬の価値の比較となった場合，指数関数では大報酬の価値がなお高いままであるが，双曲線関数では小報酬の価値が高くなるという選好逆転が起こりうる。

目した。図 2-2 は指数関数と双曲線関数が示す遅延割引曲線である。縦軸が報酬の主観的価値，横軸が遅延時間であり，12 カ月後の 10,000 円と 6 カ月後の 5,000 円の間の選択という状況を表している。両関数ともに，遅延 0 の現在時点では 12 カ月後の 10,000 円の価値をより高く見積もっている。さて，指数関数は単位時間あたりの割引率が一定であるため，遅延時間の経過に伴って選好が逆転することはない。図 2-2 左に示すように，たとえばそこから 6 カ月が経過し，6 カ月後の 10,000 円と即時の 5,000 円の選択となった場合でも，前者の選択肢の価値がなお高く保たれている。しかし同じ状況において双曲線関数は，図 2-2 右に示すように，6 カ月後の 10,000 円と即時の 5,000 円では後者の価値が高くなるという選好逆転が起こりうることも予測する。そしてこの選好逆転が，Rachlin & Green（1972）や Ainslie（1974）によるハトを被験体とした実験から示された。Ainsile（1975）はこの 2 つの研究を指数関数モデルへの反証として位置づけ，マッチング法則の枠組みに基づいた遅延割引研究が必要

であると主張した。

　以上のように行動分析学は，経済学が古くから注目していた遅延割引という現象に対し，動物を被験体とした選択行動データに基づく記述的なアプローチから双曲線関数モデルを導き出し，またそれが指数関数モデルより優れていることを選好逆転により実験的に示した。現在，遅延割引研究は心理学と経済学の共通の研究領域となっており，より適切な関数形の選定，割引率に影響を与える諸要因の探究，そして割引関数がなぜ双曲線型になるのか，その理論的根拠を問う研究などが行われている（展望として Madden & Bickel, 2010）。遅延割引研究は行動分析学と意思決定研究の接続が成功した代表例である。

5. 理論的接続Ⅲ：マッチング法則とプロスペクト理論 ⋯⋯⋯⋯⋯⋯⋯

　Kahneman & Tversky（1979）は，報酬が確率的な場面における意思決定のモデルとしてプロスペクト理論を提案した。プロスペクト理論は，それまで支配的であった期待効用理論の下で観察される逸脱現象に対して適切な説明を与える記述理論の役割を担っていた。そのために，報酬量を変換する価値関数と確率値を変換する重みづけ関数という，2つのそれぞれ特異的な関数を組み合わせて主観的な価値ないし効用を得るという点で，それまでの理論と大きく異なっていた。しかし価値ないし効用を報酬量と確率の積の総和で表現するという図式はそれ以前の研究を引き継いでいる（詳しくは第1章を参照）。

　プロスペクト理論とマッチング法則は，報酬量（強化量）の項を共有しつつ，報酬確率（強化確率）と報酬遅延（強化遅延）のどちらに注目するかという違いがあるに過ぎないとみることもできる（Rachlin, Logue, Gibbon, & Frankel, 1986）。前述したように，マッチング法則はプロスペクト理論と同じく「価値」を扱い，それを強化率，強化量，強化即時性（強化遅延の逆数）の積として表現する。このとき，強化率は強化子呈示の平均時間間隔 T の逆数として表現することもでき，すると式（3）は次のように変換される。

$$\frac{V_1}{V_2} = \frac{R_1}{R_2} \frac{A_1}{A_2} \frac{D_2}{D_1} = \frac{T_2}{T_1} \frac{A_1}{A_2} \frac{D_2}{D_1} \quad \text{...}\ (7)$$

ここで実際に選択が起こる場面を考えてみると，この T は1回の強化を得

第 2 章　行動分析学と意思決定研究

るために要する平均時間であることから，遅延とほぼ同義だと考えることもできる。そしてこの考えに従えば，式 (3) における強化率 R の項，あるいは式 (7) における強化の平均時間間隔 T の項は，強化即時性を表現した D の項に吸収させることができる。するとマッチング法則は強化量 A と強化即時性 $1/D$ の積として価値を表現していることとなり，強化量 A と強化確率 P の積として価値を表現するプロスペクト理論との相違は，強化遅延 D と強化確率 P のどちらに注目するかという点に帰結する。

　そして Rachlin et al. (1986) は，選択機会が繰り返されるような場面（たとえばスロットマシーン）では，この遅延と確率は等価ではないかと考えた。たとえば強化確率が 1/6 であり，その選択機会が 10 秒ごとに存在するならば，平均すれば 1 分に 1 回の強化子呈示となり，これは 1 分の遅延を伴うということと同義ではないかという訳である。Rachlin らはこの等価性の実験的証拠として，強化確率は一定であるにも関わらず，一回の選択に必要な所要時間を変化させると，その選択肢の選好が変化することを示した。

　さらに Rachlin, Reineri, & Cross (1991) は，確率も遅延と同様に価値割引という観点からの実験的検討が可能であり，かつ両者の割引関数の形状が類似していることを示した。遅延割引の実験では，たとえば遅延された 1,000 ドルと等価となるのは即時の何ドルかという設問が様々な遅延で繰り返され，その結果を横軸に遅延時間，縦軸に等価な即時報酬金額としてプロットすることで遅延割引関数が得られる。図 2 - 3 左は遅延割引に関しての Rachlin らの実験結果であり，左下に凸の割引関数が得られている。Rachlin らはこの実験的枠組みにおいて遅延を確率に置き換え，確率的な 1,000 ドルと等価となるのは確実な何ドルかという設問を様々な確率値で繰り返すという実験を行った。その結果を，まず横軸に確率値，縦軸に等価な確実報酬金額として表現すると，それはプロスペクト理論が述べるような確率の重みづけ関数に合致していた。Rachlin らは次に，この横軸を $(1-P)/P$ に変換してみた。この値は負け目（odds against）とよばれるもので，確率 P で報酬が得られるならば，報酬を得るために必要な平均選択回数は $1/P$ 回であり，ここから報酬が得られた 1 回分の選択数を引いた $(1/P)-1=(1-P)/P$ により，1 回の報酬を得るまでに平均して何回の負けが必要かを表したものである。つまりこの負け目は遅延とほぼ同

5. 理論的接続Ⅲ：マッチング法則とプロスペクト理論

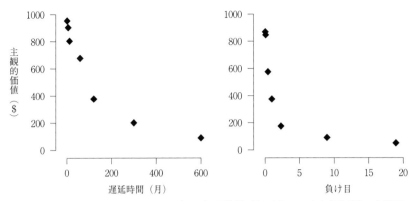

図 2-3 Rachlin, Raineri, & Cross（1991）の結果（Rachlin et al より改変） 左側は遅延割引，右側は確率割引の実験結果である。横軸の負け目の意味は本文を参照。

義であるのだが（実際に一回の選択当たりの所要時間を掛ければ遅延時間になる），この負け目を横軸にとったのが図 2-3 右である。こうすると，確率を問題とした場合でも，遅延割引と同じように左下に凸の関数が得られるのである。

遅延と確率が等価という Rachlin らの主張に従えば，マッチング法則とプロスペクト理論はほぼ同じモデルだという結論が得られることになるが，果たしてこの仮説は正しいだろうか。Green & Myerson（2004）はこの問題に関連する諸研究を整理し，強化量効果（報酬量効果：amount effect）が遅延と確率で逆方向に作用するという点からこの仮説は誤りであると指摘している。強化量効果とは，強化子の絶対量が割引率に影響するという現象である。遅延に関しては，強化量が大きいほど割引率 k は下がり，より長い遅延に耐えられるようになる。もし遅延と確率が等価ならば，確率が低いほど遅延が長いということになるので，強化量が大きいほど低い確率にも耐えられるようになるはずである。しかし実際には逆で，強化量が大きくなるほど確率的な結果を忌避するようになってしまう（ただしこうした効果は動物では確認されないという報告もあり，そのメカニズムについては今後も検討の余地がある。強化量効果に関するより詳しい議論は佐伯（2011）を参照されたい）。

このように遅延と確率の等価性の仮説は現在では疑問視されつつあるが，科

第2章　行動分析学と意思決定研究

学における仮説の価値とは，それがどのような後続研究を生み出したかという生産性からも評価されるべきであろう。マッチング法則の研究は式（3）を基準式として進展し，そこに含まれなかった強化確率の要因は見過ごされていた。また経済学や意思決定研究では，遅延と確率はやや独立した研究領域として扱われていた。このような状況の中で Rachlin et al.（1986）による等価性の主張とそれに基づいて行われた Rachlin et al.（1991）の実験は，遅延と確率の両者を価値割引という概念的枠組みの下に位置づけ，実験手続きや数理モデル構築の面で同一の方法論が適用できることを示した。こうして現在では，遅延と確率はともに価値割引の一要因として並べて論じられることが多くなっている（e.g. Cardinal, 2006; Green & Myerson, 2004; Madden & Bickel, 2010; Floresco, St. Onge, Ghods-Sharifi, & Winstanley, 2008）。マッチング法則とプロスペクト理論の理論的接続，そしてそこからもたらされた遅延割引と確率割引の実験的研究も，行動分析学と意思決定研究との融合がもたらした成功例である。

6. 実験的接続 I：
不確実性嫌悪と基準比率の無視における学習の要因 ……………

　行動分析学の本質は，行動の実験的分析により，問題とする行動の制御変数を探ることにある（Catania, 2005; 佐藤, 1993）。Fantino の一連の研究（展望として Fantino, 1998a, 1998b, 2004）はこの精神に則った代表例だと言えよう。Fantino は，不確実性の嫌悪や基準比率の無視という意思決定研究が注目してきた諸現象について，学習という要因がそれらの行動に大きく関与していることを実験的に示した。

●不確実性を減少させる情報はなぜ好まれるのか？
　経済学や意思決定研究では，報酬が確率的であることをリスク（risk）とよび，確率そのものが不明である不確実性（uncertainty）と分けて考えられる（Knight, 1921）。そしてヒトは不確実性を嫌悪し，それを減じるような情報を追い求めるという仮説が提案されてきた（Ellsberg, 1961; 広田・増田・坂上, 2006 に簡潔にまとめられている）。

64

6. 実験的接続 I：不確実性嫌悪と基準比率の無視における学習の要因

Fantino は，そうした不確実性減少仮説の対立仮説として条件強化子仮説を提案した。ある中性刺激が強化子に時間的に先行し，かつ強化子の予測子となりうるとき，Pavlov のイヌとしてよく知られる古典的（レスポンデント）条件づけで中核的な役割を果たしている刺激—刺激随伴性を通して，その中性刺激は強化子としての機能を獲得する。このとき中性刺激は条件強化子(conditioned reinforcement）とよばれるようになる。条件強化子仮説は，不確実性が減少することを示す刺激は，条件強化子としての機能を有するがゆえに選好されるのだと説明する。

不確実性減少仮説と条件強化子仮説のいずれが正しいのか，これは結果事象が嫌悪的であることを信号する情報，つまりバッド（悪い）ニュースでもそれを得ようとするかどうかという観点から検証することができる。不確実性減少仮説はバッドニュースでもそれを得ようとする行動を予測するが，条件強化子仮説は逆に，嫌悪的な結果事象と結びついたバッドニュースを避ける行動を予測する。

Fantino と Case は一連の研究（Case, Fantino, & Wixted, 1985; Case, Ploog, & Fantino, 1990; Fantino & Case, 1983）において，条件強化子仮説を支持する結果を報告している。たとえば Fantino & Case（1983）の実験は次の通りであった。実験終了後に金銭に変換されるポイントが獲得できるという設定の下，そのポイントが平均 60 秒に 1 回自動的に呈示される時間帯と，ポイントが全く呈示されない時間帯とが，60 秒ごとにランダムに入れ替わった。実験対象者には，時間帯の変更や現在がどちらの時間帯なのかの情報は与えられていなかった。この状態で実験対象者には 2 本のレバーが呈示された。それぞれのレバーへの反応は，平均して 60 秒に 1 回，30 秒の間，頭上のランプを異なる色で点灯させた。ランプの色は，現在がポイントの獲得場面であることの信号，逆に非獲得場面であることの信号，あるいは何の情報ももたない無情報信号のいずれかに対応していた。彼らはこの 3 色のランプとレバーとの対応を様々に組み合わせ，その選好を調べた。その結果，まず無情報信号と非獲得場面信号の間では前者が選好された。バッドニュースながらも情報を有する信号が選好されなかったというこの結果は，不確実性減少仮説への大きな反証となる。一方で条件強化子仮説は，バッドニュースの場合は逆にそれを避ける行動を予測するため，

65

この結果と整合的である。これに加え，獲得場面信号と非獲得場面信号の間では前者が選好された。方向性は異なるものの等しい情報価をもつ信号の間で見られたこの選好を不確実性減少仮説は説明することができない。これに対し，強化子と結びついた刺激が好まれるという条件強化子仮説にとってこの結果は予測通りのものである。Fantinoはこうした研究結果から，不確実性を減少させる情報はそれが強化的な結果事象（嫌悪的な結果事象を回避できることも含む）と結びついた時にのみ選好されるものであって，情報そのものが強化子としての機能を有する訳ではないと述べている。

●基準比率の無視はなぜ起こるのか？

Kahneman & Tversky（1973）は，ヒトは何かの生起確率を予測しようとする場合，その出来事のもともとの生起確率よりも，その時に特有の情報に注目するという傾向を指摘した。たとえば，あるタクシーの色が青か緑だったかを判断する場合に，青か緑だったかの目撃情報（たとえそれが真実を表わす確率（「正答」率）が50％だとしても）が過信され，青と緑の全体的な頻度が無視される傾向にある。

Goddie & Fantino（1995）は，実際の選択を通して結果事象の生起頻度を学習する場面においても，こうした基準比率の無視が現れることを確認した。彼らは，2つの選択肢がもたらす結果事象がともに確率的であり（タクシーの色の全体的な頻度に相当），かつその確率の情報源となるかもしれない手がかり刺激（目撃証言に対応；この刺激は弁別刺激とよばれる）が存在する状況を設定した。そしてこの状況下においても，ヒトは結果事象の実際の生起確率よりも弁別刺激に従った行動を示した。しかしながら，Hartl & Fantino（1996）はハトを被験体として同様の実験を行ったところ，こちらでは基準比率の無視が確認されなかった。

なぜヒトでのみ基準比率の無視が示されたのだろうか。Goodie & Fantino（1996）は次のような実験を行った。実験対象者は毎試行，緑と青のどちらが結果事象として呈示されるかを試行開始前に予測するよう教示された。そしてこの試行開始前に手がかりとなる弁別刺激が呈示された（ただし弁別刺激の「正答」率は50％と67％の2条件であった）。この弁別刺激は，実験1では結果事象

と同じ緑と青の刺激，実験2では横線と縦線，そして実験3では"green"と"blue"という文字であった。その結果，実験2の線分刺激では基準比率の無視が示されなかった。この結果から示唆されるのは，弁別刺激と結果事象との間に何らかの関係性が事前に学習されているような場合に，基準比率の無視が起こるという可能性である。これよりハトでは基準比率の無視が確認されなかった原因（Hartl & Fantino, 1996）は，事前にそのような関係性が学習されていなかったためであると考えられる。Fantino, Kenevsky, & Charlton（2005）はこれを支持するものとして，ハトにおいても，そういった事前学習を課すことで基準比率の無視が起こることを示した。またこれとは逆に，Goodie & Fantino（1999）はヒトでも長期の学習経験を積むことで（具体的には1,600試行）事前学習の効果が薄れ，基準比率の無視が起こらなくなることを示した。これに関連してCase, Fantino, & Goodie（1999）は，弁別刺激を呈示しない試行経験の有無が基準比率への感度を高めることを報告している。以上のようにFantinoらは一連の研究により，基準比率の無視は学習という要因により引き起こされたものであることを明らかにした。

7. 実験的接続Ⅱ：選択機会が選好に及ぼす影響 ……………………………

　前節のFantinoらの研究は，意思決定研究が注目する諸現象に対し行動分析学の立場からその説明を提供するという形での接続であった。ここでは逆に，行動分析学が示す逸脱現象として私たちが行った研究を紹介する（丹野・竹村・藤井・羽鳥・井出野・大久保・坂上，2010）。私たちが問題としたのは，選択機会の経験がその後の選好に及ぼす影響であった。具体的には，選択肢の価値を学習する場面において，それを自由選択を通して学習したのか，あるいは強制的な選択を通して学習したのか，この違いがその後の選好に影響する可能性を検討した。

　私たちが行った実験は次の通りであった。実験場面の基本設定は図2−1左と同じ並立VI VIスケジュールであった。ただしハトのキーつつきではなくラットのレバー押しを用いたことと，1日1回の実験セッションを80回の離散試行（各試行は30秒の試行間時隔で隔てられていた）で構成し，毎試行1回の

第2章 行動分析学と意思決定研究

表2-1 丹野ら（2010）の実験条件のまとめ

実験1（強化量比が3：1）

ラット番号	条件1	条件2		条件3	
1	自由選択	ヨークト型強制選択	プローブセッション	ランダム型強制選択	プローブセッション
2	自由選択	ヨークト型強制選択		ランダム型強制選択	
3	自由選択	ヨークト型強制選択		ランダム型強制選択	
4	自由選択	ランダム型強制選択		ヨークト型強制選択	
5	自由選択	ランダム型強制選択		ヨークト型強制選択	
6	自由選択	ランダム型強制選択		ヨークト型強制選択	

実験2（強化数比が3：1）

ラット番号	条件1	条件2		条件3	
1	脱落				
2	自由選択	ヨークト型強制選択	プローブセッション	ランダム型強制選択	プローブセッション
3	自由選択	ヨークト型強制選択		ランダム型強制選択	
4	自由選択	ランダム型強制選択		ヨークト型強制選択	
5	自由選択	ランダム型強制選択		ヨークト型強制選択	
6	自由選択	ランダム型強制選択		ヨークト型強制選択	

反応のみを求めたことの2点が異なっていた。

　実験条件をまとめたものを表2-1に示す。被験体は6匹のラットで，それぞれ3つの条件で構成された2つの実験の全てを経験させる個体内デザインであった（ただしラット1が実験2の途中で脱落した）。各条件は最低30セッション実施し，最終5セッションのデータを分析に用いた。実験1では，両選択肢がもたらす強化数を等しくしたうえで，一方の選択肢の強化量を餌粒（45mgペレット）3つ，もう一方の選択肢の強化量を餌粒1つとした。実験2では，両選択肢がもたらす強化量を餌粒1つと等しくしたうえで，その強化数の比を3：1とした。両実験とも，全体としてはほぼ5試行に1試行の割合で強化子が呈示されていた。

　両実験はそれぞれ，自由選択条件，ヨークト型強制選択条件，ランダム型強制選択条件の3つの条件で構成されていた。自由選択条件では毎試行2つのレバーが呈示され，その選択が自由に行えた。2つの強制選択条件では毎試行片

7. 実験的接続Ⅱ：選択機会が選好に及ぼす影響

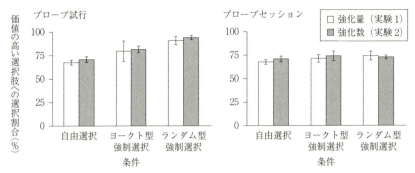

図2-4 **自由選択と強制選択の比較実験の結果**　左パネルに示すプローブ試行の結果では，自由選択条件に比べ2つの強制選択条件において，価値の高い選択肢へのより強い選好が見られた。またその傾向はヨークト型に比べランダム型でより強かった。これは価値の優劣を強化量でつけた実験1と，強化数でつけた実験2の両方で確認された。これに対し右パネルのプローブセッションの結果では，3つの条件間で選択割合に差が見られず，左パネルで示された選好の差異は1セッション80試行という短期間で消失することが明らかとなった。

側のレバーのみが呈示され，そちら側への選択が強制された。レバーの呈示比は，ヨークト型強制選択条件では個体ごとに自由選択条件での選択比に揃えられた（たとえば自由選択条件での選択比が3:1だった場合，ヨークト型強制選択条件におけるレバー呈示比も3:1）。またランダム型強制選択条件では1:1とした。2つの強制選択条件の実施順序は個体間でカウンターバランスをとった。

　従属変数は選択肢間の選好を表わす選択割合であった。自由選択場面では全体の選択割合をそのまま用いた。ヨークト型強制選択場面とランダム型強制選択場面では一方の選択肢しか呈示しないため，通常ではその選好を測定することができない。そこで，ランダムに10試行に1試行の割合で2つのレバーを呈示する試行を設け（プローブ試行），このプローブ試行での選択割合を従属変数とした（このため2つの強制選択条件は1セッション88試行で構成されていた）。もし選択経験が選好に影響するならば，3つの条件間で選択割合に違いが出るはずである。

　実験結果を図2-4左に示す。価値の高い選択肢（強化量比もしくは強化数比が大きい）への選択割合を示している。自由選択条件での選択割合は，強化量

に違いを設けた実験1では68％, 強化数に違いを設けた実験2では71％となり, マッチング法則（強化量と強化数ともに3:1＝75％）にほぼ一致する結果が得られた。そしてこれと比較すると, ヨークト型強制選択条件では価値が高い選択肢への選好がより強くなる傾向が示され（分散分析で有意な差は確認されなかったが, 個体データでは強化量に関して6個体中5個体で, 強化数に関して5個体中5個体でこの傾向が示された）, それはランダム型強制選択条件ではさらに強くなっていた（分散分析で有意な差が確認された）。

　私たちはこの現象についてのさらなる情報を得るため, そうした選択割合の違いがどの程度の期間持続するものなのかを調べた。具体的には, 2つの強制選択条件のそれぞれについて, 条件が終了した直後に自由選択を1セッション挿入し（プローブセッション）, この1セッション全体での選択割合を調べた（表2-1のプローブセッションの部分を参照）。図2-4右はこのプローブセッションの結果である。こちらでは自由選択条件と2つの強制選択条件とで同程度の選択割合となった。これより, プローブ試行で得られた選好の変化は, 1セッション（80試行）というわずかな期間で消失することが明らかとなった。

　選択機会の経験が意思決定に及ぼすこのような影響がCrowley & Donahoe（2004）でも報告されている。彼らは, ハトにまず2つのVIスケジュール（たとえばVI 30秒とVI 90秒）を継時的に経験させ, その後その両者を同時に並立で呈示した。すると最初は価値の高い選択肢への一方的な選好が現れ, しばらくしてマッチング法則へと至った。この実験はやや異なる研究文脈の下で行われたものであるのだが, その実験手続や結果には類似した点が多く, 我々の研究結果の信頼性を補強している。

　さて, 私たちが得られた結果は何を意味しているのだろうか。1つの仮説は, 選択機会の経験が意思決定における行為選択の方略を左右するというものである。最近の研究では価値に基づく意思決定のプロセスを, 経験を通して価値が学習される（valuation）段階と, その獲得された価値に基づいて行為選択が行われる（action selection）段階とに分けて理解しようとするアプローチが多くなってきている（e.g. Corrado, Sugrue, Brown, & Newsome, 2009; Mazur, 2010）。この分類に従って私たちの研究結果を考察してみると, まずプローブ試行で見られた条件間の差がわずか1セッションのプローブセッションで消失したとい

うことより，各選択肢の価値，マッチング法則の式（3）でいうところの V の値は自由選択条件と強制選択条件とで同じように学習されていたと考えることができる。するとプローブ試行での条件間差は，その式（3）とは異なる形式での行為選択方略が用いられていたことを示唆している。そして2種類の強制選択条件での結果は，価値の高い選択肢をより強く選好するというものであった。これより，自由選択条件では価値の相対値（比率値）に基づいた行為選択（マッチング法則）が行われ，一方で強制選択条件では，価値が高い選択肢をより強く選好するという行為選択が行われていたとする説が導かれる。

　この仮説の真偽についてはさらなる検討が必要であろうが，いずれにせよ私たちの研究は，選択機会の経験がその後の意思決定に影響することを示した。意思決定研究の実験では，教示により選択場面の状況を把握させ，そしてその状況下における1回の意思決定が問われることが多い。これに対し行動分析学の実験では，そういった状況を実際に繰り返し経験させながらその意思決定が調べられる。本研究は行動分析学のこうした方法論からもたらされた1つの成果といえるだろう。なお最近ではこうした繰り返し経験をさせる，行動分析学以外の研究もある（Hertwig, 2015）。

8. 実験的接続Ⅲ：意思決定の変容過程の微視的分析 ……………………

　選択場面が繰り返されるという行動分析学の方法論の力がさらに発揮されるのは，選択行動・意思決定の微視的な変容過程の解明においてである。Davison と Baum らは 2000 年以後の一連の研究において（e.g. Davison & Baum, 2000; Baum & Davison, 2004, 2009; 展望として Baum, 2010），変動環境法（variable environment procedure）とよばれる手続きの開発とそこから得られたデータの探索的な分析から，そうした微視的変容過程に関する理解を飛躍的に前進させた。変動環境法とは，並立 VI VI スケジュールにおいて，2 選択肢の強化数比（VI スケジュールの値）を1セッション内で頻繁に変化させる手続きである。強化数比の変化が起きたことは信号されるため，その信号があった時点で各選択肢でのそれまでの経験がリセットされ，2 選択肢間の反応数比はほぼ 1：1 に戻る。しかしどのような強化数比に変化したのかは信号されず，被験体は経験

を通してこれを新たに学習していくことになる。

　彼らが報告している行動現象のうち，意思決定研究の視点からも興味深いものとして次の２つを挙げることができる。１つは負の増加関数型の反応数比変容曲線である。すなわち，強化数比変化の信号があった時点で反応数比はほぼ１：１となり，その後新たな強化数比の下での強化子呈示が累積していくにつれて，少なくとも10回の強化子呈示の範囲内では，反応数比は強化数比に一致するように（つまりマッチング法則に従うように）負の増加関数型の変容過程を描く。こういった変容曲線は心理学において古くから指摘されていたものの，それは問題解決の速さ（Thorndike, 1911）や単一選択肢場面において反応が起こるまでの速さ（Hull, 1943）を対象として研究されており，選択行動に関しては Tolman（1938）などを除き一部であった。変動環境法から得られたデータは，負の増加関数型の変容曲線が選択行動を対象とした場合でも観察されることを再確認し，かつそれがマッチング法則へとつながることを示した（ただし Mazur（1992）もやや異なる手法から同様の結果を報告している）。

　２つめは選好パルス（preference pulse）とよばれる現象である。これは，一方の選択肢から強化子が呈示されると，その後一定時間その選択肢への選好が強くなるという現象である。時間が限定された win-stay 型の反応パターンだと解釈することもできよう。そしてこの選好パルスはマッチング法則に対してこれまでとは異なる見方を提供することとなった。図２-５は，Baum & Davison（2004）をもとに選好パルスとマッチング法則の関係を示したものである。たとえば右レバーへの反応に強化子が伴い，その後に選好パルスとして右レバーへの５回の反応，次いで選択変更が起こり左レバーへの２回の反応があったとしよう。このような場合の全体の反応を分析対象としたのが図２-５の実線である。図２-１右に比べ傾きがやや緩やかであるが，一般にマッチング法則と解釈される結果が得られている。これに対し，最初の右レバーへの反応に相当するデータのみを分析対象としたのが図２-５の破線である。強化数比に対する反応数比の変化は，全体のデータが示したマッチング法則よりも傾きが急なものとなっている。これは強化子呈示が一方に偏るほど（強化数比が大きくもしくは小さくなるほど）選好パルスの頻度もそちら側に偏るために得られた結果である。続いて，左レバーへの選択変更後の反応に相当するデータを分析

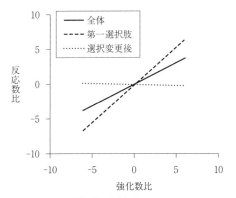

図2-5 選好パルスとマッチング法則の関係(Baum & Davison, 2004より改変) 縦軸の反応数比と横軸の強化数比の値は$\log_2$で変換されている。全体としてはマッチング法則(実線)が観察される。このとき強化子呈示後の第一選択肢への反応のみを分析対象とすると,選好パルスの影響から,マッチング法則が予測する以上に強化数比が高い選択肢への選好が示される(破線)。これに対し,そこから選択変更が起きた後の反応数比は強化数比の影響をほとんど受けていない(点線)。これよりマッチング法則は,強化子呈示があった選択肢への一時的な強い選好(選好パルス)と,そこから選択変更が起こった後の無選好とが組み合わさって観察される現象であることが示唆される。

対象としたものが図2-5の点線である。強化数比は反応数比に対して影響をもたず,その選択は無選好に近い。これよりマッチング法則は,強化子呈示後の選好パルスとその後の無選好とが組み合わさることで成り立つ現象だという可能性が示唆される。選好の微視的変容はこれまで考えられていた以上に大きく,またそういった微視的変容が全体の規則性の成立において重要な役割を担っているようである。今後の研究の進展により,意思決定の微視的な過程がさらに明らかなものとなっていくことが期待される(Baum, 2010; Cowie & Davison, 2016)。

9. おわりに

　本章では意思決定研究と行動分析学の代表的な接続例を概観した。まず理論的接続として,マッチング法則の理論的根拠をミクロ経済学に求める動き,マ

第 2 章　行動分析学と意思決定研究

ッチング法則から理論的に導出された双曲線型の遅延割引関数，そして遅延と
確率の等価性という観点からのマッチング法則とプロスペクト理論の接続可能
性を論じた。続いて実験的接続として，不確実性嫌悪や基準比率の無視という
現象に対する学習要因の指摘，選択経験が選好に影響することの実験的例示，
そして変動環境法からもたらされた選択・意思決定の微視的な変容過程の知見
に関して紹介した。最後にこれら各論を土台とした総論的な議論として，意思
決定研究に対する行動分析学の貢献可能性を論じておこう。

　行動分析学がもたらしうる貢献は，学習要因への注目という点に尽きる。行
動分析学では動物を被験体とした実験が重視されているが，その一つの理由は
学習履歴の統制の容易さにある。第 6 節で紹介した Fantino の基準比率の無視
に関する一連の研究は，こうした面が効果を発揮した好例である。彼は，ヒト
では観察される基準比率の無視（Goodie & Fantino, 1995）がハトでは観察され
ない（Hartl & Fantino, 1996）という結果を得たが，それを「ヒトとは元来そう
いうもの」というように種差・遺伝の問題として片づけなかった。彼はヒトと
ハトの学習履歴の違いに注目し，学習履歴によりハトでも基準比率の無視を示
すようになること（Fantino et al., 2005），過去の学習履歴が関与しない状況で
はヒトも基準比率の無視を示さないこと（Goodie & Fantino, 1996），基準比率の
無視を示す状況であっても多数回の訓練により基準比率の無視が矯正可能であ
ること（Goodie & Fantino, 1999）などを示した。学習要因に注目する姿勢はまた，
選択肢の価値を教示によってではなく具体的な経験を通して獲得させるという
方法論に結びつく。第 7 節で紹介した自由選択と強制選択の比較（丹野ら，
2010）や，第 8 節で紹介した選択行動・意思決定の変容過程の微視的分析（Baum,
2010; Davison & Baum, 2000; Baum & Davison, 2004）は，そうした方法論からも
たらされた成果である。3 つの理論的接続（第 3・4・5 節）で論じたように，
意思決定研究と行動分析学はともに選択という現象に注目し，類似する行動法
則や理論を構築してきた。行動分析学はここに，そういった法則へと至る学習
過程や，法則からの逸脱をもたらす学習要因に関する知見を加えることができ
る。学習要因に注目する行動分析学のアプローチは，意思決定研究において重
要な役割を担うことができるのである。

　本書の執筆に関わった研究チームが目指す実験社会科学とは，異なる領域に

属する社会科学者が「実験」を共通言語として協働し，より高い説明能力と政策提言能力を有する社会科学を構築することを目的としている。意思決定研究は実験を通してヒトの実際の意思決定現象を取り扱い，また行動分析学はその初期の頃から行動の実験的分析を柱としており，両者は実験を共通言語として容易に協働しうる。また意思決定研究は，規範的研究により合理的行動とはどのようなものかを明らかにしつつ，それを鏡として実際の意思決定を評価する記述的研究により，問うべき課題としての非合理的行動を導き出す。そして行動分析学の学習を重視する姿勢は，処方的研究として，そうした非合理的行動をより合理的なものへと近づけるための具体的な介入案をもたらすことができる。第1節で述べたように，行動分析学は基礎と応用とが一体となって発展してきた歴史をもち，基礎研究が明らかにした行動の基本法則や強化の原理がすでに，発達障害や依存症への行動的介入，スポーツ場面での行動コーチング，あるいは組織行動のマネージメントなどに役立てられている（e.g. 日本行動分析学会，2010）。こうして意思決定研究と行動分析学の接続は，具体的な成果を社会へと還元可能な科学の構築へとつながるのである。

参考文献

Ainslie, G. W. (1974). Impulse control in pigeons. *Journal of the Experimental Analysis of Behavior, 21*, 485-489.

Ainslie, G. W. (1975). Specious reward: A behavioral theory of impulsiveness and impulse control. *Psychological Bulletin, 82*, 463-496.

Baum, W. M. (2002). The Harvard Pigeon Lab under Herrnstein. *Journal of the Experimental Analysis of Behavior, 77*, 347-355.

Baum, W. M. (2010). Dynamics of choice: A tutorial. *Journal of the Experimental Analysis of Behavior, 94*, 161-174.

Baum, W. M., & Davison, M. (2004). Choice in a variable environment: Visit patterns in the dynamics of choice. *Journal of the Experimental Analysis of Behavior, 81*, 85-127.

Baum, W. M., & Davison, M. (2009). Modeling the dynamics of choice. *Behavioural Processes, 81*, 189-194.

Baum, W. M., & Rachlin, H. (1969). Choice as time allocation. *Journal of the Experimental Analysis of Behavior, 12*, 861-874.

Cardinal, R. N. (2006). Neural systems implicated in delayed and probabilistic reinforcement. *Neural Networks, 19*, 1277-1301.

Case, D. A., Fantino, E., & Goodie, a S. (1999). Base-rate training without case cues reduces base-rate neglect. *Psychonomic Bulletin & Review, 6,* 319-327.

Case, D. A., Fantino, E., & Wixted, J. (1985). Human observing: Maintained by negative informative stimuli only if correlated with improvement in response efficiency. *Journal of the Experimental Analysis of Behavior, 43,* 289-300.

Case, D. A., Ploog, B. O., & Fantino, E. (1990). Observing behavior in a computer game. *Journal of the Experimental Analysis of Behavior, 54,* 185-199.

Catania, A. C. (1963). Concurrent performances: A baseline for the study of reinforcement magnitude. *Journal of the Experimental Analysis of Behavior, 6,* 299-300.

Catania, A. C. (2005). The operant reserve: A computer simulation in (accelerated) real time. *Behavioural Processes, 69,* 257-278.

Chung, S.-H., & Herrnstein, R. J. (1967). Choice and delay of reinforcement. *Journal of the Experimental Analysis of Behavior, 10,* 67-74.

Corrado, G. S., Sugrue, L. P., Brown, J. R., & Newsome, W. T. (2008). The trouble with choice : Studying decision variables in the brain. In P. W. Glimcher, E. Fehr, C. Camerer, & R. A. Poldrack (Eds.), *Neuroeconomics: Decision making and the brain.* (pp. 461-478). New York: Academic Press.

Cowie, S., & Davison, M. (2016). Control by reinforcers across time and space: A review of recent choice research. *Journal of the Experimental Analysis of Behavior, 105,* 246-269.

Crowley, M. A., & Donahoe, J. W. (2004). Matching: Its acquisition and generalization. *Journal of the Experimental Analysis of Behavior, 82,* 143-159.

Davison, M., & Baum, W. M. (2000). Choice in a variable environment: Every reinforcer counts. *Journal of the Experimental Analysis of Behavior, 74,* 1-24.

Davison, M., & MacCarthy, D. (1988). *The matching law: A research review.* Hillsdale, NJ: Erlbaum.

de Villiers, P. A. (1977). Choice in concurrent schedules and a quantitative formulation of the law of effect. In W. K. Honig & J. E. R. Staddon (Eds.), *Handbook of operant behavior* (pp. 233-287). Englewood Cliffs, NJ: Prentice-Hall.

de Villiers, P. A., & Herrnstein, R. J. (1976). Toward a law of response strength. *Psychological Bulletin, 83,* 1131-1153.

Ellsberg, D. (1961). Risk, ambiguity, and the Savage axioms. *Quarterly Journal of Economics, 75,* 643-669.

Fantino, E. (1998a). Behavior analysis and decision making. *Journal of the Experimental Analysis of Behavior, 69,* 355-364.

Fantino, E. (1998b). Judgment and decision making: Behavioral approaches. *The Behavior Analyst, 21,* 203-218.

Fantino, E. (2004). Behavior-analytic approaches to decision making. *Behavioural Processes, 66,* 279-288.

Fantino, E., & Case, D. A. (1983). Human observing: Maintained by stimuli correlated with reinforcement but not extinction. *Journal of the Experimental Analysis of Behavior, 40,*

193-210.

Fantino, E., Kanevsky, I. G., & Charlton, S. R. (2005). Teaching pigeons to commit base-rate neglect. *Psychological Science, 16*, 820-805.

Floresco, S. B., St Onge, J. R., Ghods-Sharifi, S., & Winstanley, C. A. (2008). Cortico-limbic-striatal circuits subserving different forms of cost-benefit decision making. *Cognitive, Affective & Behavioral Neuroscience, 8*, 375-389.

Fredrick, S., Loewenstein, G., & O'Donoghue, T. (2002). Time discounting and time preference: A critical review. *Journal of Economic Literature, 40*, 351-401.

Goodie, A. S., & Fantino, E. (1995). An experimentally derived base-rate error in humans. *Psychological Science, 6*, 101-106.

Goodie, A. S., & Fantino, E. (1996). Learning to commit or avoid the base-rate error. *Nature, 380*, 247-249.

Goodie, A. S., & Fantino, E. (1999). What does and does not alleviate base-rate neglect under direct experience. *Journal of Behavioral Decision Making, 12*, 307-335.

Green, L., & Myerson, J. (2004). A discounting framework for choice with delayed and probabilistic rewards. *Psychological Bulletin, 130*, 769-792.

Hartl, J.A., & Fantino, E. (1996). Choice as a function of reinforcement ratios in delayed matching to sample. *Journal of the Experimental Analysis of Behavior, 66*, 11-27.

Herrnstein, R. J. (1961). Relative and absolute strength of response as a function of frequency of reinforcement. *Journal of the Experimental Analysis of Behavior, 4*, 267-272.

Hertwig, R. (2015). Decisions from experience. In G. Keven & G. Wu (Eds.), *The Wiley Blackwell handbook of judgment and decision making.* John Wiley & Sons.

広田すみれ・増田真也・坂上貴之（編）(2006). 心理学が描くリスクの世界—行動的意思決定入門（改訂版） 慶應義塾大学出版会

Hull, C. L. (1943). *Principles of behavior.* New York: Appleton-Century-Crofts.

Kahneman, D., & Tversky, A. (1973). On the psychology of prediction. *Psychological Review, 80*, 237-251.

Kahneman, D., & Tversky, A. (1979). Prospect theory: An analysis of decision under risk. *Econometrica, 47*, 263-292.

Knight, F. H. (1921). *Risk, uncertainty, and profit.* Boston, MA: Hart, Schaffner & Marx; Houghton Mifflin Co.

Logue, A. W. (2002). The living legacy of the Harvard Pigeon Lab: Quantitative analysis in the wide world. *Journal of the Experimental Analysis of Behavior, 77*, 357-366.

Madden, G. J., & Bickel, W. K. (Eds.). (2010). *Impulsivity: The behavioral and neurological science of discounting.* Washington, DC: American Psychological Association.

Mazur, J. E. (1987). An adjusting procedure for studying delayed reinforcement. In M. L. Commons, J. E. Mazur, J. A. Nevin, & H. Rachlin (Eds.), *Quantitative analyses of behavior: Vol. 5. The effect of delay and of intervening events on reinforcement value.* (pp. 55-73). Hillsdale, NJ: Erlbaum.

Mazur, J. E.（2010）. Distributed versus exclusive preference in discrete-trial choice. *Journal of Experimental Psychology: Animal Behavior Processes, 36*, 321-333.

McDowell, J. J.（1988）. Matching theory in natural human environments. *The Behavior Analyst, 11*, 95-109.

日本行動分析学会（編）（2010）．行動分析学研究アンソロジー　星和書店

Rachlin, H., Battalio, R., Kagel, J., & Green, L.（1981）. Maximization theory in behavioral psychology. *Behaviral and Brain Scinences, 4*, 371-417.

Rachlin, H., & Green, L.（1972）. Commitment, choice and self-control. *Journal of the Experimental Analysis of Behavior, 17*, 15-22.

Rachlin, H., Logue, A. W., Gibbon, J., & Frankel, M.（1986）. Cognition and behavior in studies of choice. *Psychological Review, 93*, 33-55.

Rachlin, H., Raineri, A., & Cross, D.（1991）. Subjective probability and delay. *Journal of the Experimental Analysis of Behavior, 55*, 233-244.

佐伯大輔（2001）．遅延報酬の価値割引と時間選好　行動分析学研究，16, 154-169.

佐伯大輔（2011）．価値割引の心理学—動物行動から経済現象まで　昭和堂

坂上貴之（1994）．不確実性をめぐる動物行動研究　心理学評論，37, 294-323.

坂上貴之（1996）．採餌・食事・摂食—実験的行動分析の視点から—　中島義明・今田純雄（編）　人間行動学講座　第2巻　たべる　朝倉書店　pp. 145-165.

坂上貴之（1997）．行動経済学と選択理論　行動分析学研究，11, 88-108.

坂上貴之（2001）．行動分析学と経済学：進化的枠組みの中での共同作業をめざして　行動分析学研究，16, 92-105.

Samuelson, P. A.（1937）. A note on measurement of utility. *Review of Economic Studies, 4*, 155-161.

佐藤方哉（1994）．行動分析学における動物実験の役割—＜理論＞の敗退と反復実験の勝利—　心理学評論，36, 209-225.

Strotz, R. H.（1956）. Myopia and inconsistency in dynamic utility maximization. *Review of Economic Studies, 23*, 165-180.

高橋雅治（1997）．選択行動の研究における最近の展開：比較意思決定研究にむけて　行動分析学研究，11, 9-28.

丹野貴行・竹村和久・藤井聡・羽鳥剛司・井出野尚・大久保重孝・坂上貴之（2010）．選択の自由さが選好に及ぼす影響　日本行動分析学会第28回年次大会．（発表論文集，124）

Thaler, R.（1981）. Some empirical evidence on dynamic inconsistency. *Economics Letters, 8*, 392-406.

Thorndike, E. L.（1911）. *Animal intelligence: Experimental studies.* New York: Macmillan.

Tolman, E. C.（1938）. The determiners of behavior at a choice point. *Psychological Review, 45*, 1-41.

Williams, B. A.（1988）. Reinforcement, choice, and response strength. *Stevens' handbook of experimental psychology: Vol. 2. Learning and cognition*（2nd ed., pp. 167-244）. New York: Wiley.

| 第3章 | 意思決定過程の脳機能画像研究 |

1. はじめに

　元来，著者は精神科医であり，意思決定の専門家ではないが，なぜ，このような研究分野に携わるようになったか，個人的な背景と時代的な背景をはじめに述べたい。人間の精神活動は，知・情・意とも呼ばれる。知とは読み・書き・そろばんのようなテーマで，医学あるいは脳神経科学においては伝統的にはどちらかというと臨床神経学や神経心理学が扱ってきたテーマである。一方，情（情動・感情）や意（意志，意思決定，意識）といった主観的体験を扱うのが主として精神医学といえる。精神疾患を診断するときには，このような主観的な体験を，問診・インタビューで聞きだしていくことをする。どんなにテクノロジーが発展しようとも，丁寧な問診やインタビューの重要性は薄れないが，これだけでは客観性に欠けるというのが精神医学に向けられる批判でもあった。

　それまで，情動，意思決定，意識といったテーマはどちらかというと心理学，経済学，哲学などの人文・社会系の学問で扱ってきた領域であったと思われる。著者が本格的に研究を始めた2000年頃は後述する非侵襲的脳機能画像の中でも機能的MRI（fMRI）が広まってきた時期であった。うつ病や不安障害をはじめとして多くの精神疾患では，気分・感情・情動の障害があるため，著者もfMRI研究をはじめたころはこのようなテーマが中心であった。その後，意思決定に関する脳機能画像研究をはじめることとなった。というのも，精神疾患はその定義上，なんらかの行動異常が存在する。行動異常の一歩手前には意思決定の障害が想定され，どんな精神疾患でも多かれ少なかれ意思決定障害があ

ると言える。意思決定のプロセスをきちんと評価できたら，診断や治療効果の判定に有用と考えたためである。また，精神疾患の遺伝子や分子レベルの研究が進んでいるが，それと最終的な多彩な行動異常の集合である精神疾患の診断とを対応させることは困難とも考えられている。そこで，最終的な表現型をうつ病などと診断名として考えるのではなく，一歩手前の意思決定の異常がバイオマーカーや表現型に成りうるのではないかと考えたからである。

　その後，本特定領域の先生方をはじめ多くの人文・社会系の研究者とご一緒させていただく機会が増えた。本章の後半ではそのなかから成果に結びついた共同研究の一端をご紹介できたらと思う。

2.　意思決定の脳機能画像研究の方法論 ……………………………………………

　意思決定の脳機能画像研究が急速に広まったのは，非侵襲的脳機能画像の中でも fMRI が広まったことが大きい。それまで，医学や脳神経科学の研究者が中心に行っていた脳機能画像研究が広く人文・社会系の分野の研究者にも活用されるようになった。

　ここで，代表的な脳機能画像を紹介しておく。fMRI にもいくつかの方法があるが，ここでは代表的な BOLD（Blood Oxgenation Level Dependent）効果を利用したものについて触れる。この原理は酸素と結合した血液中のヘモグロビン（酸化型ヘモグロビン）と酸素を放出した還元型ヘモグロビンの比率によって MRI の信号強度が変化することを利用している。酸化型ヘモグロビンは反磁性体で磁場に影響を与えないが，常磁性体の還元型ヘモグロビンは磁場を歪め MRI 信号を弱める。脳内の神経が活動するとその局所で酸素が消費される。こう書くと一見，その局所では還元型ヘモグロビンが増えるような印象を持たれる方もおられるかもしれない。しかし，少し神経が活動する度に，その局所で酸素不足になれば，酸素不足に弱い神経活動はすぐにダメージを負ってしまう。そのようなことにならないように生体は上手くできている。酸素が消費された所に，消費された酸素を補って余りある新鮮で酸化ヘモグロビンの濃度が高い十分な血液が流れ込む訳である。その結果，神経が活動した周囲では反対に酸化型ヘモグロビンの濃度は上昇し，還元型ヘモグロビンの濃度は低下し，

局所の MRI 信号が強まる訳である。なおこの BOLD 効果を発見したのは日本人の小川誠二で，ノーベル賞候補として多方面から名前が挙がっている。この BOLD 効果を利用して，ある課題を遂行中の被験者の脳を高速（数秒ごと）に撮像していくことで，脳の活動に応じて変化する MRI 信号の時系列データが得られる。それを解析することで，活動している脳部位が光っているよく見かける結果が最終的に得られるわけである。BOLD 効果を利用した fMRI の最大の利点は，造影剤などの薬剤を投与することなく脳血流を反映する指標を得られることである。そのため，医学以外の分野でも広く活用されるようになったと考えてよいであろう。しかし，BOLD 効果を利用した fMRI は絶対的な血流を測定できるわけではない。

　一方，fMRI が登場するまでは脳血流を計測する方法としてはポジトロン断層法（positron emission tomography: PET）や単一光子放射断層撮影（single photon emission computed tomography: SPECT）が使用されていた。これらは，核医学検査と呼ばれ，放射性同位元素で標識された薬剤を被験者に注射することになる。実験者，被験者ともに被曝することになり，事実上，病院内でないとできない検査であり，できる施設が限られていた。また，空間分解能や時間分解能も fMRI に比べて悪いため，脳機能画像としては fMRI にとって代わられた。しかし，絶対的な脳血流量が測定できるため，病気の診断等の目的で病院内では使用されている。また，PET は脳活動を検討する機能画像として利用される機会は減ったが，様々な脳内の分子に結合する放射性同位元素でラベルされたトレーサーを開発することで，ターゲットとなる脳内の分子の可視化，定量化が可能になった。これは分子神経イメージングと呼ばれる。本章の後半で分子神経イメージングの手段として PET を用いて脳内分子と意思決定の関係を検討した著者らの神経経済学的研究を紹介する。

　その他によく使われる脳機能画像としては脳波（electroencephalogram: EEG）や脳磁図（magnetoencephalography: MEG）がある。安静時の脳波はてんかんなどの診断で古くから一般的に病院で使用されてきた。ある課題をしている最中の脳波は課題や刺激に誘発された事象関連電位（event-related potential: ERP）とよばれる。EEG は神経活動の電気活動を反映した信号であり，MEG は脳内の電流が作る磁場の変化を捉えるものである。MEG は EEG に比べると一般

第3章　意思決定過程の脳機能画像研究

に空間分解能は高いが機器が高価であり，使用できる施設が限られる。fMRI
が登場するまでは ERP が脳機能画像の中でもよく使用されていた。しかし，
基本的には EEG あるいは MEG は脳の表面の神経活動を捉えることに向いて
おり，脳の深部からの神経活動には向かない。その点，fMRI は脳の深部まで
検討することができて，空間分解能も EEG より優れているため，fMRI が脳
機能画像の主流となった。しかし，EEG や MEG は電気信号を計測している
ため，その時間分解能は数ミリ秒のオーダーであり，fMRI よりはるかに勝る。
脳内処理の詳細な時間経過や認知プロセスを検討するには不可欠な計測方法で
ある。

3. 意思決定過程の fMRI 研究 ……………………………………………

　2000 年代に入って経済学・心理学・認知科学・哲学などの研究者が fMRI
を利用しやすくなったことに加えて，2002 年に心理学者であった Kahneman
が行動経済学の功績でノーベル経済学賞を受賞したことで，意思決定過程の神
経機構を調べようとする神経経済学が興隆してきた。
　古典的な経済学では数式や公理に基づき，プレーヤーは個人の利得を最大限
になるように"合理的"に振舞うと想定してきており，経済政策や社会政策も
この伝統的な想定を中心に考えられてきた。しかし，実際の人間の行動は，必
ずしも"合理的"ではなく，期待値を計算すると不利な宝くじを購入したり，
寄付や協力行為を行ったりする。このように血の通った人間においては時に"非
合理"あるいは"限定的に合理的"な意思決定を行い，情動・同情・モラル・
使命感なども意思決定に重要な役割を担っているということが行動経済学・実
験経済学で実証的に示されてきた。行動経済学は言ってみれば，伝統的な経済
学に認知科学，心理学が融合した学問と考えることも可能である。このような
"非合理"あるいは"限定的に合理的"な意思決定の中枢過程を検討すること
が神経経済学で精力的に研究された。特に，情動・同情・モラル・使命感など
の意思決定過程への影響を考える際に fMRI が力を発揮した。というのも報酬
系とも呼ばれる脳内ネットワークの中でも中心的な脳部位である線条体や情
動・同情・モラルなどの中枢処理に関わる扁桃体や島皮質などの脳部位が脳の

3. 意思決定過程の fMRI 研究

深部に存在するため，fMRI が有効であったからである。

　前章で述べたように脳機能画像はいくつかの方法があるが，神経経済学の発展に大きく寄与し，その中心的な方法となった fMRI を用いた広い意味での意思決定の脳機能画像研究の中でエポック・メイキングな研究を紹介する。

　2001 年に Greene ら（Greene, Sommerville, Nystrom, Darley, & Cohen, 2001）がモラルジレンマの課題を用いて，道徳的な判断をする際の脳活動を計測し，道徳的判断には情動に重要な部位である内側前頭前野や側頭頭頂移行部が関わることを示した。道徳的な判断は理性的，合理的な判断であると考える伝統的なモラル哲学に反して，道徳的判断における情動の重要性を示した画期的な研究と言える。2003 年には，Sanfey ら（Sanfey, Rilling, Aronson, Nystrom, & Cohen, 2003）が最後通牒ゲームという経済ゲームを用いて，不公平性に対する判断に関わる脳活動を検討した。最後通牒ゲームとは，提案者と受領者の二人で行う経済ゲームで，提案者は与えられた金額を受領者とどのように分配するかを一方的に提案することができる。受領者が提案された分配額を受け入れると取引は成立し，提案者の提案通りに金額が二人に分配される。しかし，受領者が提案された分配額を拒否した場合はその取引は成立せず，お互いに 1 円も得られない。伝統的な経済理論では受領者はどんなに不公平な提案をされてもそれを受け入れて，1 円でも利得を増やすべきと想定するが，実際には提案額が総額の 3 割程度以下になると拒否をする行動が認められる。合理的な損得勘定を度外視して，不公平な提案を拒否する行動に，島皮質という負の感情に関わるとされる部位の活動が関連していることを示し，伝統的な経済理論では合理的判断を想定する経済的意思決定においても情動の重要性を示した研究と言える。2004 年に Singer ら（Singer, Seymour, O'Doherty, Kaube, Dolan, & Frith, 2004）は，カップルの片方が，もう一方が痛み刺激を与えられている様子を観察している時の脳活動を計測した。その結果，自身の痛みを感じる時と他人の痛みを共感して感ずる時で，前部帯状回と島皮質がオーバーラップして活動することを示した。物質的な痛みと心理（社会）的痛みには，脳内処理過程において共通する面が多いことを示した研究であり，その後の共感研究や，心理（社会）的痛み研究に大きな影響を与えた。

　著者自身も fMRI を用いた広い意味で神経経済学の研究をいくつか行ってき

83

たが，ここでは妬みとそれと関連する他人の不幸を喜んでしまう気持ちに関連
する研究を以下に紹介する。

4. 妬みに関する脳活動 ……………………………………………………

　妬みは洋の東西を問わず，悪い情動で慎むべきものとされる。妬みは他人が
自己より優れた物や特性を有している場合に，苦痛，劣等感，敵対心を伴う感
情である。ただ，他人が自己より優れたものを有しているだけでは不十分であ
り，その比較の対象の物や特性が自己と関連性が高いか否かが妬みの強さを決
定する（Smith, & Kim, 2013）。たとえば，自分が西洋のブランド好きで，知人
が高級ブランドのバッグやドレスを何着も持っていたら知人のことを妬ましく
思うかもしれないが，ブランドに関心のない人間であれば，それほど強い妬み
は生じない。

　この点を踏まえて，私たちは，妬みの脳内基盤を検討するために大学生を対
象に次のような実験を行った（Takahashi, Kato, Matsuura, Mobbs, Suhara, & Oku-
bo, 2009）。被験者にははじめに被験者本人が主人公であるシナリオを読んでも
らった。主人公は大学4年生で就職を考えている。本章の中では説明のために，
被験者と主人公は男性とする（女性の被験者には主人公が女性で性別を入れ替え
たシナリオを用意した）。就職には学業成績やクラブ活動の成績が重視されるが，
主人公はいずれも平均的である。その他に経済状況や異性からの人気など平均
的な物や特性を有している。シナリオには被験者本人以外に，3人の登場人物
が登場する。男子学生Aは被験者より優れた物や特性（学業成績，所有する自
動車，異性からの人気など）を多く所有している。かつ自己との関連性が高く，
被験者と同性で，進路や人生の目標や趣味が共通である。女子学生Bも被験者
より優れた物や特性を所有しているが，学生Aと異なり自己との関連性が低く，
被験者と異性で，進路や人生の目標や趣味は全く異なる。女子学生Cは被験者
と同様に平均的な物や特性を所有していて，かつ異性で自己との関連はやはり
低い。実験1では3人の学生のプロフィールを呈示した時の脳活動を機能的
MRI（fMRI）で検討した。私たちの予想通り，被験者の妬みは学生Aに対して
最も強く，学生Bがその次に続き，学生Cに対してはほとんど妬み感情を抱か

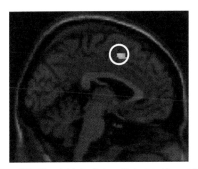

図3-1 妬みに関連する脳活動　妬ましくない学生Cに比べて妬ましい学生Aのプロフィールを見た際に，背側前部帯状回の活動を認めた。

なかった。それに対応するように，学生Cと比べて，学生A，Bに対して背側前部帯状回がより強く賦活し，(図3-1)，かつ学生Aに対する背側前部帯状回の活動は学生Bに対するものより強かった。個人内で妬みを強く感じた時に背側前部帯状回の活動が高いことを意味する。また，個人間の検討では妬みの強い被験者ほど，背側前部帯状回の活動が高いという相関関係も観察された。

5. 他人の不幸は蜜の味

　他人に不幸が起こると通常，私たちは同情したり，心配したりする。しかし，妬みの対象である人に不幸が起こると，その不幸を喜ぶといった非道徳な感情を抱くことがある。そこで，実験1に引き続き，被験者は実験2に参加し，その中で，実験1で最も妬ましい学生Aと最も妬ましくない学生Cに不幸（自動車にトラブルが発生する，おいしい物を食べたが食中毒になったなど）が起こったとするシナリオを読んだ時の脳活動をfMRIにて計測した（Takahashi, Kato, Matsuura, Mobbs, Suhara, & Okubo, 2009）。その結果，学生Aに起こった不幸に関しては，うれしい気持ちが報告されたのに対して，学生Cに起こった不幸にはうれしい気持ちは報告されなかった。それに対応するように学生Aに起こった不幸に対して線条体の活動（図3-2）を認めたが，学生Cに起こった不幸に対してはそのような活動は認めなかった。また，不幸に対するうれしさの強い被験者ほど，線条体の活動が高いという相関関係も見出された。さらに実験1

第3章　意思決定過程の脳機能画像研究

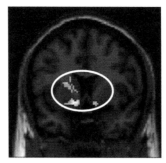

図3-2　他人の不幸を喜ぶ気持ちに関連する脳活動　妬ましい学生Aに不幸が起きたときの脳活動。報酬系とよばれる線条体の賦活を認めた。

で妬みに関連した背側前部帯状回の活動が高い人ほど，他人の不幸が起きた時の腹側線条体の活動が高いという相関関係も認められた。

妬みは心の痛みを伴う感情であるが，身体の痛みに関係する背側前部帯状回が妬みにも関与していることは興味深い。妬みの対象の人物に不幸が起こると，その人物の優位性が失われ，自己の相対的な劣等感が軽減され，心の痛みが緩和され，心地よい気持ちがもたらされる。線条体は報酬系の一部であり，物質的な報酬を期待したり，得たときに反応することはわかっていたが，妬んだ他人に不幸が起こると「他人の不幸は蜜の味」といわれるように，あたかも蜜の味を楽しんでいるような反応が確認され，物質的な喜びと社会的な喜びの脳内過程も共通する面が多いことが分かってきている（Lieberman & Eisenberger, 2009）。

6.　神経経済学の発展

　fMRIを用いた神経経済学では報酬系と呼ばれる線条体をはじめとする脳部位の神経活動を測定し，意思決定における各脳部位の役割を明らかにしてきた。一方，線条体はドーパミンと呼ばれる神経伝達物質が最も豊富に存在する部位である。また，セロトニンやノルアドレナリンなどは，うつ病の治療に使う抗うつ薬がターゲットとする神経伝達物資で，情動や認知に影響を与えることが知られている。

7. 確率の非線型な重みづけとドーパミン

　2008 年に発表された神経経済学者らによる総説においても，2008 年からの次の 5 年間はそれまでの fMRI による神経経済学が神経伝達物質の研究や臨床精神医学と融合していくのではないかと示している（Rangel, Camerer, & Montague, 2008）。著者は精神科医であり，神経伝達物質の研究も行っていたので，総説を書いた神経経済学者らと総説が公刊される以前よりそのような方向性を議論していただけに，影響力の大きい総説誌でその論文を読んだ時には勇気づけられた覚えがある。本章では筆者らの分子イメージング技術による脳内神経伝達物質と意思決定との関係を検討した研究成果を中心に紹介したい。特に著者らは "非合理" あるいは "情動的" な意思決定には，ドーパミンやノルアドレナリンなどの神経伝達物質の修飾が関与しているのではないかという仮説をたて，以下のような研究を行った。

7.　確率の非線型な重みづけとドーパミン ……………………………………

　前述した Kahneman と Tversky は行動経済学，実験経済学の研究を進め，リスク下の意思決定理論をプロスペクト理論としてまとめるに至った（Tversky & Kahneman, 1992）。それまでの期待効用理論に代表される伝統的な経済理論では説明できない "非合理" あるいは "情動的" な意思決定の多くをこの理論で説明できるとされ，最も成功している意思決定理論の 1 つと言えよう。その詳細に紙面を費やすのは本章の目的と離れるため割愛するが，プロスペクト理論の中で，確率の非線型重みづけという重要なパーツがある。たとえば，宝くじを想定していただきたい。年末ジャンボ宝くじは一枚 300 円で売り出されている。しかし，年末ジャンボ宝くじの期待値は約半分の 150 円程度と言われている。この不利な商品を私たちは時に並んでまで購入しようとする。宝くじの一等が当たる客観的な確率は極めて低いが，主観的には客観的な確率より高く見積もる傾向にあることを意味している。反対に，99％の確率で 10000 円当たるくじ（外れると 0 円）と確実に 9500 円を現金でもらうのとどちらが望ましいかと尋ねると，多くの人は後者を選ぶことが実証的に示されている。99％の確率で 10000 円当たるくじの期待値は 9900 円であるため，9500 円より有利と考えられるが，実際は逆の選択が多いわけである。これは高確率を低く見積もる

第3章　意思決定過程の脳機能画像研究

傾向があることを示している。

　伝統的な経済理論では客観的な確率（0 < p < 1）とその確率の重みづけとの間は線形の関係であることを想定してきたが，プロスペクト理論では横軸に客観的な確率，縦軸にその確率の重みづけを考えた時に，通常は非線形な逆S字の確率荷重関数を想定する。この関数はいくつか提唱されているが，ここでは，1つのパラメータで記述が可能なPrelec（1998）のモデルを使用する。

$$w(p) = \exp\{-(\ln(1/p))^a\}\,(\,0 < a < 1\,)$$
（ a が1に近いと線形で曲線は直線に近くなり，0に近いと逆S字の歪みがきつくなる）

　高く見積もられる低確率と低く見積もられる中から高確率との境界は経験的に0.3-0.4の間位であることがわかっている。また，この逆S字の形，つまり低確率を高く，高確率を低く見積もる度合いには個人差があり，Prelecのモデルではそれを1つのパラメータで規定できるので，生物学的な研究との組み合わせにも向いている。

　こうした確率を歪んで認知するバイアスはいいかえれば，低い確率のくじではもしかしたら当たるかも知れないという希望やワクワク感，高い確率のくじの場合はもしかしたらほぼ確実なものを失ってしまうかもしれないという不安，ハラハラ感が客観的な確率の認知を歪めているともいうことができるかもしれない。こういう意味で，情動的意思決定とも呼ばれる。また確率を歪んで認知する傾向が強いと，不利なギャンブルや意思決定に何度も手を出してしまうといったことにつながり，ギャンブル依存，薬物依存に発展する可能性が考えられる。一方，常に冷静に確率や期待値を計算して，それに基づいて意思決定することは，必ずしも社会的に望ましく適応的でもないと考えられる。宝くじを購入するのは愚かな行為だということもできるが，時には外れると分かっていても夢を買うことで人生が楽しくなったりするものである。反対に事故を起こす可能性は極めて低いと自動車保険に入らないでいることも適応的とは言えないであろう。極端に合理的過ぎるのは，自分さえ良ければよい，不必要な人つきあいをしない，融通がきかないといったモラルや社会性・柔軟性の低下にも

つながる。

　確率の非線形重みづけに関しても Hsu ら（Hsu, Krajbich, Zhao, & Camerer, 2009）の fMRI の報告がある。それによると，確率の非線形な重みづけはリスク下の意思決定課題遂行中の線条体の活動と関連があるとしている。そこで著者らは PET を用いて確率が非線形に歪んで認知されるバイアスの分子神経基盤を探ることにした（Takahashi et al., 2010）。Hsu らの研究から関心領域は線条体として，ターゲットの神経伝達物質はドーパミンとした。

　対象は，若年健常男性で，PET を用いて脳内のドーパミン D1 受容体および D2 受容体を測定した。線条体の D1 受容体および D2 受容体を調べるために，それぞれ［11C]SCH23390 と［11C]raclopride というリガンドを使用した。

　それと並行して，確率の非線形な重みづけの程度を推定するために，リスク下の意思決定課題を行った。課題の基本的な考え方は，ある当選確率と当選金額の宝くじを示し，いくらなら買ってもよいかということを聞いていくことである。これを様々な当選確率と当選金額の組み合わせの宝くじで繰り返した。確率荷重関数を規定する a を求めると，その平均は 0.5-0.6 程度であり，過去の報告ともよく一致した。しかし，同時に個人差もあることが認められた。そこで，PET で測定した線条体の D1 受容体および D2 受容体結合能との関連を調べたところ，線条体の D1 受容体結合能と確率荷重関数を規定する a との間に正の相関が認められた（図 3-3）。［11C]SCH23390 による線条体の D1 受容体結合能はほぼ，D1 受容体密度を反映していると考えられるため，この結果を言いかえると，線条体の D1 受容体密度が低い人ほど確率荷重関数の非線形性が高く，低確率を高く，高確率を低く見積もる傾向が強いことを意味する。

　過去には，ニコチン依存の患者では非喫煙者と比べて線条体の D1 受容体密度が低く，禁煙すると D1 受容体密度が非喫煙者と同レベルに回復するということが PET で報告されている（Yasuno et al., 2007）。また，別の PET 研究では線条体の D1 受容体密度が低いコカイン依存の患者は再び薬物を使用しやすいということも報告されている（Martinez et al., 2009）。遺伝的あるいは発達の早期に規定された線条体の D1 受容体密度の低さが，確率を歪んで認知してしまうことにつながるのか，ギャンブルや薬物など，ある程度発達してからの後天的な生活スタイルが線条体の D1 受容体密度の低さにつながっているのか，

第3章 意思決定過程の脳機能画像研究

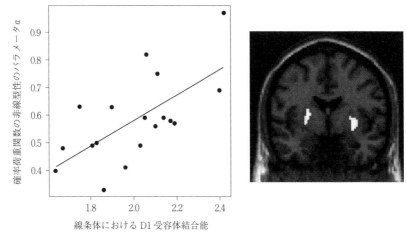

図3-3 確率荷重関数の非線型性と線条体のD1受容体結合能との関係　ROI法による非線型性のパラメータ a と線条体のD1受容体結合能との間の正の相関。線条体のドーパミンD1受容体結合能が低い人ほど，a が小さい（非線型性が高い）（左）。SPM解析による同様の正の相関を示した脳部位（線条体）（右）。

本研究からでは結論は導き出されない。今後，病的あるいは極端な意思決定を示す精神神経疾患患者における確率の認知のゆがみを評価することは病態理解や新規の治療へのヒントを与えることにもつながると考えられる（Takahashi, 2012）。

8. 損失忌避とノルアドレナリン

プロスペクト理論のもう1つ重要なパーツとして，損失忌避というパーツがある。次の例を考えてみていただきたい。コイントスをして表が出れば1万円もらえて，裏が出れば1万円失うくじがあったとする。多くの人はこのくじには参加しないはずである。しかし，伝統的な理論では利益，損失が同額でその確率も50-50％であれば，このくじ（期待値0）に参加しても良いと思う人は2人に1人程度いても不思議ではないと予想し，ほとんどの人が上に挙げたくじには参加しないことを上手く説明できなかった。ここで，表だと2万円もらえて，裏だと1万円失うくじを想定した場合，参加してもよいと思う人が増えて

くる。これは同額の利益と損失がある場合，損失が利益に対して少なくとも2倍の心理的な影響を与え，慎重な判断をするのが典型的であることを示しており，この現象を損失忌避と呼ぶ（Camerer & Loewenstein, 2004）。プロスペクト理論の価値関数から説明すると損失の価値関数の傾きは利得の価値関数の傾きより急であることを意味する。

　損失忌避の神経基盤を検討したいくつかのfMRIや脳損傷例を用いた神経経済学的報告もされている（Tom, Fox, Trepel, & Poldrack, 2007; De Martino, Camerer, & Adolphs, 2010; Sokol-Hessner, Camerer, & Phelps, 2013）。また心理生理学的研究で利得と損失の可能性のあるギャンブル時の皮膚伝導速度が損失忌避の程度と相関があるとする報告がある（Sokol-Hessner, Hsu, Curley, Delgado, Camerer, & Phelps, 2009）。皮膚伝導速度という自律神経反応との関係から今回はノルアドレナリン神経伝達に着目した。末梢の自律神経反応と中枢のノルアドレナリン神経伝達との間に直接の関係はないが，前者は後者を反映していることを示唆する傍証は多い。そこで健常者を対象にノルアドレナリントランスポーターの結合能を検討できる（S,S)-[^{18}F]FMeNER-D2というリガンドを用いてPETを行った（Arakawa et al, 2008）。

　関心領域としては，大脳内で本リガンドでの結合能が最も高い視床を選んだ。PETの外で損失忌避の程度を評価する行動経済学的実験を行った。簡単に説明すると，上記に挙げたような50-50%のコイントスに参加するかしないかの判断をしてもらう。ただし，表が出た時に得られる金額と，裏が出た時に失う金額は必ずしも同額ではなく，いろんな当選金額と損失金額の組み合わせのコイントスが次々と出てきて，それに対して参加するかしないかを決めてもらう。その結果から，各個人が利益と損失の双方の可能性があるリスクのある判断をする時に，損失に比重を置いて判断する損失忌避（慎重さ）の度合いを推定した。その結果，多くの被験者は，理論通り，同額の利益と損失の可能性がある場合，損失に比重を高く置き，ギャンブルには参加せず，典型的にはある損失金額に対して少なくともその約3倍の利益が見込まれないとギャンブルに参加しないことが示された。また，利益の金額が少なくとも損失の何倍以上であればギャンブルに参加しても良いと思うかの金額（倍数），つまり損失忌避（慎重さ）の度合いには個人差があった。

第3章 意思決定過程の脳機能画像研究

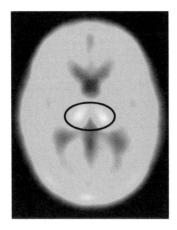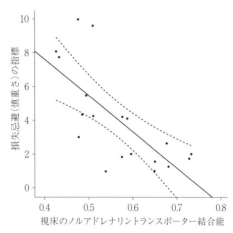

図3-4 損失忌避と脳内ノルアドレナリントランスポーター結合能との関係 (S,S)-[^{18}F]FMeNER-D2 PET の加算画像。視床においてノルアドレナリントランスポーター結合能が高い（左）。損失忌避の程度の行動パラメータと視床ノルアドレナリントランスポーター結合能との間の負の相関（右）。

　損失に比重を置いて判断する損失忌避（慎重さ）の度合いを表す変数と視床のノルアドレナリントランスポーターの密度との関係を調べたところ，視床のノルアドレナリントランスポーターの密度が低い人ほど，損失に比重を置いて判断する損失忌避の度合いが強いという相関関係が見出された（図3-4）(Takahashi, Fujie, & Camerer, 2013)。つまり，視床のノルアドレナリントランスポーターの密度が低い人は予測される損失の金額よりはるかに高い利益が見込まれないと上記のコイントスに参加しない慎重な傾向があることが示された。本結果にはいくつかの解釈が可能と思われるが，利得と損失のあるギャンブル時に放出されるノルアドレナリンの再取り込みの効率の悪い人ほど，特に損失への情動や注意が高まり，慎重な判断になるものと考えられる。今回，紹介した研究は健常者を対象としたものであり，病的な意思決定を示す精神神経疾患にも適応可能か，今後さらに検討していく必要はある。今回の我々の結果より，ドーパミン神経伝達は確率認知を歪め，ノルアドレナリン神経伝達は損失忌避を強め，セロトニン神経伝達は損失忌避を弱める効果が示唆されたが，実際にこれらの神経伝達を制御することにより行動が変化するのか，確認する必要が

ある。たとえばノルアドレナリントランスポーター阻害薬を薬物治療に用いる
ADHD においては損失への感受性が低下しているなどの報告もあり（Van
Holst, Van Den Brink, Veltman, & Goudriaan, 2010），実際にノルアドレナリント
ランスポーター阻害薬の損失忌避への効果を検討していきたい。

9. おわりに

　本稿では，神経経済学の方法論を紹介し，その中心的な fMRI による代表的
な論文を筆者自身のものも含めて紹介するとともに，新たな神経経済学の方向
性として，分子イメージング技術を用いて脳内神経伝達物質と意思決定過程の
かかわりを検討した実験例を紹介した。神経経済学のもうひとつの方向性とし
て紹介した精神医学への応用に関しては，現在，データの収集や論文執筆の段
階であり，近い将来，別の機会に紹介できたらと思う。経済学は社会科学の女
王とよばれるように，神経経済学も個人の意思決定から集団の意思決定や制度
や社会の在り方に示唆を与えるような知見が今後は増えていくものと考えられ
る（Krajbich, Camerer, Ledyard, & Rangel, 2009; De Martino, O'Doherty, Ray, Bossaerts,
& Camerer, 2013）。著者は精神科医として個々の患者の病態理解や診断，治療
効果の判定などにも有意義ではないかと始めた神経経済学の研究であるが
（Takahashi, 2012, 2013），社会や集団との相互作用で精神症状や異常行動が顕在
化してくることが少なくなく，社会の制度のあり方から病気を見直す必要も出
てくるであろう。精神医学にもおいてもこうしたマクロな神経経済学的アプロ
ーチを推進していく価値はありそうであると感じている。

参考文献

Arakawa, R., Okumura, M., Ito, H., Seki, C., Takahashi, H., Takano, H., ... Suhara T. (2008).
　　Quantitative analysis of norepinephrine transporter in the human brain using PET
　　with (S,S)-18F-FMeNER-D2. *Journal of Nuclear Medicine, 49*, 1270–1276.

Camerer, C., & Loewenstein, G. (2004). Behavioral Economics: Past, Present, Future. In C.
　　Camerer, G. Loewenstein & M. Rabin (eds.), *Advance in Behavioral Economics* (pp.
　　3–51). Princeton, NJ: Princeton University Press.

De Martino, B., Camerer, C. F., & Adolphs, R. (2010). Amygdala damage eliminates mone-
　　tary loss aversion. *Proceedings of the National Academy of Sciences of the United*

第3章　意思決定過程の脳機能画像研究

States of America, 107, 3788-3792.

De Martino, B., O'Doherty, J. P., Ray, D., Bossaerts, P., & Camerer, C. (2013). In the mind of the market: theory of mind biases value computation during financial bubbles. *Neuron, 79,* 1222-1231.

Greene, J. D., Sommerville, R. B., Nystrom, L. E., Darley, J. M., & Cohen, J. D. (2001). An fMRI investigation of emotional engagement in moral judgment. *Science, 293,* 2105-2108.

Hsu, M., Krajbich, I., Zhao, C., & Camerer, C. F. (2009). Neural response to reward anticipation under risk is nonlinear in probabilities. *Journal of Neuroscience, 29,* 2231-2237.

Krajbich, I., Camerer, C., Ledyard, J., & Rangel, A. (2009). Using neural measures of economic value to solve the public goods free-rider problem. *Science, 326,* 596-599.

Lieberman, M., & Eisenberger, N. (2009). Neuroscience: Pains and pleasures of social life. *Science, 323,* 890-891.

Martinez, D., Slifstein, M., Narendran, R., Foltin, R. W., Broft, A., Hwang, D. R., ... Laruelle, M. (2009). Dopamine D1 receptors in cocaine dependence measured with PET and the choice to self-administer cocaine. *Neuropsychopharmacology, 34,* 1774-1782.

Prelec, D. (1998). The probability weighting function. *Econometrica, 66,* 497-527.

Rangel, A., Camerer, C., & Montague, P. R. (2008). A framework for studying the neurobiology of value-based decision making. *Nature Reviews Neuroscience, 9,* 545-556.

Sanfey, A. G., Rilling, J. K., Aronson, J.A., Nystrom, L. E., & Cohen, J. D. (2003). The neural basis of economic decision-making in the Ultimatum Game. *Science, 300,* 1755-1758.

Singer, T., Seymour, B., O'Doherty, J., Kaube, H., Dolan, R. J., & Frith, C. D. (2004). Empathy for pain involves the affective but not sensory components of pain. *Science, 303,* 1157-1162.

Smith, R., & Kim, S. (2013). Comprehending envy. *Psychological Bulletin, 133,* 46-64.

Sokol-Hessner, P., Camerer, C. F., & Phelps, E. A. (2013). Emotion regulation reduces loss aversion and decreases amygdala responses to losses. *Social Cognitive and Affective Neuroscience, 8,* 341-350.

Sokol-Hessner, P., Hsu, M., Curley, N. G., Delgado, M. R., Camerer, C. F., & Phelps, E. A. (2009). Thinking like a trader selectively reduces individuals' loss aversion. *Proceedings of the National Academy of Sciences of the United States of America, 106,* 5035-5040.

Takahashi, H. (2012). Monoamines and assessment of risks. *Current Opinion in Neurobiology, 22,* 1062-1067.

Takahashi, H. (2013). Molecular neuroimaging of emotional decision making. *Neuroscience Research, 75,* 269-274.

Takahashi, H., Fujie, S., & Camerer, C. (2013). Norepinephrine in the brain is associated with aversion to financial loss. *Molecular Psychiatry, 18,* 3-4.

Takahashi, H., Kato, M., Matsuura, M., Mobbs, D., Suhara, T., & Okubo, Y. (2009). When your gain is my pain and your pain is my gain: neural correlates of envy and schadenfreude. *Science, 323,* 937-939.

Takahashi, H., Matsui, H., Camerer, C., Takano, H., Kodaka, F., Ideno, T., Okubo, S., Takemura, K., Arakawa, R., Eguchi, Y., Murai, T., Okubo, Y., Kato, M., Ito, H., & Suhara, T. (2010). Dopamine D receptors and nonlinear probability weighting in risky choice. *Journal of Neuroscience, 30,* 16567-16572.

Tom, S., Fox, C., Trepel, C., & Poldrack, R. A. (2007). The neural basis of loss aversion in decision-making under risk. *Science, 315,* 515-518.

Tversky, A., & Kahneman, D. (1992). Advances in prospect theory: Cumulative representation of uncertainty. *Journal of Risk and Uncertainty, 5,* 297-323.

Van Holst, R. J., Van Den Brink, W., Veltman, D. J., & Goudriaan, A. E. (2010). Why gamblers fail to win: A review of cognitive and neuroimaging findings in pathological gambling. *Neuroscience & Biobehavioral Reviews, 34,* 87-107.

Yasuno, F., Ota, M., Ando, K., Ando, T., Maeda, J., Ichimiya, T., Takano, A., Doronbekov, T. K., Fujimura, Y., Nozaki, S., & Suhara, T. (2007). Role of ventral striatal dopamine D1 receptor in cigarette craving. *Biological Psychiatry, 61,* 1252-1259.

第Ⅱ部　選好と意思決定過程の分析と実証

| 第4章 | 選好の形成過程に関する実験的検討 |

1. はじめに

　我々は，日常的に意思決定を繰り返し行っている。コンビニエンス・ストアでの飲料の購買や，レストランでの注文などの日常的な選択，伴侶や職業選択といった生涯に関わる選択など，日々数多くの意思決定を行っている。意思決定（decision making）とは，操作的には，一群の選択肢の中からある選択肢を採択すること，すなわち，行為の選択であると定義することができる（竹村，1996）。また，「どうしてその選択肢を選んだのか」と選択の理由を尋ねたときに，「より好ましいから選択した」といった回答が得られることが，多いのではないだろうか。この好みから選択という意思決定過程の説明は，日常場面だけでなく，意思決定を扱う社会科学全般においても広く受け入れられている。対象のもつ好ましさは，社会科学において用いられている「選好（preference）」という概念と対応する。たとえば，選好関係を示す実数値関数を提示する期待効用理論（von Neumann & Morgenstern, 1944）においても，選好によって選択が導かれるという暗黙の前提が存在しているだろう。つまり，選択肢への選好により選択を行うという因果関係が，日常生活ならびに社会科学などにおいて暗黙的には広く受け入れられていると考えることができる（Ariely & Norton, 2007; Sunstein, 2006）。したがって，選択を予測するためには，選択肢への選好を測定することが重要な課題となる。選択肢の選好の測定方法の代表として，複数選択肢を呈示し，どの選択肢を選択するのかという選択結果によって選好を推定する方法や，好意度評定，支払意志額（willingness to pay）などを用い

た方法を挙げることができる。選択結果によって選好を測定する最も単純な状況として，2選択肢の選択課題が挙げられる。どちらの選択肢を選択するかによって，選好関係≧が測定され，選択肢間の選好順序が示されたと仮定される。経済学では，選好関係を表現する効用関数によって経済的行動の予測がなされている。そのため，選択肢に対する選択結果から推測される選好関係を把握すれば効用関数がわかるので，選択肢への選好がどのようになっており，選好がどのように形成されているのかという選好形成の問題については，あまり重きを置かれてこなかったと言える。ただし，西部邁は，早くも1970年代にその著書『ソシオ・エコノミックス』（西部, 1975）において，経済学において選好形成の問題を検討することの重要性を説いていたが，選好形成の問題が行動経済学や行動意思決定論の分野で注目を浴びるようになってきたのは近年である。

　次の節でも示すように，心理学の研究知見によると，対象への選好形成は，複数の要因が関連している。選好は，甘い味のものが好まれるといった生得的に規定されている部分や，オペラント条件づけに示されるような過去経験によって形成されている部分，そして，現在の状況といった複数の要因によって構成される。これまでの選好形成（preference construction）の心理学的研究は，状況に依存して選好が構成される，あるいは状況によって選好関係が変化するといった現象を中心に扱ってきた（Lichtenstein & Slovic, 2006）。Fujii & Gärling（2003）が指摘するように，選好には，意思決定時点までの経験などによって形成された安定的な部分（core preference: 核選好）と，状況に依存して構成される部分（contingent preference: 状況依存的選好）によって形成されていると仮定することができるが，状況依存的選好への研究の偏りがみられている。

　我々の意思決定には，日々の生活において繰り返し行われているという，意思決定の連続性といった側面がある。つまり，先行する選択によって選好が形成されるといった側面についてはこれまであまり検討が進んでいない。そこで，本章では，日々繰り返される意思決定を通じ，選好が形成されるという側面にスポットを当て，選択の意味を問い直すことを目的とした。選好と結びつかない行為の選択が，その後の選好関係に与える影響について，実験的に検討を行った。なお，本章は井出野・竹村（2018）の解説論文に加筆・修正を行ったものである。

2. 選好形成過程に関する心理学的研究 ……………………………………

　選好形成過程に関する心理学的研究では，状況依存性が強調されてきた。状況依存性を示す意思決定の代表として，選好逆転現象（preference reversal effect: Lichtenstein & Slovic, 1971）と，フレーミング効果（framing effect: Tversky & Kahenman, 1981）が挙げられる。これらの現象は，行動意思決定論や行動経済学の文脈においては必ずしも選好形成の現象としては扱われてはいないが，いずれも選好形成に関わる重要な示唆を持っている。

　選好逆転現象は，選好関係の表明手続きに従って選好関係が異なってしまう現象である。選好逆転現象の代表的な手続きは，表4-1に挙げたように，マッチング課題と選好課題のセットである（Tversky, Sattath, & Slovic, 1988）。表4-1のマッチング課題では，対策 y（570人，$12万）と同値になる対策 x の金額の推定が実験参加者に求められている。たとえば，$20万を推定したとしよう。マッチング課題の結果から，対策 x（500人，$20万）と対策 y（570人，$12万）の選好は等価であると仮定されるため，選択課題では，対策案 y の選択が予測されるが，実際の実験参加者の多くは，対策 x を選択したことが報告された。選好逆転現象は，手続き普遍性の逸脱現象（選好表明の手続きによって選好が逆転する現象）として位置づけられている（Lichtenstein & Slovic, 1971）。

　またフレーミング効果は，意思決定問題の言語的表明の仕方によって同一の問題でも意思決定の結果が異なる現象であり，外延的定義として同一の意思決定問題は同じ結果をもたらすという記述普遍性の逸脱現象として著名である。代表的な課題であるアジアの病気問題では，選択肢の記述内容に‘助かる（あ

表4-1　選好逆転現象で用いられる課題例（Tversky et al., 1988; 竹村，2009 より）

選択課題			マッチング課題		
	交通事故死者数	費用		交通事故死者数	費用
対策案 x	500人	$55万	対策案 x	500人	?
対策案 y	570人	$12万	対策案 y	570人	$12万

第4章　選好の形成過程に関する実験的検討

るいは死ぬ）'といった表現が含まれることによって，選択結果が変化することを報告してきた。これら意思決定の状況依存性に関する諸現象は，プロスペクト理論（Tversky & Kahneman, 1992）や状況依存的焦点モデル（竹村，1994）などの理論的展開がみられるが，好みといわれるような安定した選好（藤井，2010）がどのように形成されるのかといった研究の展開は十分とは言えない。選好逆転現象やフレーミング効果の現象やその諸理論は選好形成の説明に示唆を与えるものではあるが選好形成の問題を正面から扱っていない。そこで，意思決定の状況依存性の問題を扱った研究ではなく，心理学における注視（視ること）や身体的接触と選好形成との関係を扱った研究と，選択後の選好の変化を扱った研究から，選択によって選好が形成されるという暗黙の前提であった仮定とは逆の側面について検討を行う。

◉接触と選好形成

　意思決定を行うためには，選択肢を知覚し，行為を選択することが前提となる。何となく選択を行った場合でも，選択肢の属性についてよく吟味した場合でも，選択肢との接触が前提となる。以下では，見ること，触ることなどの選択肢との接触体験そのものが選好を形成することを報告した諸現象を挙げる。

単純接触効果（mere exposure effect）

　対象との接触経験そのものが選好を形成し，行為の選択に影響を与えることは，単純接触効果（Zajonc, 1968）として知られている。単純接触効果とは，ある対象に対して反復して接触することによって，その対象に対する選好が増加する現象である。Zajonc（1968）では，無意味語や漢字などを刺激に用いて，5回程度の繰り返し呈示によって対象の好意度評定値が上昇することを示した。また，短時間呈示された刺激とはじめて見る刺激を用いた好ましさの2肢強制選択課題においても，事前に短時間呈示された刺激の選択率が有意に高くなることを報告している（Kunst-Wilson & Zajonc, 1980）。単純接触効果の理論的説明には，知覚的流暢性といった仮説が用いられることが多い。知覚的流暢性とは，対象と繰り返し接触することによって対象を知覚する際により流暢に処理がなされるようになり，そして対象への親近性が増すといった仮説である。ま

102

た，Zajonc（2001）では，条件づけと関連づけて単純接触効果の説明を試みており，繰り返し接触する刺激は安全な刺激であるといった対応関係を前提として単純接触効果について説明を行っている。

単純接触効果が注目を集めた理由は，刺激との接触が意識下であっても選好が形成されることが報告されたためである（Bornstein, 1989; Bornstein, Leone, & Galley, 1987; Monahan, Murphy, & Zajonc, 2000; Zajonc, 2001）。Bornstein et al. (1987) は，4ms 程度の刺激の呈示であっても選好が形成されることを報告した。閾下刺激においても単純接触効果がみられることから，認知が成立する以前に感情が生起するといった感情―認知説（Zajonc, 1980）を提起していったが，本章との関連で重要な点は，受動的な刺激との接触によって選好が形成される点である。

ゲーズカスケード効果（gaze cascade effect）

２肢強制選択状況での眼球運動の測定から，選好形成と能動的注視との関連性について指摘した研究としてゲーズカスケード効果（Shimojo, S., Simion, Shimojo, E., & Scheier, 2003）が挙げられる。ゲーズカスケード効果では，能動的な注視によって選好が形成されるといった主張がなされている点が，単純接触効果と大きく異なる。注視には選好注視法（Fantz, 1963）に示されたように，より好ましい対象を見るといったことと，見ることによって好きになる，といった２つの要因が反映されることがこれまで仮定されてきた。Shimojo et al. (2003) は，好きな対象を見るということと，見ることによって好きになるということの間の相互関係について，選好判断課題を用いて検討を行った。図4-1（左）は，２つの顔写真に対し，より好ましい顔写真を選択する課題を行った際の注視の偏りを示し，図4-1（右）は２つの顔写真に対し，より輪郭が丸い顔写真を選択する課題を行った際の注視の偏りを示している。彼らの実験結果では，図4-1（左）に示されたように，選好判断課題を行う際に，選択対象への視線尤度が，選択直前に上昇し，カスケード状のカーブを描くことから，ゲーズカスケード効果を提唱した。彼らの実験条件では，対象条件として，顔の輪郭の丸さなどの条件を設け，選好判断を行う際にのみこのカスケード効果がみられることを報告した。

第4章　選好の形成過程に関する実験的検討

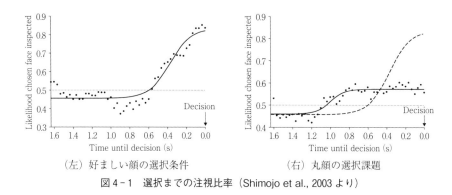

（左）好ましい顔の選択条件　　　　（右）丸顔の選択課題
図4-1　選択までの注視比率（Shimojo et al., 2003 より）

　また，Shimojo et al.（2003）の実験2では，刺激呈示時間と呈示位置を操作して，能動的な注視の選択への影響を検討した。具体的には，2つの顔写真のいずれが好ましいかを選択する課題を用い，顔写真の呈示位置・呈示時間を変数として，能動的注視の操作を行った。顔写真の呈示位置は，画面上の左右・上下・センターの3条件を設け，各々の顔写真の呈示時間は，300ms，900msの2水準であった。左右の呈示条件では，顔写真は画面の左右の位置に1枚ずつ交互に呈示され，上下の条件では上下位置に1枚ずつ交互に呈示され，センターの条件では，画面センターに2枚の顔写真が1枚ずつ交互に呈示された。左右，あるいは上下位置に交互に呈示したのは，能動的注視を操作するためである。また，注視時間の操作として，片方の顔写真は長時間（900ms）呈示され，もう一方の顔写真は短時間（300ms）呈示される手続きが用いられた。写真呈示の繰り返し回数には3つの水準が設けられた（2，6，12回）。たとえば，左右呈示条件の場合，実験参加者はコンピュータ・スクリーンの左右に呈示された顔写真を1枚ずつ注視したうえで，2枚の顔写真が同時に呈示された最終選択画面で，左右いずれかのキイ押しで，選好判断を行うという実験手続きとなる。左右，上下に1枚ずつ呈示された条件において，より長時間呈示された顔写真の選択率（60%程度）が高いことが報告された。画面センターに呈示された条件では，より長時間呈示された顔への選択率が増加しなかったことから，能動的な注視が選好形成の規定因であることを報告した。

手に取る，自分で作るということ

　接触には，見る（視る）こと以外にも手に触れるという側面がある。対象を手に触れる，あるいは，持つといったことが，選択肢の選好形成に寄与していることがいくつかの研究によって示されてきた。Peck & Shu（2009）では，マグカップなどを題材に，実際に触ったのちに，対象の所有感（ownership）と対象への選好が，触らなかった条件に比べて高かったことが報告されている。Peck & Shu（2009）の研究の背景には，賦存効果（endowment effect: Kahneman, Knetsch, & Thaler, 1990）研究が挙げられている。賦存効果とは，自分が所有しているものの価値を高く評価するという現象であり，触る，持つということと所有するということには密接な関係があることがこれまでも指摘されてきている（Chark & Muthukrishnan, 2013; Wolf, Arkes, & Muhanna, 2008）。接触により，所有感が上昇し，対象の選好が上昇するといった関連性が示唆されている。

　他にも，接触の選好への影響を示唆する研究として，Norton, Mochon, & Ariely（2012）の行った 'IKEA effect' の研究が挙げられる。彼らは IKEA の家具や折り紙など，自分で作成した製品への選好が増加することを報告しており，この効果を 'IKEA effect' と呼んでいる。彼らは，労働（labor）が選好を形成するといった仮説を提起しており，埋没費用（sunk cost）との関連も議論されている。

　これまで「対象を見る（視る）」ということ，「触るということ」，「作るということ」が，選好形成に寄与しているといった諸現象を紹介してきた。以下では，選択経験による選好形成を扱ったこれまでの研究を概観する。

●選択の認知と選好形成

　前項では，選択肢となる対象との接触経験によって選好が形成されるといった研究を検討してきた。我々の意思決定は，日々連続的に営まれており，先行する選択経験が後続する意思決定を規定している部分がある。以下では，選択経験後に選好が形成されるといったこれまでの研究について紹介する。

認知的不協和理論（cognitive dissonance）と選択による選好形成

　我々の行っている選択は，必ずしも選好が高い選択肢を選べるわけではない。

第 4 章　選好の形成過程に関する実験的検討

イソップ童話の酸っぱいブドウの例のように，選好の高い選択肢を選択できない場合には，選択後に，選んだ選択肢を高く評価し，選ばなかった選択肢を低く評価するといったことがある。選択と選好が不一致な場合に起こる態度変容は，認知的不協和理論によってこれまで説明がなされてきた。認知的不協和理論とは，認知要素間の矛盾（不協和）が生じた場合，不快感や緊張が高まり，不協和の低減に人は動機づけられるといった枠組みの理論であり，認知や行動の変化を予測する（Festinger, 1957, 1964）。たとえば，同程度の選好を示していた選択肢に対し，一度選択を行えば，その後に選択した選択肢の選好が上昇し，選択しなかった選択肢の選好が低下することが予測される。つまり，「選択によって選好が形成される」ことを認知的不協和理論は予測する。

　選択による選好の変化（choice-induced preference change）を扱った研究の再検討が近年なされている（Chen & Risen, 2010; Izuma et al., 2010; Lieberman, Ochsner, Gilbert, & Schacter, 2001; Simon, Krawczyk, & Holyoak, 2004）。Brehm（1956）に始まった実験的アプローチであり，自由選択パラダイム（free choice paradigm）と呼ばれる実験パラダイムが用いられてきた。実験の流れを図 4 − 2 に示した。このパラダイムでは，選好関係の測定（ステージ 2 選択課題）の前後に，選好の測定を行っている。ステージ 1，3 の選好の測定に用いられている手続きは，好意度評定（あるいはランキング評定）であり，評定対象は主に商品や絵画のプリントなどが用いられる。ステージ 2 の選択肢に用いられるものを含む多数の商品を対象に評定が求められる。選択の選好への効果の推定には，ステージ 2 の選択肢に用いられた対象について，ステージ 1 とステージ 2 の評定値の変化量を算出して指標とされる。ステージ 2 で採択した対象への評定値がステージ 1 よりもステージ 3 で上昇し，ステージ 2 で採択しなかった選択肢の評定値がステージ 1 よりステージ 3 で低下することがこれまでの研究において示されてきた（Brehm, 1956; Festinger, 1964; Gerard & White, 1983; Lieberman, Ochsner, Gilbert, & Schacter, 2001）。

　一方，自由選択パラダイムでは，選択によって選好が形成されているのではないという問題提起がなされている（Chen & Risen, 2010）。ステージ 2 の選択課題に使用される選択肢は，ステージ 1 の評定結果で大きな差がみられない対象が用いられることが多い。そのため，ステージ 2 の選択結果によって対象間

2. 選好形成過程に関する心理学的研究

図 4-2　自由選択パラダイム (Free choice paradigm) の実験の流れ

の差について認識されたため，ステージ 3 に差がみられたといった，実験手続きによるアーチファクトの可能性について近年吟味されている。Izuma et al. (2010) は，自由選択パラダイムを用いてステージ 1 ～ 3 の課題遂行中の脳機能画像の撮像を行った。選好の指標として用いたのは，線条体の活動であった。線条体は，報酬の予測や好ましい結果が呈示されたときに活性化することがこれまで多くの研究で示されてきた。彼らの実験結果では，ステージ 1 とステージ 3 の比較において，ステージ 2 で選択しなかった対象の評定値に変化が認められ，線条体の活性化が低下したことが示された。この結果から，好意度評定といった行動レベルだけでなく，脳の活動レベルにおいても，選択によって選好が形成されることを報告した。

　これまで，選好関係の測定を行った後の選好の上昇・下降といった現象を扱ってきた。これらの研究は，選好関係を表明したことによる対象への選好の変化や後続する選択への影響と位置づけることができる。上記の研究以外でも，意思決定過程において，保持した対象の評価が上昇する現象として，コミットメント効果 (commitment effect: Brockner, 1992; Kiesler, 1971; Klinger, 1975) などの研究も，選択後の選好の形成とかかわる現象と位置づけることが可能である。

　2 節では，選好形成にかかわる心理学的研究を紹介してきた。我々は日々意思決定を繰り返しており，意思決定時点以前の選択肢との接触経験や，選択経験によって選好が形成されていることが報告されてきた。一方，諸現象の説明には，知覚的流暢性や，認知的不協和，所有感や関与（コミットメント）などさまざまな概念が用いられており，複数の解釈が可能な状況である。また，2 項で紹介した諸現象は，選好関係の表明を行った後の好意度評定を扱ったものであり，対象自体への選好形成については論じられていない。これらの状況を鑑み，以下では，選択肢の接触経験を統制した上で，選択行動による選好形成の

第4章　選好の形成過程に関する実験的検討

可能性について検討した実験を報告する。以下の実験で用いた選択課題は，選好関係の表明の影響をできるだけ統制し，選択行動自体の選好形成への影響を検討できるよう設計した。具体的には，大小判断などの視覚的な判断に基づいた選択行動が，その後の選好関係へ影響を与えているかを検討した。

3. 選好形成過程を扱った実験 …………………………………………………

　実験3-1，3-2に共通する実験全体の流れを図4-3に示した。実験は3つのフェーズで構成され，第1フェーズは知覚判断課題，第2フェーズは選好判断課題（2肢選択），第3フェーズは好意度評定と呼ぶ。第1フェーズで行った知覚判断課題は，選好表明と関連のない選択課題であり，特定の刺激の選択回数の操作を目的として作成した。実験3-1では大きさの判断を題材とし，実験3-2では，弁別刺激の探索課題を題材に作成した。第2フェーズでは，2選択肢の選択課題によって，選好関係の測定を行った。第3フェーズでは，選択に用いた対象の好意度評定を行った。なお，3-1の実験は，井出野他（2011a，b），竹村他（2012）で発表されたデータをもとに再検討を行ったものである。また，3-2の実験は，坂東他（2009），井出野他（2012）で発表された実験のデータを再集計したものである。

◉実験3-1無意味図形を用いた実験
実験概要

　第1フェーズの知覚判断課題では，2つの無意味図形が左右に呈示され，大きさの判断を求めることによって，刺激に対する選択回数の操作を行った。第1フェーズでの対象となる無意味図形の選択回数が，第2フェーズの選好判断，第3フェーズの図形の好意度評定へ与える影響を検討するといった研究枠組みである。実験仮説は，知覚判断課題で多く選択した刺激の選好が上昇し，選択課題において，多選択刺激が選択されることとした。

実験参加者

　大学生ならびに大学院生22名（女性14名，男性8名。平均年齢21.0歳）。

3. 選好形成過程を扱った実験

図4-3 実験3-1の実験全体の流れ

刺激

　選好が同程度のランダム図形を抽出するために予備調査を行った。被検者は，大学生および大学院生170人（男性74名，女性96名，年齢は18〜27歳，平均年齢20.28歳，$SD=1.87$）を対象に，20個のランダム図形に対して形容詞対11項目・7段階評価の質問紙調査を行った。刺激にはAttneave & Arnoult（1956）とVanderplas & Garvin（1959）の呈示したランダム図形を使用した。予備実験により，具体的な事物との連想価が低く，好意度が同等の8角形の無意味図形を10個抽出した。2刺激を選択課題で用いるターゲット刺激とし，フィラー刺激（非ターゲット刺激）として4刺激を知覚判断課題に用いた。各刺激の大きさは，縦横比を一定のまま320pixel（視野角9.6°）の正方形に収まるように調整を行った。図4-4に選択課題で用いたターゲット刺激を，図4-5にフィラー刺激を示した。

知覚判断課題

　実験参加者に求められた課題は，左右に呈示される刺激に対し，いずれの刺激が大きいか（あるいは，小さいか）をできるだけ速く正確に回答することであった。課題は試行ごとに画面中央に呈示される文字（「大」または「小」）によって変化した。反応は左右のキイ（e.g. 'A', 'L'）で行った。また，フィラー4刺激をあらかじめ10%拡大縮小することによって，ターゲットよりも大きな（あるいは小さな）刺激を作成することにより，選択回数を操作した。試行回数は96回であり，刺激の呈示回数は全ての刺激が均等になるようにし，刺激呈示位置と反応キイ位置はカウンターバランスをとった。2つのうち一方のターゲットを32回（以下，多選択ターゲット），残りのターゲットを0回（以下，非選択ターゲット），フィラー刺激を各々16回選択するようデザインした。また，2つのターゲットを用いた試行は行われなかった。2つのターゲットを用いた

第4章　選好の形成過程に関する実験的検討

図4-4　実験3-1のターゲットに用いた2刺激

図4-5　実験3-1の知覚判断課題でフィラーに用いた4刺激

知覚判断を行わなかった理由は，両ターゲットの選択が後続する選好判断に影響を与えることを防ぐためであった。

選好判断課題

　ターゲット2個と，知覚判断課題とは異なるフィラー4個を用い，全ての組み合わせに対し，左右の位置を変え，好ましい方の刺激の選択を行わせた。試行回数は30試行であり，ターゲットの2刺激を用いた試行は2試行であった。呈示順序はランダムとした。

評定課題

　上記2課題終了後に，実験に使用した刺激を含め30個の刺激の好ましさを7件法で評定させた。呈示順序はランダムとした。

結　果

選好判断課題と好意度評定　知覚的判断課題での誤回答率が10%を越えた被験者3名を削除し，19名を対象に分析を行った。2つのターゲットに対する第2フ

3. 選好形成過程を扱った実験

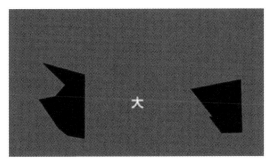

図4-6 実験3-1の知覚判断課題の実験画面サンプル

表4-2 実験3-1の選好判断課題の選択結果と好意度評定結果

	多選択ターゲット	非選択ターゲット
選択回数（％）	25回（65.8％）	13回（34.2％）
平均評定値	3.11	3.26

注) 評定値は, 1（好き）- 7（嫌い）の7件法

ェーズの選好判断課題と、第3フェーズの好意度評定結果を表4-2に示した。

選好課題結果に関し、直接確率検定の結果、知覚判断課題の多選択ターゲットの選択回数が非選択ターゲットよりも多い傾向が示された（$p=.073$）。このことから、選好と関連のない選択によって、選好が形成される可能性が示された。また、被験者ごとの評定値をもとにt検定を行ったが有意差は認められなかった（$t(18)=0.33, n.s.$）。

選択後の評定の変化の検討 本実験手続きは、選好課題の後に好意度評定の測定を行っている。自由選択パラダイムと比較するとステージ1好意度評定が実施されていないが、ステージ2選択課題とステージ3好意度評定と対応すると仮定することができる。そのため、本実験の平均評定値に関し、多選択ターゲットと非選択ターゲット間に差がみられることも予想されたが、差は認められなかった。

本実験は、選択課題においてターゲットとなる選択肢を用いた選択が2試行ずつ行われていた。そのため、選択結果において、2回とも同一選択肢を選択

第4章　選好の形成過程に関する実験的検討

する場合と，異なる選択を行うという2つのグループに分けることができる。選択後の好意度評定について検討するために，2回とも同一の選択肢を選択した実験参加者（14人）の，第2フェーズで選択した無意味図形の平均評定値（3.0，$SD = 1.7$）と選択しなかった無意味図形の評定値（3.5, $SD = 1.2$）の差の検定を行ったが有意差は認められなかった（$t(13) = 0.82$, $n.s.$）。

考　察

　無意味図形を用いた本実験条件では，選好と関連のない選択によって選好が形成される可能性が示された。一方，本実験の問題点として，知覚判断課題遂行時に注視の統制をとっていなかった点が挙げられる。つまり，知覚判断課題遂行時に選択を行う際に刺激をより多く見たことによって，選好が上昇した可能性がある。Shimojo et al.（2003）のゲーズカスケード効果で示された選択率は約60%であり，本研究結果で示された選択率は65.8%であったことから，選択によって選好が形成される可能性が示唆された。

　また，本実験では，選択後に好意度評定を行うという手続きを取っており，選択による選好の変化研究で，これまで用いられてきたステージ2とステージ3に対応するとみなすことができる。選択による選好の変化研究では，選択後に選択した選択肢はより好ましく，選択しなかった商品はより低く評定されることが示されてきた。しかし，本研究では，第2フェーズの選択課題で採択したターゲットと採択しなかったターゲット間に，好意度評定では差がみられていない。この結果は，選択による選好の変化研究の予測と異なる結果となった。本実験では，刺激への選好の程度を統制するために，無意味図形を用いたことによる影響も指摘できる。そこで，次に，ミネラルウォーターを題材に，注視の統制を行った実験を報告する。

◉実験3−2ミネラルウォーターを用いた実験

　本実験も実験3−1同様，知覚判断課題を行った後に，選好関係を測定し，好意度評定を行うといった実験パラダイムを用いた。知覚判断課題では，ミネラルウォーターの画像上に弁別刺激を呈示し，特定の弁別刺激の呈示されたミネラルウォーターと対応するキイを押す課題を作成した。

予備調査

　実験参加者がこれまで選択経験のないミネラルウォーターを選定するために，予備調査を実施した。予備調査は，大学生 13 名を対象に，20 種類のミネラルウォーターの画像を 1 つずつ呈示しながら 3 つの質問を行った。20 種のミネラルウォーターは，全て外国製であり，実験グループの成員がこれまで見かけたことのないものを収集して用いた。質問項目は，「商品を見たことの有無」，「商品の好ましさ」，「もらったらどの程度嬉しいか」であり，9 件法で回答を求めた。3 つの項目において，商品を既知と回答した人のデータに関しては分析対象から外し，「好ましさ」と「もらったときの嬉しさ」の評定平均をそれぞれの商品について算出した。その中で，いずれの項目も評定平均の差が少ない商品ペアを実験刺激として選定した。この予備調査から得られた商品は，以下の 2 つのミネラルウォーターであった。1 つはイタリア製の BrioBlu（以下，商品 B）であり，もう 1 つはアメリカ製の Penta（以下，商品 P）であった。

実験参加者

　大学生ならびに大学院性 133 名（男性 53 名，女性 80 名，年齢 21.18 歳（$SD=$ 1.15））であり，等頻度条件に 28 名，B 高頻度条件に 53 名，P 高頻度条件に 52 名を割り振った。

実験装置

　刺激の呈示には DELL 社製のパソコンおよびディスプレイを使用した。また，眼球運動の測定の為に SR Resarch 社の EyeLink CL Illuminator TT-890 を使用した。

知覚判断課題

　1 試行の流れを図 4 - 7 に示した。注視点が呈示された後，弁別刺激（i.e. △▽）が呈示され，左右に商品 B と商品 P の画像が同時に呈示された。両ボトルが呈示された画面の呈示時間は，400ms，800ms，1200ms，1600ms の 4 種類を設けた。4 種類の呈示時間を設けたのは，ターゲット刺激が呈示されるタイミングが予測されることを防ぐためである。その後，両画像に弁別刺激が呈示され

第4章　選好の形成過程に関する実験的検討

た。被験者に求められた課題は，ボトル上に三角マークが呈示されたときに弁別刺激と同じ三角マークが呈示された側のボタンを押すことであった。左側のボトルに対応するキイは‘A’であり，右側のボトルに対応するキイは‘L’であった。商品選択後は，選択された商品画像は画面上から消え，選択されなかった商品画像は 800ms 同一の位置に呈示された。選択されなかった商品を単独で呈示した理由は，各商品への注視時間を統制するためであった。

　刺激の呈示条件は，商品Bと商品Pを等頻度で選択する等頻度条件，商品Bと商品Pをそれぞれ多く選択する高頻度条件を設けた。たとえば，商品Bの高頻度条件は，全 88 試行のうち 80 試行で，商品B上に弁別刺激を呈示した。各実験条件における商品Bと商品Pの選択回数を表4-3に示した。

選択課題

　モニター上に2つの商品を左右に呈示し，いずれの商品を持ち帰るかの判断を求めた。2つの商品の呈示位置は実験参加者ごとにカウンターバランスをとった。

評定課題

　モニター上に，1商品ずつ呈示し，各々の商品の好ましさを9件法で評定させた。2つの商品の呈示順序は実験参加者ごとにカウンターバランスをとった。

手続き

　実験は個別実験で行った。知覚判断課題の練習試行終了後，アイカメラのセッティングを行い，知覚判断課題の本試行へ移った。その後，選択課題と好意度評定を実施した。実験終了後に，選択課題で採択した商品を，実験参加への謝礼として進呈した。

結　果

注視時間　眼球運動の捕捉率が高かった実験参加者を対象に（等頻度条件：11 人，B高頻度条件：16 人，P高頻度条件：16 人），知覚判断課題の多選択商品と少選択商品への平均注視時間を求めた。

3. 選好形成過程を扱った実験

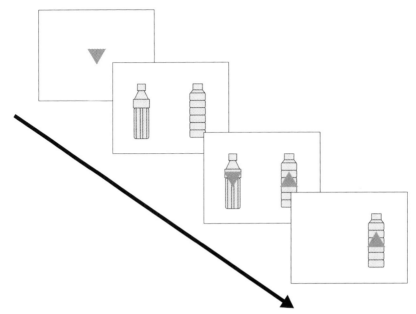

図4-7 実験3-2の知覚判断課題の試行イメージ

表4-3 実験3-2の知覚判断課題における条件ごとの各商品の選択回数

	商品B選択回数	商品P選択回数
等頻度条件	44回	44回
B高頻度条件	80回	8回
P高頻度条件	8回	80回

　本実験では，知覚判断課題において選択が多い商品への注視時間が長くなることを予測し，少選択商品への注視時間を増加させることを目的として，選択後に非選択商品を800ms呈示した。図4-8 (a) は試行ごとの選択までの各商品の平均注視時間を示しており，多選択商品への注視量が多いことが示されている。(b) は選択後の平均注視時間を示している。選択した商品は消失するため，少選択商品の注視時間が長くなる。(c) は，(a) と (b) の和であり試行ごとの各商品への平均注視時間を示している。図4-8 (c) より，多選択商品よりも，少選択商品の方が注視時間が長かったことが示されていた。多選択商

第4章　選好の形成過程に関する実験的検討

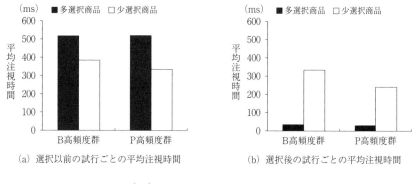

(a) 選択以前の試行ごとの平均注視時間　　(b) 選択後の試行ごとの平均注視時間

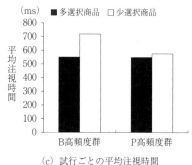

(c) 試行ごとの平均注視時間

図4-8　実験3-2の試行ごとの平均注視時間

品の平均注視時間と少選択商品の平均注視時間の差の検定を行ったところ有意差が認められ（$t(31)=3.05<.01$），少選択商品の方がより長く注視がなされたことが示された。

選好課題と好意度評定　知覚判断課題の高頻度選択商品と低頻度選択商品ごとの選択課題の結果と好意度評定の結果を表4-4に示した。高頻度選択商品の選好判断課題の選択回数は60回（57%）であり，低頻度選択商品の選択回数は45回（43%）であった。高頻度選択商品の選択確率は，低頻度選択商品の選択率よりも高い傾向がみられたが，実験3-1の多選択条件の65.8%とShimojo et al.（2003）の60%よりも低かった。選好判断課題の選択回数をもとに直接確率検定を行った結果，有意差は認められなかった（$p=0.17$, n.s.）。さらなる検討の

3. 選好形成過程を扱った実験

表4-4　実験3-2の選択結果と好意度評定結果

	多選択商品	少選択商品
選択回数（%）	60回（57.1%）	45回（42.9%）
平均評定値	5.97（1.58）	5.74（1.70）

注）評定値は，1（嫌い）−7（好き）の7件法

表4-5　実験3-2の選好判断課題の実験条件ごとの選択結果

	商品B	商品P	合計
等頻度条件	16	12	28
B高頻度条件	27	26	53
P高頻度条件	19	33	52
合計	62	71	133

表4-6　実験3-2の群ごとの好意度評定結果

	商品B	商品P
等頻度条件	6.18（1.34）	5.86（1.45）
B高頻度条件	5.92（1.44）	5.89（1.63）
P高頻度条件	5.60（1.61）	6.02（1.55）

ために，商品の呈示条件ごとの選択数を表4-5に示した。呈示条件ごとに直接確率検定を行った結果，P高頻度群において，有意傾向（$p=0.085$）が認められ，等頻度群とB高頻度群では有意差は認められなかった。このことから，商品種によって，多選択の効果が異なることが示唆された。

　また，表4-6に示された商品ごとの評定値をもとに平均値の差の検定を行った。多頻度選択商品の平均評定値に差はみられなかった（$t(104)=0.97$, n.s.）。さらなる検討のために，知覚判断課題の呈示条件ごとに，好意度評定値を表4-4に示した。呈示条件ごとに商品ごとの平均評定値の差の検定を行ったところ，有意差は認められなかった（等頻度条件：$t(27)=0.77$, n.s.，B高頻度条件：$t(52)=0.11$, n.s.，P高頻度条件 $t(51)=1.35$, n.s.）。

選択課題と好意度評定　本実験手続きも実験3-1同様に，選好課題の後に好意

117

第 4 章　選好の形成過程に関する実験的検討

度評定の測定を行った。選択による選好の変化について検討するために，全実験参加者を対象に第 2 フェーズの選択結果に基づき選択した商品の平均評定値（6.8, $SD=1.1$）と選択しなかった商品の評定値（5.0, $SD=1.3$）の差の検定を行った。検定の結果，有意差が認められた（$t(132)=14.39\ p<.01$）。

考　察

　本実験では，知覚判断課題実施中の商品への注視時間をコントロールすることによって，選択行動の選好形成への影響を検討した。注視時間の検討から，多選択商品への注視時間よりも少選択商品の注視時間が有意に長く，知覚判断課題での多選択商品への注視時間をコントロールできていたことが示された。また，実験 3 - 2 では刺激に商品を用い，持ち帰りの商品の選択課題を選好の測定に用いた。選好判断課題の結果では，多選択商品の選択率は 57.1% であり，実験 3 - 1 と先行研究（Shimojo et al., 2003）よりも低かった。知覚判断課題の多選択商品の種類別に分析を試みたところ，商品の種類によって異なる傾向がみられた。このことから，実際に持ち帰る商品の選択課題では，先行する選択課題の効果が必ずしも大きくないことが示唆される。

　好意度評定の結果に関し，実験 3 - 1 同様に，知覚判断課題の選択回数の影響は認められなかった。第 2 フェーズの選択課題の結果では，実験 3 - 2 においては必ずしも強い効果ではなかったが，一部に知覚判断課題の選択頻度の影響がみられたことから，選好表明と無関連な選択行動の影響は，選択課題と好意度評定で異なる可能性が示唆される。

　また，選択による選好の変化研究と対比させるため，第 2 フェーズで選択した対象と選択しなかった対象の好意度評定値を求め，差を検討したところ，実験 3 - 1 では差が認められなかったが，実験 3 - 2 では差が認められた。実験 3 - 2 では，ターゲットとなった刺激は 2 個だけであり，選択も 1 度だけであったことからも，評定が先行研究同様の結果となったと推測される。

4. まとめと今後の展望

　本章では，選好形成過程への心理学的な知見についてのレビューを行ったあ

とに，選択によって選好が導かれるという因果関係に注目した我々の実験的検討について紹介を行った。つまり，好きだから選ぶという半ば暗黙の常識的な仮定に反する，選ぶことによって好きになるといった側面に焦点を当てて実験室実験による検討を行い，その結果を考察した。実験3-1では，選ぶということ自体が選好の形成に寄与している可能性が示された。一方，実験で用いた刺激は，無意味図形であり，日常的に出会うことのほとんどない対象を選択対象としていた。そこで，実験3-2では，身近な商品であるミネラルウォーターを用いて，選択と選好との関連を検討した。実験3-2では，実験3-1ほど選択の効果は認められず，選択対象によって，選択行為の影響の程度が異なることが示唆された。実験3-2で用いられたミネラルウォーターの選好判断は，日常的に繰り返し行われている意思決定の1つであるため，選好の基準があらかじめ形成されていた可能性を指摘できる。

　また，選択した対象の好意度評定に関し，実験3-1，3-2において検討を行ったところ，実験3-1では選択した選択肢と選択しなかった選択肢の好意度評定間に差がみられず，実験3-2では差が認められた。この結果を生んだ要因として，実験3-2の実験手続きの方が，実験3-1よりも，選択結果を覚えやすく，その影響が好意度評定に影響を与えた可能性を指摘できる。

　我々の意思決定は，連続的になされており，ある選択が後続の選択に影響を与えることは，本実験のような単純な状況においても示された。意思決定のプロセスを詳細に見ていくと，選択前には当該の選択肢を認知する必要がある。選択肢を認知する過程では，見ること，触ることなどの対象との接触がなされる。対象との接触時の感覚情報と判断や意思決定との関連は，近年でも感性マーケティングや身体化認知といわれる領域において脚光を浴びているテーマである。本研究の主題である選好形成と感覚情報との関連は，これからも検討が進められることが予想される。

　また，選択後のプロセスには，自分のものとして手に取り，注視することもあるであろう。そして，選択後には，また次の意思決定が控えていることになる。これまでの心理学的研究では，選択後のプロセスに関しては，選択による選好の変化研究以外の展開はほとんどみられていない。選択後に対象への選好が上昇し続けるのであれば，今まで選択してきた対象から心変わりすることが

第4章　選好の形成過程に関する実験的検討

説明できない。選択後のプロセスと，態度変容に関する検討は残された課題であると考えられる。

最後に，本章で紹介した選好と選択の関係の研究には，方法論的な問題が横たわっている。それは，選好ということは「好意度評定」で測定されるのか，「選択」で測定されるのかという問題である。これはマッチング課題と選択課題のいずれの方法で選好が測定されるのが正当化されるのかという問題が，選好逆転の研究で十分解明されていないことと対応している。ここで紹介した研究では，操作的には，選好と選択を定義しているが，この本質的問題は十分には解明されていない。この問題についても今後検討を行うことが必要であろう。

参考文献

Ariely, D., & Norton, M. I. (2008). How actions create–not just reveal–preferences. *Trends in Cognitive Sciences, 12*, 13-16.

Attneave, F., & Arnoult, M. D. (1956). The quantitative study of shape and pattern perception. *Psychological Bulletin, 53*, 452-471.

坂東香織・大久保重孝・井出野尚・坂上貴之・藤井聡・羽鳥剛史…竹村和久 (2009)．アイカメラを用いた選好形成過程の検討——ミネラルウォーターの選択実験を用いて　第14回曖昧な気持ちに挑むワークショップ Heart & Mind2009, 25-26.

Bornstein, R. F. (1989). Exposure and affect: Overview and meta-analysis of research, 1968-1987. *Psychological Bulletin, 106*, 265-289.

Bornstein, R. F., Leone, D. R., & Galley, D. J. (1987). The generalizability of subliminal mere exposure effects: Influence of stimuli perceived without awareness on social behavior. *Journal of Personality and Social Psychology, 53*, 1070-1079.

Brehm, J. W. (1956). Postdecision changes in the desirability of alternatives. *The Journal of Abnormal and Social Psychology, 52*, 384-389.

Brockner, J. (1992). The escalation of commitment to a failing course of action: Toward theoretical progress. *Academy of Management Review, 17*, 39-61.

Chark, R., & Muthukrishnan, A. V. (2013). The effect of physical possession on preference for product warranty. *International Journal of Research in Marketing, 30*, 424-425.

Chen, M. K., & Risen, J. L. (2010). How choice affects and reflects preferences: Revisiting the free-choice paradigm. *Journal of Personality and Social Psychology, 99*, 573-594.

Fantz, R. L. (1963). Pattern vision in newborn infants. *Science, 140* (3564), 296-297.

Festinger, L. (1957). *A Theory of Cognitive Dissonance*. California: Stanford University Press.

Festinger, L. (1964). *Conflict, decision, and dissonance*. Stanford, CA: Stanford University Press.

参考文献

藤井聡（2010）．「選好形成」について——ハイデガーの現象学的存在論に基づく考案（特集　意思決定）感性工学, *9*, 217-225.

Fujii, S., & Gärling, T.（2003）. Application of attitude theory for improved predictive accuracy of stated preference methods in travel demand analysis. *Transport Research A: Policy & Practice, 37*, 389-402.

Gerard, H. B., & White, G. L.（1983）. Post-decisional reevaluation of choice alternatives. *Personality and Social Psychology Bulletin, 9*, 365-369.

井出野尚・林幹也・坂上貴之・藤井聡・大久保重孝・玉利祐樹…竹村和久（2011a）．知覚判断課題を用いた選好形成過程の検討 日本心理学会第 75 回大会発表論文集，88.

井出野尚・林幹也・坂上貴之・藤井聡・大久保重孝・玉利祐樹…竹村和久（2011b）．選択行動による選好形成過程の基礎的研究 第 15 回実験社会科学カンファレンス．

井出野尚・坂上貴之・藤井聡・大久保重孝・玉利祐樹・羽鳥剛司・竹村和久（2012）．選好形成過程と眼球運動測定 第 76 回日本心理学会大会，WS117 意思決定研究における視線分析.

井出野尚・竹村和久（2018）．選好形成と消費者行動　繊維製品消費科学, *29*, 434-438.

Izuma, K., Matsumoto, M., Murayama, K., Samejima, K., Sadato, N., & Matsumoto, K.（2010）. Neural correlates of cognitive dissonance and choice-induced preference change. *Proceedings of the National Academy of Sciences, 107*, 22014-22019.

Kahneman, D., Knetsch, J. L., & Thaler, R. H.（1990）. Experimental tests of the endowment effect and the Coase theorem. *Journal of Political Economy, 98*, 1325-1348.

Kiesler, C. A.（1971）. *The Psychology of Commitment*. New York: Academic Press.

Klinger, E.（1975）. Consequences of commitment to and disengagement from incentives. *Psychological Review, 82*, 1-25.

Kunst-Wilson, W. R., & Zajonc, R. B.（1980）. Affective discrimination of stimuli that cannot be recognized. *Science, 207*（4430），557-558.

Lichtenstein, S., & Slovic, P.（1971）. Reversals of preference between bids and choices in gambling decisions. *Journal of Experimental Psychology, 89*, 46-55.

Lichtenstein, S., & Slovic, P.（Eds.）.（2006）. *The construction of preference*. Cambridge University Press.

Lieberman, M. D., Ochsner, K. N., Gilbert, D. T., & Schacter, D. L.（2001）. Do amnesics exhibit cognitive dissonance reduction? The role of explicit memory and attention in attitude change. *Psychological Science, 12*, 135-140.

Monahan, J. L., Murphy, S. T., & Zajonc, R. B.（2000）. Subliminal mere exposure: Specific, general, and diffuse effects. *Psychological Science, 11*, 462-466.

西部邁（1975）．ソシオ・エコノミックス——集団の経済行動 中央公論社

Norton, M. I., Mochon, D., & Ariely, D.（2011）. The 'IKEA effect': When labor leads to love. *Journal of Consumer Psychology, 22*, 453-460.

Peck, J., & Shu, S. B.（2009）. The effect of mere touch on perceived ownership. *Journal of Consumer Research, 36*, 434-447.

Shimojo, S., Simion, C., Shimojo, E., & Scheier, C. (2003). Gaze bias both reflects and influences preference. *Nature Neuroscience, 6,* 1317-1322.

Simon, D., Krawczyk, D. C., & Holyoak, K. J. (2004). Construction of preferences by constraint satisfaction. *Psychological Science, 15,* 331-336.

Sunstein, C. R. (2006). *Preface.* In Lichtenstein, S., & Slovic, P. (Eds.). *The construction of preference.* Cambridge University Press.

竹村和久 (1994). フレーミング効果の理論的説明——リスク下における意思決定の状況依存的焦点モデル 心理学評論, *37,* 270-291.

竹村和久 (1996). 意思決定の心理——その過程の探究 福村出版

竹村和久 (2009). 行動意思決定論——経済行動の心理学 日本評論社

竹村和久・井出野尚・林幹也・坂上貴之・藤井聡・大久保重孝…羽鳥剛司 (2012). 反応が選好および非選好の形成過程に及ぼす効果 行動経済学会第6回大会・第16回実験社会科学カンファレンス・合同大会.

Tversky, A., & Kahneman, D. (1981). The framing of decisions and the psychology of choice. *Science, 211* (4481), 453-458.

Tversky, A., & Kahneman, D. (1992). Advances in prospect theory: Cumulative representation of uncertainty. *Journal of Risk and uncertainty, 5,* 297-323.

Tversky, A., Sattath, S., & Slovic, P. (1988). Contingent weighting in judgment and choice. *Psychological Review, 95,* 371-384.

Vanderplas, J. M., & Garvin, E. A. (1959). The association value of random shapes. *Journal of experimental psychology, 57,* 147-154.

von Neumann, J., & Morgenstern, O. (1944). *Theory of games and economic behavior.* Princeton: Princeton University Press.

Wolf, J. R., Arkes, H. R., & Muhanna, W. A. (2008). The power of touch: An examination of the effect of duration of physical contact on the valuation of objects. *Judgment and Decision Making, 3,* 476-482.

Zajonc, R.B. (1968). Attitudinal effects of mere exposure. *Journal of Personality and Social Psychology, 9(2),* 1-27.

Zajonc, R. B. (1980). Feeling and thinking: Preferences need no inferences. *American psychologist, 35,* 151-175.

Zajonc, R. B. (2001). Mere exposure: A gateway to the subliminal. *Current directions in psychological Science, 10,* 224-228.

第5章	眼球運動測定装置を用いた意思決定過程分析

1. はじめに

　眼は外部環境から情報を獲得する上で卓越した器官であり，多くの外部情報は視覚によって得られる。様々な意思決定場面においても視覚機能が重要な役割を担っており，意思決定と眼球運動との間には，密接な関係があることがこれまで指摘されてきた。眼球運動には一般的に随意性の運動と不随意性の運動があるとされるが，どちらの運動も普段ほとんど意識することなく行われている。また，眼球運動は外部から測定，記録が可能な生体信号データの1つである。これらの特徴から，眼球運動測定は意思決定過程を知る上で有益なデータを提供してくれる可能性がある。たとえば様々な購買の意思決定や行動方略の決定の過程において，従来の研究では質問紙や面接法による意思決定過程の分析が広く行われてきた。これらの調査手法は実施が容易である一方で，社会的に望ましくないと思われる回答を実験参加者が避けてしまったり，意思決定に影響を与えている潜在的な要因の影響を発見したりすることを困難にさせてしまう。それらの問題に対処するため，眼球運動の分析を導入することによって，実験参加者の視覚探索パターンからより詳細な意思決定にかかわる過程を明らかにすることができると期待できる。

　本章では，第1節で眼球運動測定の歴史と意義について述べ，第2節で眼球運動についての基礎的な知見を整理する。第3節で行動分析学の視点から眼球運動の予測と制御の可能性を示し，第4節で意思決定と眼球運動に関わる研究について概観する。第5節では，私たちが行った，意思決定と眼球運動につい

第5章　眼球運動測定装置を用いた意思決定過程分析

ての研究を紹介する。なお，本章における意思決定とは，外部から観測，記録が可能であり，継時的あるいは同時的に呈示された刺激対象に対して行われる選択行動と考える。

2. 眼球運動研究の歴史と意義 ……………………………………………

　眼球運動の科学的研究が行われるようになったのは19世紀後半である。初期の研究対象は眼球運動の機能や特性であった。その頃から様々なタイプの眼球運動測定装置が開発されるようになり，はじめは読みにおける眼球運動の分析に注目が集まった。20世紀に入るとさらに，読みや図形の知覚の研究を中心に研究対象が徐々に拡大していった。初期の眼球運動測定は機材上の制約が大きく，実験場所が実験室内に限られ，実験参加者への負担も大きかった。しかし近年では，実験参加者に直接機材の装着を行わない非接触タイプの眼球運動測定装置や，実験参加者の身体運動を妨げない軽量で測定が容易なヘッドマウントタイプの測定装置も開発されたことで，動画視聴時などの場面や，交通，スポーツ，購買行動をはじめとした意思決定場面など，多様な研究領域において眼球運動測定が導入されている。眼球運動研究の歴史に関しては古賀（1998）やWada & Tatler（2005）を参考にされたい。

◉行動分析学から見た眼球運動

　本章では，行動分析学の立場から眼球運動測定を用いた意思決定過程の分析について論じる。行動分析学とは，ヒトや動物の個体の行動（特定された行動を反応と呼ぶ）を研究の対象とし，個体を取り巻く環境（特定された環境を刺激と呼ぶ）を操作することで，その行動がどのように変化するかを分析することで，行動の制御要因を見出そうとする実験科学である。行動には，生得性の行動と学習性の行動の2つがある。学習性の行動は，明示的な条件づけの過程を経て，新たな刺激の機能や，反応の変容が生じる。代表的な条件づけには，レスポンデント条件づけとオペラント条件づけがあり，レスポンデント条件づけでは，元々は中性である刺激（中性刺激）が，生得的な反応を引き起こす刺激（無条件刺激）と同時あるいは継時的に呈示されることによって，中性刺激が機能的

124

に変化して条件刺激となり，その条件刺激によって条件レスポンデント（条件反応）が誘発されるようになる。オペラント条件づけでは，行動に後続する環境の変化によってその行動の生起頻度や形態が変容し，こうした行動はオペラントと呼ばれている。これらの行動分析学の用語に関する詳しい解説は坂上・井上（2018）を参考にされたい。

　行動分析学の視点から考えると，眼球運動は個体のそうした行動の1つとして捉えられる。つまり，私たちが日常的に行っている様々な種類の眼球運動は，生得性の行動と学習性の行動の2つがあり，後者は刺激と刺激（例えばレスポンデント条件づけ），刺激と反応の関係（例えばオペラント条件づけ）の操作によって変容しうるものである。このような視点から眼球運動を考えることで，次の3つの意思決定過程の理解につながる可能性を考えることができる。

　1つ目は，意思決定を「心的な」概念を使わずに説明できる可能性である。私たちは意思決定の過程や理由を説明する上で，好み，快や不快，戸惑いと言った様々な感情を表すとされる用語を用いることが多い。このような感情を表す概念を「心的な」ものとしてカギ括弧を付す理由は，これらの概念が抽象的で不明瞭なものだからである。これらの「心的な」概念は主に意思決定者の言語報告によって得られるが，その内容は意思決定者の主観や言語能力に大きく依存してしまう。また，客観的な行動データから「心的な」過程を推測する場合があるが，これは行動データで説明可能なものを「心的な」概念に言い換えたに過ぎず，「心的な」概念を意思決定の原因と捉えることは，意思決定過程の理解をかえって遠ざけてしまう。眼球運動データは，意思決定の過程を客観的に記録，分析することができる行動データの1つである。眼球運動測定を用いることによって，「心的な」概念を用いずに，意思決定過程を客観的かつ定量的に分析することが可能になると考えられる。

　2つ目は，選択の予測を与える可能性である。意思決定過程においては，ヒトはその環境において様々な情報を取得し，最終的な意思決定を行っている。もし意思決定に至るまでの特定の眼球運動の特徴を明らかにすることができれば，意思決定を行う前の段階で選択される対象を予測することが可能になると考えられる。

　3つ目に，選択を制御できる可能性である。もし眼球運動のデータから選択

第5章 眼球運動測定装置を用いた意思決定過程分析

の予測が可能となれば，それをもとに，特定の眼球運動を形成したり制御したりすることによって，その後の意思決定を制御しうる可能性がある。

　本章では，これらの可能性を元に，行動としての眼球運動とそれに後続する意思決定との間の関係性について論じていく。

◉眼球運動測定によって何がわかるか

　眼球運動測定装置によって得られるデータは，どこを見ているかを示す注視点の座標とその時系列での変化であり，注視点解析の手法は2つに大別できる。1つ目は，注視時間（fixation duration）と注視回数（fixation count）の解析である。注視点解析の際には注視対象領域を定義し，その範囲内への合計もしくは平均の注視時間や注視回数が定量的指標として解析に用いられる。2つ目は，探索経路（scanpath）である。特に複数の属性を持つ選択肢の間の意思決定場面や，多くの選択肢がある意思決定場面においては，どのような経路でどのような領域に視線を向けたかというデータは，意思決定過程を理解する上で重要な手掛かりとなるだろう。

　意思決定過程の分析において眼球運動を使用することによって，どこにある情報にどのぐらい，そしてどのような経路で視線を向けたかを示唆するデータを手にすることができるが，ここで気をつけなければならない点は，眼球運動測定によって私たちが知ることができるものは，「どこに視線が向けられていたか」という事実のみであり，それは必ずしも「注意を向けて見ている」ことや，それによって何らかの「情報」が獲得されたということを意味しているわけではないということである。しばしば眼球運動は「注意」や「情報受容」という言葉と合わせて語られることが多いが，これらは視線が向けられていることと「注意を向けて見ている」という行動とを，そのまま直結させていたり，「見ている」行動から認知的活動をそのまま推定してしまっていたりする場合があるので，気をつける必要がある。

　また，近年主流となっている瞳孔―角膜反射法による眼球運動測定装置では，注視点の記録と同時に，瞳孔運動すなわち瞳孔径を測定することができる装置もある。瞳孔運動の主な機能は目に入射する光量の調節であり，暗い場所では瞳孔は拡大し，明るい場所では収縮する。さらに Hess（1965）は，瞳孔運動

126

は光量の調節以外にも，興味，感情，思考過程といった情動的な変化を反映していると主張しており，意思決定研究においても瞳孔運動は実験参加者の情動的な変化を知る手掛かりになると考えられる（Wang, 2011）。瞳孔運動は実験室の明るさや刺激呈示用ディスプレイの輝度にも影響を受けることから，瞳孔計測を行う際にはこれらの要因に配慮する必要がある。瞳孔運動に関する基礎的な知見は，松本（1990）を参考にされたい。

2. 眼球運動の種類と基礎的知見 ……………………………………

　本節では，眼球運動の種類やその特徴，眼球運動の基本的な特性に関連する用語，さらに眼球運動測定手法の種類やその特徴について解説を行う。なお，本節については，苧阪・中溝・古賀（1993），福田・渡辺（1996），福田（1995），大野（2002），Findlay & Gilchrist（2003, 本田訳 2006）を参考にした。また，本節に関連したガイドブックとして，Liversedge, Gilchrist, & Everling（Eds.）（2011）や Holmqvist, Nyström, Andersson, Dewhurst, Jarodzka, & Van de Weijer（2011）も参考にされたい。

●眼球運動の種類

　眼は眼球と眼窩に接続された 6 本の眼筋（外直筋，内直筋，上直筋，下直筋，上斜筋，下斜筋）によってあらゆる方向に素早く向きを変えることができる。これらの筋肉を用いて以下に述べるいくつかの種類の眼球運動が形成される。しかし，ここで述べる眼球運動の種類は，数多くある分類の 1 つであり，運動の形態的特性と機能に注目して行われた分析である点に注意する必要がある。
　眼球運動は随意性のものと不随意性のものに大別できる。随意性運動としてはサッケード，追従運動，輻輳開散運動などが挙げられる。通常，眼球運動は両眼同時に起こるとされている。その回転が同じ方向の場合，共同運動といい，反対方向の場合，輻輳開散運動と呼ばれる。共同運動はさらに追従運動とサッケードに分けられる。不随意性の運動としては前庭動眼反射と視運動性眼振，固視微動が挙げられる。以下にそれぞれの運動の特徴と性質について述べていく。

第 5 章　眼球運動測定装置を用いた意思決定過程分析

追従運動（smooth pursuit eye movement）

　なめらかな直線運動を行う点を目で追うとき，視線もその対象をなめらかに追うことができる。この運動を追従運動と呼ぶ。追従運動の最高速度は 30 度 /sec 程度であると言われ，それ以上速い対象を追う場合にはサッケードが生じてしまう。高速移動する物体を目で追う場合，サッケードと追従運動が交互に現れる眼球運動が観察される。この追従運動は意識的に発生させることはできず，動いている視対象を見るときにのみ観察される。

サッケード（跳躍運動：saccade または saccadic eye movement）

　サッケードは 1 つの対象から別の対象に移る，速い自発的な跳躍運動である。上述のように，高速で移動する物体を目で追随するとき，追従運動では機能に限界があり，なめらかに視線を動かそうとしても，実際に眼球運動を記録すると非連続的なサッケードが生じる。私たちはこのサッケードを意識することなく行っている。サッケードは視対象が静止している状態でも生じる。たとえば文章を読んでいる際には，停留と跳躍の運動を繰り返し行っている。サッケードの速度はおおよそ 300-700 度 /sec に達する。

輻輳開散運動（vergence eye movement）

　輻輳開散運動は両眼が反対方向に回転する運動であり，視対象が遠近方向に移動する際に生じる。両眼が交差する際に生じる視線が成す角を輻輳角といい，視対象が遠方から近方へ移動する場合の輻輳角が大きくなる眼球運動を輻輳運動（convergence）といい，近方から遠方へ移動する場合の輻輳角が小さくなる眼球運動を開散運動（divergence）という。

前庭動眼反射（vestibulo-ocular reflex: VOR）

　頭部や身体が動いた際に，内耳の平衡器官からの信号を受け取り，頭部の運動に対して反対の方向に眼球が動く。この反射によって，激しい運動を行っている際でも視野の安定を保つことができる。

視運動性眼振（optokinetic nystagmus: OKN）

縦縞模様の描かれたドラムの中に実験参加者を静止させ，ドラムをゆっくりと回転させると，ドラムの回転方向と反対方向に眼振を繰り返す動きが観察される。この反射は連続的に通過する対象を正確に追跡するために発生していると考えられる。

固視微動（fixation nystagmus）

視線を一点に固定している場合であっても，通常は意識されずに目は不規則な微小運動を行っている。この運動を固視微動と呼ぶ。固視微動はさらにその成分の違いからトレモア（tremor），フリック（flick，またはマイクロサッケード），スロードリフト（slowdorift，またはドリフト）の3つに分けられる。特殊な装置を用いて固視微動を止めた場合，外界の像は徐々に崩壊，消失し，一様な視野になってしまう。これは静止網膜像（stabilized retinal image）と呼ばれる。このことから，固視微動は物体の知覚において重要であると考えられる。

●中心視（foveal vision）と周辺視（peripheral vision）

ヒトの両眼視野は水平方向に200度程度，垂直方向で120度程度であると言われるが，その解像度は視野の中心と周辺で大きく異なっている。網膜中心窩に対応するごく狭い範囲が視力の高い中心視領域であり，視対象を正確に認識するためには網膜中心窩に対象を捉える必要がある。これに対して周辺視では，視力は中心視に劣るが，明るさの変化や運動する物体の知覚において優れていることが知られている。

眼球運動測定装置で記録ができるのは中心視で捉えられる注視点のみであるが，視対象の知覚は周辺視によっても行われていると考えられる。一般的な眼球運動測定装置では，周辺視によって得られた情報は定量的に示すことができない点にも注意しなければならない。

1970年代頃，コンピュータを用いた実験制御の技術が進むと，中心視と周辺視の機能を分析するために，実験参加者の注視点座標をリアルタイムに取得し，その注視位置によってコンピュータ画面上に呈示される刺激を変化させる視線随伴型（gaze-contingent）ウィンドウを用いた実験が行われるようになった。視

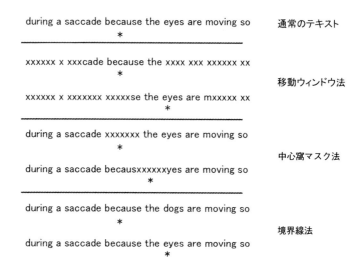

図5-1 移動ウィンドウ法,中心窩マスク法,境界線法を用いた刺激呈示例 (Rayner, 1998 を元に作成) 上から順に通常のテキスト,移動ウィンドウ法,中心窩マスク法,境界法で表示されるテキストの例を示している。アスタリスクは視点の位置を示しており,文字が"xxx"で表示された範囲がマスクされた範囲となる。

線随伴型ウィンドウの例としては,McConkie & Rayner (1975) の移動ウィンドウ (moving window) 法や,中心窩マスク (forveal mask) 法,境界線 (boundary) 法が挙げられる。移動ウィンドウ法は,注視点を中心とした一定の大きさを持つウィンドウ内の情報は普通に見ることができるが,ウィンドウ外にはマスクがかけられる。中心窩マスク法はこれとは反対に,ウィンドウ内の情報にはマスクがかけられ,ウィンドウ外の情報は普通に見ることができる。境界線法は,注視点がある一定の位置を超えるとその内容が変化する(図5-1)。この視線随伴型ウィンドウを用いることによって,特に読みにおける中心視と周辺視の機能が分析された(レビューとして Rayner, 1998)。移動ウィンドウ法を用いた実験では,マスクをかけない通常の状態に比べて読みの速度が低下し,また中心窩マスク法を用いた実験では,読みの速度が低下することに加え,多くの誤りが生じることがわかっている。これらの研究は中心視領域が読みにおいて重要な役割を持つが,周辺視もまた読みの速度や精度に影響を与えることを示し

2. 眼球運動の種類と基礎的知見

ている。この結果から，眼球運動測定装置によって記録されない周辺視の役割についても考慮する必要があるだろう。

●注視（fixation）

眼球運動はサッケード，追従運動，輻輳開散運動など，様々な運動が組み合わさって行われている。眼球運動測定を用いた研究では，注視という単位を用いて分析されることが多い。眼球運動は一点に停留し，そしてサッケードによって別の点に視線を移動し再び停留するという特徴を持つ。サッケードの間は情報を取り込んでおらず，また視線は停留している間も固視微動によって動いているため，視対象から情報を得るためには視線を一定時間以上，狭い範囲に留めておく必要がある。

どのぐらいの長さ，どの程度の範囲を見ているとそこから情報を得られるのかを示す注視の定義は，眼球運動測定を用いた研究では非常に重要である。注視には様々な定義の仕方があるが，主に2つの基準によって定義される。1つ目に，視角範囲を基準としたものである。ある視角の範囲に一定時間以上注視点があった場合に注視と定義される。2つ目に，速度を基準として定義したものである。この場合，注視はサッケードと対比して定義される。これらの注視点の定義の仕方は，視対象が静止している場合において利用することが可能なものであり，視対象が動いている場合においてはその動きに合わせた注視の定義を用いる必要がある点に注意したい（参考として福田・佐久間・中村・福田，1996; 丹野・神谷・坂上，2008）。

●眼球運動測定装置の種類と仕組み

装置を用いた眼球運動測定は19世紀末から行われるようになり，その後様々な試行錯誤を経て測定の技術は大幅に進歩した。本節では，そのうち代表的なものを取り上げて紹介する。

サーチコイル法

コイルを巻いた強膜コンタクトレンズを黒目と白目の間に装着し，一様な磁界を生じさせた中で測定を行うことによって眼球運動に伴う電流を増幅し計測

する方法である。高い精度で測定が可能である一方，実験参加者への負担が大きいという難点がある。

Electro-Oculo Graphy（EOG）法

　眼球の角膜側は正の電位を，網膜側は負の電位を持っている。眼球の回転によって生じる表面電位を目の皮膚上に取りつけた電極によって検出する方法である。比較的安価に実装可能であるが，ノイズに弱い。

瞳孔—角膜反射法

　微弱な近赤外線を眼球に当て，その角膜表面の反射率の違いから視線の位置を特定する方法である。測定の際にはキャリブレーションを行い，キャリブレーションによって得られた座標からの変化割合を元に，注視点座標の計測を行う。近年は頭部の運動による眼球のずれを追従する機能を持っているものもあり，頭部を固定せずに眼球運動測定を行うことができる装置が開発されている。

3. 行動分析学における選択行動と眼球運動の研究 ……………………

◉オペラント行動としての眼球運動の研究

　Schroeder と Holland は眼球運動をオペラント行動として捉え，行動分析学で得られている一般的な知見と適合するかどうかについて，監視（vigilance）課題を用いた一連の実験を通して検討を行った。いずれの実験でも矩形状に配置された4つのメーターが取りつけられた実験装置が用いられた。メーターの針はコンピュータによってそれぞれ様々なタイミングで振れ，実験参加者はその針の振れを検出した際にボタン押し反応を行い，針の振れを戻すとポイントが加算された。なお，この一連の実験では，メーターのある領域に視線が入ることを反応と定義し，同じ領域に視線が停留している場合は1つの反応と見なされた。

　まず Schroeder & Holland（1968a）では監視場面における信号の呈示頻度と眼球運動の関係について検討を行った。実験では，40分間のセッションが6回行われ，セッションごとにメーターの針が振れる頻度が異なった。針が振れる

3. 行動分析学における選択行動と眼球運動の研究

頻度は 1 分間あたり 10, 1, 0.1 回のいずれかであり，各頻度が 2 回ずつランダムな順序で実施された。実験参加者は，針の振れから 2.5 秒以内にボタンを押すとポイントが得られた。実験の結果，信号の呈示頻度の減少に伴い，眼球運動の反応率も低下した。さらに反応率はセッション内においても時間経過とともに減少した。また，眼球運動の反応率は個人差が大きいことを示しており，信号の呈示頻度と反応率の関係を見る上では，データを個人ごとに解析する必要があることを述べている。

Schroeder & Holland (1968b) では Schroeder & Holland (1968a) に加え，強化スケジュール[4]に基づくオペラント条件づけという側面から眼球運動について検討している。この実験では，監視作業における実験参加者の眼球運動をオペラント行動とし，メーターの針が低反応率分化（DRL）強化スケジュールと固定比率（FR）強化スケジュール，固定時隔（FI）強化スケジュールによって制御されている条件に実験参加者は曝された。その結果，領域間を移動する眼球運動は，各強化スケジュールの下で，すでに分かっている当該スケジュールが生み出す特有な行動パターンの特徴を示し，これらの反応が強化スケジュールによって制御されることが示された。

さらに Schroeder & Holland (1969) は Schroeder & Holland (1968a) と同様の装置を用いて，並立スケジュール[5]の下での選択肢への眼球運動の配分に，

---

4) 強化スケジュールとは，オペラント条件づけの実験手続きで用いられる，どのような条件の下で強化子が与えられるかについて記述した規則である（Mazur, 2006, 磯・坂上・川合訳，2008）。

固定比率（FR）強化スケジュール：n 回の反応ごとに強化子が与えられる。

変動比率（VR）強化スケジュール：平均して n 回の反応ごとに強化子を得ることができるが，要求される反応数は毎回ランダムに変化する。

固定時隔（FI）強化スケジュール：一定の時間が経過した後の最初の反応が強化される。

変動時隔（VI）強化スケジュール：強化子が利用可能になるまで一定の時間が経過していなければならず，利用可能になった状態で最初の反応が行われたときに強化子が与えられる。

低反応率分化（DRL）強化スケジュール：先の反応から一定時間過ぎた後の反応だけが強化される。

5) 並立スケジュール（concurrent schedule）：2 つ以上の反応の選択肢が呈示され，それぞれが独立した強化スケジュールと結びついている。

第5章　眼球運動測定装置を用いた意思決定過程分析

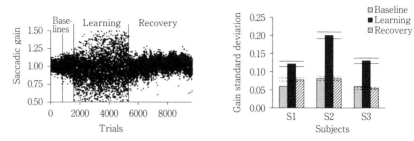

図 5-2　Paeye & Madelain（2011）の実験におけるサッケードの大きさの変化
左：1人の実験参加者の各セッションにおけるサッケードの大きさの変化。右：実験参加者ごとの各セッションにおけるサッケードの大きさの標準偏差

マッチング法則が見出されるかの検討を行った。マッチング法則とは，選択肢間の強化子数の比（もしくは全体の強化子数に占める一方の選択肢での強化子数の割合，相対強化率）に，反応数の比（もしくは全体の反応数に占める一方の選択肢での反応数の割合，相対反応率）がマッチングする（一致する）ことを言う（マッチング法則に関する説明は第2章を参照）。左右の針はそれぞれ独立した変動時隔（VI）強化スケジュールによって振れるようにプログラムされており，そのスケジュールは並立スケジュールによって制御されていた。こうして針の傾きの検出を強化子とし，実験参加者がこれらのメーターに視線を向ける行動をオペラント反応として，注視行動への強化子の配分の効果が調べられた。この実験の結果，視線を向けるというオペラント行動が並立VIスケジュール条件下においてマッチング法則に従うことを示した。また，これらのSchroederとHollandの一連の研究はいずれも眼球運動がオペラント行動としての特徴を有していることを支持するものであり，様々な強化スケジュールにおいて制御されうるものであることを示唆している。

　眼球運動の条件づけに関する近年の研究としては，Paeye & Madelain（2011）の実験が挙げられる。彼らは生起頻度が低い大きさのサッケードを音声強化子によって強化した。実験の手続きは，ベースラインセッション，学習セッション，回復セッションに分けられ，セッション内でサッケードの大きさの変化を観察した。その結果，ベースラインセッションにおいて生起頻度が低かった大きさのサッケードを学習セッションで増加させることができ，サッケードの大

きさの分散が大きくなった。また，回復セッションではベースラインセッションでの元の大きさに戻った。この結果から，サッケードの大きさもオペラント行動として制御が可能であることが示された。

●サッケードの定位に影響を与える3つの要因

先に述べた通り，静止した対象を見る場合の眼球運動は，主に注視とサッケードの繰り返しによって構成される。そこで問題とされるのは，サッケードの定位の時間特性と空間特性である。すなわち，注視とサッケードの間の移行が「いつ」行われるのか，そしてサッケード後の注視が「どこに」落ち着くのか，の2点である。サッケードの定位の速さや正確さに関する研究は，主にサッケードの対象になるターゲットと，1つもしくは複数のディストラクタを同時に呈示する手続きにおいて検討が行われてきた。Carpenter & Williams（1995）は定位課題におけるサッケード潜時の分布について，LATER（linear accumulation to threshold with ergodic rate）モデルを用いて説明した。このモデルでは，サッケードはその対象に対する感覚的入力が統合され，サッケード生起の閾値に向けて徐々に上昇していくことを仮定し，閾値に達した場合にサッケードが発生するという説明モデルである。さらにその上昇率はガウス分布に従ってランダムに変化する（図5-3）。

Ludwig（2011, p. 425）はこのサッケード発生はサッケード意思決定（saccadic decision-making）の結果であるとし，サッケードの定位に影響を与える要因として，感覚的兆候，先行確率，報酬の3つを挙げている。この3つの要因について，以下に説明を行う。

感覚的兆候（sensory evidence）

サッケードの潜時や正確さは，たとえば次のサッケードの対象となるターゲットの明るさやコントラストによって変化することがわかっている。Ludwig, Gilchrist, & McSorley（2004）は，画面上の左右いずれか一方に呈示されるガボールパッチをターゲットとし，サッケードを求める単純な視覚誘導課題を行った。ガボールパッチとは，正弦波と二次元ガウス関数をかけ合わせた輝度分布を持つ刺激である。その結果，サッケードの潜時はターゲットの明るさのコ

第5章　眼球運動測定装置を用いた意思決定過程分析

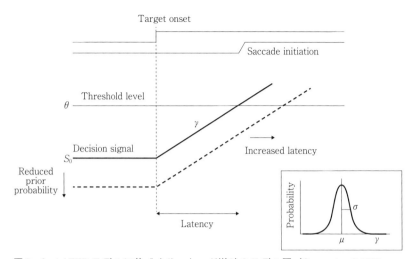

図5-3　LATER モデルに基づくサッケード潜時のモデル図（Carpenter & Williams, 1995）　刺激の感覚的な入力に伴って，サッケード生起の閾値に向かって徐々に統合されていく。この入力がある閾値に達した時点でサッケードが発生する。先行確率の低下はこの統合の開始点がサッケード生起の閾値から離れることを意味し，その結果として反応潜時が長くなる。

ントラストの増加に伴って短くなり，空間周波数の増加に伴って長くなることを示した。

先行確率 (prior probability)

　サッケードの潜時はターゲットが現れる位置の確率を変化させることによっても変化する。たとえば Carpenter (2004) は注視点の左右どちらかにサッケードのターゲットが呈示される単純な課題において，ターゲットの出現する割合を操作して繰り返しサッケードの潜時の測定を行った。その結果，ターゲットが出現する確率の対数とサッケードの潜時が高い負の相関を示した。この結果から，先行確率がサッケードの潜時に影響を与えていると考えられる。

　また，この先行確率に影響を与える別の要因としては，ターゲットとなる選択肢の数が挙げられる。Lee, Keller & Heinen (2005) の実験では，それぞれ異なる色のついたターゲットを円周上に呈示し，マスキングをした後に画面中

央に一色の刺激を呈示し，同じ色であったターゲットにサッケードを行う課題を行った。その際，ターゲットの数を1，2，4，8と変化させ，反応潜時を比較した。その結果，ターゲット数の増加に伴って，反応潜時が長くなることを示した。さらにその反応潜時の分布はLATERモデルと適合した。

報酬 (reward)

報酬量（強化量）の大きさによるサッケードの潜時や速度への影響はサルを被験体とした実験によって検討されている。典型的な実験パラダイムとしては，2つの位置のうち，どちらか一方にサッケードのターゲットがランダムに現れ，サッケードを求める課題である。このとき一方の位置のみ，強化子を随伴させる。その結果，強化子を受ける位置に呈示されたターゲットに対するサッケードは，強化子を受けない位置に呈示されるターゲットに対するサッケードよりも，反応潜時が短く（Ikeda & Hikosaka, 2003; Lauwereyns, Watanabe, Coe, & Hikosaka. 2002; Watanabe, Lauwereyns, & Hikosaka, 2003），そして最高速度が速くなることが示されている（Takikawa, Kawagoe, Itoh, Nakahara, & Hikosaka, 2003）。また，ヒトを対象とした先述のSchroederとHollandの一連の実験においては，サッケードという厳密な定義は用いていないが，眼球運動が様々な強化スケジュールによって制御されることや，マッチング法則に従うこともまた，強化量の効果であると言えるだろう。

ここに上げた，感覚的証拠，先行確率，報酬の3つの要因のうち，先行確率はサッケードの手掛かり，すなわち弁別刺激に基づく学習であると考えられ，眼球運動のオペラント行動としての性質を反映したものであると考えられる。感覚的証拠と報酬の効果もまた，眼球運動のレスポンデント行動やオペラント行動としての性質を反映したものであると考えることができる。このことから，サッケードの定位は条件づけによって学習されることを示している。このことは，これまでの行動分析学の実験で用いられた手続きや得られた知見が，眼球運動測定を用いた意思決定過程の分析においても導入が可能であることを示しており，意思決定過程を理解する上で行動分析学の手続きを用いるという試みは意義があると言えよう。

4. 意思決定研究における眼球運動の研究 ……………………………………

　意思決定研究において眼球運動測定を用いる利点は，情報探索の経路や選択
肢間の比較パターンを知ることができる点にある。意思決定研究における眼球
運動データの利用は，近年の機材の計測技術の発展に伴って増加しており，様々
な研究機関や企業での研究でも取り入れられている。2016年には意思決定の専
門誌である *Journal of Behavioral Decision Making* において眼球運動の特集号
が組まれるなど，その注目の高さが伺える。

　眼球運動測定を用いた意思決定研究の基礎にあたるのがRusso & Rosen(1975)
によって行われたものである。彼らは6台の中古車の中から1台を選択すると
いう課題を行い，その際の実験参加者の眼球運動を記録し，分析を行った。各
選択肢はそれぞれメーカー，年式，走行距離の3つの属性によって呈示された。
それぞれの試行は実験参加者のボタン押しによって開始され，最適ではない選
択肢を見つけた場合にその選択肢を注視しながらボタン押しを行うことによっ
て，その選択肢を取り除くことが求められた。決定に至るまでの実験参加者の
眼球運動を記録し，各選択肢に対して注視点の移行パターンを分析した。その
結果，全注視回数が3回以上のもののうち，全体の73％は，選択肢が6つある
場面においても選択肢A→選択肢B→選択肢A→……という2選択肢間の比較
によって構成されていることを示した。

　さらにRusso & Dosher (1983) は，多属性を持つ2選択肢間での意思決定
において，眼球運動データを用いることによって選択肢内を見る方略と選択肢
間を見る方略がどのように用いられているかを分析した。この実験では，確率
p で $X が貰えるというくじを用いたギャンブル課題が与えられ，実験参加者
は当選確率と当選額がそれぞれ異なる2種類のくじを呈示され，どちらのくじ
を選択するか，回答することが求められた。この課題では，各選択肢の期待値
を計算するために選択肢内の確率と獲得金額の項目間での注視の移行が多くな
ることが予測された。しかし結果は実験参加者によって注視点の移行パターン
は異なっており，おおよそ半数の実験参加者は予測通り選択肢内の確率と獲得
金額の項目間での注視行動の移動がより多かったが，残りの半数は選択肢間の

注視の移行がより多いパターンが観察された。

Russo & Leclerc（1994）は，さらに，より身近な意思決定場面としてスーパーマーケットでの購買行動を想定し，実験室内に4段の棚からなるコンテナを配置し，実際の商品を用いて意思決定過程における眼球運動の分析を行った。実験で用いた商品のカテゴリーはりんごソース，ケチャップ，ピーナッツバターの3つであり，3つのカテゴリーの商品がそれぞれの商品棚に4×4の配列で16商品ずつ呈示された。各カテゴリーはそれぞれ5つまたは6つのブランドからなり，内容量も異なった。また，商品の実際の価格がコンテナ上に呈示された。その結果，意思決定過程において，(1)定位（orientation），(2)評価（evaluation），(3)確認（verification）という3つの段階に分けられると主張した。定位段階では商品配列を見渡し，この時点でいくつかの選択肢をすでにふるいにかけている。評価段階は最も長く，2つか3つの製品を直接比較する。確認段階では，暫定的に選択したブランドの確認を行う。意思決定過程における眼球運動の特徴は商品のカテゴリーによって異なり，購入頻度が高い製品カテゴリーの選択においては，選択にかかる時間が短く，注視する選択肢の数も少なくなる傾向が見られた。しかしこの傾向は評価段階に限定された。

意思決定研究では，最終的な選択に至るまでの情報の取得，比較，選択肢の絞り込みのプロセスが関心を持たれ，研究されてきた。多肢多属性の意思決定における意思決定ルールは，意思決定方略（decision-making strategy）と呼ばれている（Payne et al., 1988, 1993; Takemura, 2014）。意思決定方略に関する初期の研究は，実験参加者の発話データに基づく分析や，各属性の情報を開閉式のパネル操作によって呈示する実験手続き，計算機シミュレーションなどによって検討されてきた（意思決定方略に関する解説は第6章を参照）。意思決定研究に眼球運動測定が導入されたことにより，より自然な環境で実験参加者の情報取得パターンを記録し，分析することが可能となった。たとえば，Morii, Ideno, Takemura, & Okada（2017）は5選択肢×5属性のオーディオプレーヤーの意思決定場面における，眼球運動パターンの分析を行った。実験では，ディスプレイの横方向に選択肢，縦方向に属性を並べた表が呈示され，実験参加者は最も購入したいと思う選択肢をボタン押しによって選択することが求められた。実験の結果，試行の前半は特定の属性に基づいた横方向の注視のシフトが縦方

向のシフトよりも多く，試行の後半では縦方向と横方向のシフトの数は同程度であった。この結果は，実験参加者が多段階の意思決定方略を用いていることを裏付けるものであった。

◉意思決定と視線の偏り：ゲーズカスケード効果にまつわる問題

　選好は，心理学辞典による定義の１つとして，「複数の対象のうち，ある対象を他の対象よりもより良いと評価すること」と記載されている（中島他編，1999）。選好を扱った研究では，リッカート法などを用いて選好について評定をつけることを求めたり，複数の選択肢を呈示して選択を行わせ，選択された方に選好があると見なしたりする方法が取られる。近年では，言語等によって報告されうる顕在的な選好の他に，自覚することのできない潜在的な選好の存在を仮定し，この潜在的な選好もまた，我々の行動に影響を与えうるものとして考えられている。このような潜在的な選好の測定として，潜在連合テスト（implicit association test（IAT）: Greenwald, McGhee, & Schwartz, 1998）等を用いて，選別課題における反応潜時をベースに刺激同士の連合の強度を測定し，それを選好として定義する場合もある。本章では，上記のうちリッカート法や選択課題によって測定されるものを選好として定義する。なお一般的に，選好は行動の原因として想定されることが多い。しかしこのように測定される選好は，評定や選択など，様々な行動を元に推定されたものにすぎない。また，測定を行う環境によって容易に変化しうるものであり，行動の原因を説明する上では極めて不明瞭なものである点に注意したい。

　以前から「見る」という行動と選好は深く結びつけて考えられてきた。Fantz（1963）は言葉を持たない乳幼児を対象として，どのような対象に興味を持っているかを明らかにするために注視行動の分析を用いた。この方法は選好注視法（preferential looking method）と呼ばれる。たとえば，生後４日から６カ月までの乳幼児に対して刺激として様々な図形パターンを呈示したところ，単純な図形よりも複雑な図形や人の顔に似せた図形に対してより注視時間が長くなることが示された（Fantz, 1961）。また，同じ刺激を繰り返し呈示した場合，その刺激に対する注視時間は減少し，逆に目新しい新奇性の高い刺激に対する注視時間が長くなることも示された（Fantz, 1964）。これらの結果は，乳幼児の視覚機

能の特徴を示したものであり，視覚機能の発達過程を知る手法の1つとして選好注視法は利用されてきた。しかし見るという行動とその対象を好んでいることを結びつけることの根拠は不十分であり，注視行動から選好を判断する上では限界がある。

　その一方で「見る」という行動そのものが，選好に影響を与える可能性が指摘されている。その例として，単純接触効果（mere exposure effect: Zajonc, 1968）が挙げられる。単純接触効果とは，ある対象に対して反復して接触することによって，その対象に対する選好が増す現象である。無意味図形や無意味綴りのような視覚刺激を繰り返し呈示すると，その反復の度合いにおおよそ比例して好意度が上昇することがわかっている。したがって，対象を見ることによって好きになることと，好きな対象を見るという行動の双方向性が存在していると考えることができる。

　この，好きな対象を見るという行動と，見ることによって好きになるということの間の相互関係について，選好判断課題を用いて検討を行ったのがShimojo, Simion, Shimojo, & Scheier（2003）である。Shimojo et al. (2003) の実験では，画面上に2つの顔が次々に呈示され，実験参加者はどちらの顔がより好きかをボタン押しによって選択することが求められた（好き判断課題）。比較条件として，より嫌いな顔を判断する課題（嫌い判断課題），より丸い顔を選択する課題（輪郭判別課題）を行った。それぞれの課題における眼球運動を記録し，課題ごとに選択される刺激に視線が向けられている確率の平均値を視線尤度（gaze likelihood）として算出し，意思決定のボタン押し行動に先立つ視線尤度の変化を分析した。その結果，好き判断課題においてボタン押し行動のおおよそ1.5秒前から，選択する対象に対する視線尤度が徐々に高くなることを示した。しかし嫌い判断課題と輪郭判別課題では，ボタン押しに先立つ視線尤度の大きな上昇は見られなかった。また，この傾向は魅力度が近い顔刺激同士を呈示した，より判断が難しい条件において特に強くなり，顔ではなく抽象図形を刺激に用いた課題においても同様の傾向が見られることを示した。彼らはさらに，周辺視野にマスクをかけた移動ウィンドウ法を用いても，同様の視線の偏りが見られることを示している（Simon & Shimojo, 2006）。

　これらの結果から，見るという行動は選好形成に関与しており，好きだから

第5章　眼球運動測定装置を用いた意思決定過程分析

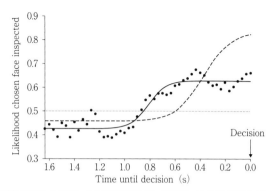

図5-4　好き判断課題（点線）と輪郭判断課題（実線）の視線尤度の違い（Shimojo et al., 2003）　ボタン押し行動の1.6秒前からの視線尤度の変化を表している。好き判断課題に比べて輪郭判断課題の視線尤度の上昇が小さいことがわかる。

見るという行動と，見ることによって好きになるという双方向の相乗効果によって，最終的な意思決定が行われていると主張し，この現象をゲーズカスケード効果（gaze cascade effect）と名づけた。

Schotter, Berry, McKenzie, & Rayner（2010）はこのゲーズカスケード効果をさらに検討するために風景や動物のカラー写真と白黒写真を呈示して，2選択肢間で「好き」「嫌い」「新しい」「古い」の判断を行う課題を行った。その結果，「嫌い」の判断を行う課題以外において，選択された対象と選択されなかった対象の最初の注視時間に有意差が見られることがわかった。また，刺激写真がカラーであるか白黒であるかという要因は，「新しい」と「古い」の判断課題において視線の偏りに影響を与えることを示した。

Glaholt & Reingold（2009a, 2009b）はこのゲーズカスケード効果についてさらに，2選択肢場面と8選択肢場面を比較し，検討を行った。この実験で用いられた刺激は肖像画や風景，建造物等の白黒写真であり，実験参加者は選好判断課題の他に，どの作品が最も新しいものであるかを判断する新規性判断課題を行うことが求められた。2選択肢場面では刺激を左右に呈示し，8選択肢場面では画面上に縦横3×3に区切られたスペースの中で，中央以外の8つのマスにそれぞれ刺激が呈示された。その結果，8選択肢場面では2選択肢場面に比べて，視線尤度の上昇が早く，またボタン押し直前での視線尤度は50％前

後に留まっており，視線の偏りがより小さくなった。また，選好判断課題と新規性判断課題の視覚探索パターンが類似していたことから，ゲーズカスケード効果は選好判断課題において特有なものではなく，視覚的意思決定課題において一般的に起こりうる現象である可能性を指摘している。

それ以降も同様の手続きを用いた実験において，「好き」を判断する選好判断課題以外においても，同様の視線尤度の上昇が見られることが報告されている（Nittono & Wada, 2009; Schotter et al., 2010; Glaholt & Reingold, 2011; Mitsuda & Glaholt, 2014; Morii & Sakagami, 2015）。

このように Shimojo et al.（2003）によって提唱されたゲーズカスケード効果により想定される意思決定前の視線の偏りは，選好判断課題のみに見られる特有の現象ではなく，あらゆる選択課題で見られる一般的な現象であり，視線尤度の上昇パターンの違いは，課題の性質や選択肢として用いた刺激の特異性によって異なる意思決定過程を反映したものにすぎないという主張も存在している。

●眼球運動データを用いた意思決定の数理モデル

意思決定過程と眼球運動の関係について，ゲーズカスケード効果とは異なる視点から検討を行ったのが Krajbich, Armel, & Rangel（2010）の研究である。彼らは選好判断に関する意思決定過程と眼球運動の関係の中に選択肢の相対的な決定価値（relative decision value: RDV）という概念を導入し，一対比較での選択場面において以下のような数理モデルを作成した。

$$V_t = V_{t-1} + d(r_{right} - \theta \cdot r_{left}) + \varepsilon_t$$

これは右側の選択肢を注視している際の RDV の変化を示すものであり，左側の選択肢が注視されている場合は r の箇所が左右逆になる。この式では，V_t は相対的な決定価値，d は統合の速さを表す定数（ms^{-1}），r は評点づけフェーズでつけられた2つの選択肢の価値，θ は0から1の間で変動する対象に対する注視の偏りを反映している。ε_t は正規分布に従ったノイズを表す。この RDV が+1に達したときは左側の選択肢が選択され，-1に達した場合は右側の選択肢が選択されることを意味している。このモデルに従うと，視線が向け

第 5 章 眼球運動測定装置を用いた意思決定過程分析

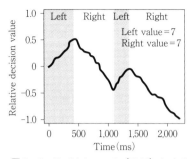 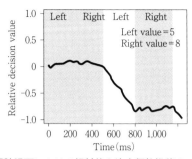

図 5-5 Krajbich et al. (2010) による 2 選択肢場面における相対的な決定価値推移の
シミュレーションの例（$d=0.005$, $\sigma=0.05$, $d=0.6$ の場合）　左：左側の選
択肢と右側の選択肢の価値がともに 7 の場合。右：左側の選択肢の価値が 8，
右側の選択肢の価値が 5 の場合。左側の選択肢を見ている間は RDV は正の方
向に，右側の選択肢を見ている間は負の方向にそれぞれ変化する。

られている対象はその時間に応じて決定価値が上昇していくが，その上昇の度
合いは 2 つの選択肢の価値の差に依存することを示している。また，2 つの選
択肢の価値の差が小さいほど決定までに時間がかかり，価値の差が大きいほど
決定にかかる時間が短くなる。彼らは，スナック菓子を対象とした一対比較の
意思決定場面において眼球運動測定を用いた実験を行い，モデルが当てはまる
ことを確認した。さらに Krajbicha & Rangel (2011) はこのモデルを 3 選択肢
間の選択課題に拡張し，2 選択肢間の選択課題と同じモデルを適用できること
を示している。このモデルでは，単に一方の選択肢を見ているだけではその選
択肢を選択することを示さない。その選択肢間の相対的な決定価値と眼球運動
の相互作用によって最終的な意思決定が行われると捉えた点がゲーズカスケー
ド効果による説明とは異なる。

5. 選択や判断に関わる眼球運動についての研究

本節では 2011 年から 2013 年にわたる早稲田大学竹村研究室との選択や判断
に関わる眼球運動の共同研究で得られた結果を紹介する（Morii, Omori, Yama-
moto, & Sakagami, 2012; Sakagami, 2012）。

5. 選択や判断に関わる眼球運動についての研究

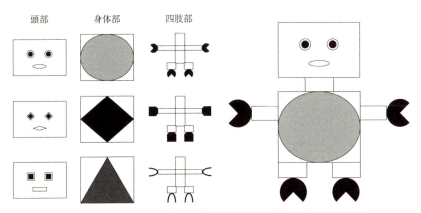

図5-6 実験で用いたロボットの構成部位（左）と実際の刺激例（右）

●選好判断課題と推論課題における眼球運動の違い

　先に紹介したようにShimojo et al.（2003）は，2選択肢間の選好判断において，その判断のボタン押し反応の約1.5秒前から選択した対象に対する視線尤度が徐々に高くなる結果を得ている。しかしこの現象はGlaholt & Reingold（2009a, 2009b）やSchotter et al.（2010）の実験結果からわかるように，単に課題の特性によって生じた可能性がある。本研究では，顔のような複雑な刺激の代わりに，3つの基本的な構成部分（パーツ）からなるロボットを刺激として用い，選好判断課題と推論課題における眼球運動の分析を行った。本実験は企画と分析を慶應義塾大学が，実験の実施を早稲田大学（大久保重孝，井出野尚，玉利祐樹，竹村和久）が担当した。

　実験参加者は13名の大学生（男性6名，女性7名）で，実験装置としてはSR-Research社のEyeLink 1000 Desktop Remoteと呼ばれるサンプリングレートが500Hzの眼球運動追跡装置が用いられた。呈示刺激には，頭部，身体部，四肢部の3つのパーツから構成されるロボットの画像を用いた。そのうち1つのパーツのみが異なるロボット同士でペアを作り，合計27ペアを1つの刺激セットとした。この1ペアのロボット対は実験参加者から70cm離れた17インチディスプレイに呈示され，視角は約23.4°であった。

　実験では同一実験参加者に対して選好判断課題（P課題）と推論課題（I課題）

の2つの課題を行った。Ｐ課題では，コンピュータディスプレイ上の左右に呈示されたロボット対のうち，どちらがより好きかをボタン押しによって判断することが求められた。Ｉ課題では，どちらのロボットがスロバキア製であるかをボタン押しによって判断することが求められた。各課題は27試行からなり，Ｐ課題とＩ課題の実施順序は実験参加者間でカウンターバランスを取った。

注視点を1秒間呈示した後にロボット対が呈示され，判断のボタン押しがなされるまで刺激が呈示された。ボタン押し後，試行間間隔として空白画面を1秒間呈示し，次の試行が開始された。実験参加者のうち3名はすべて同じ側のロボットを選んでいたり，眼球運動が安定して記録できなかったりしたために，これ以降の分析からは除外され，10名分のデータについて検討が加えられた。Shimojo et al.（2003）らの結果に基づくと，Ｐ課題では，ボタン押し行動によって選択された選択肢への視線の偏りが大きくなることが見られる一方で，Ｉ課題ではそのような偏りが生じないことが予測された。

各試行について全注視時間のうちボタン押し行動で選択された側を注視した割合（注視割合）を求め，その分布を図5-7に示した。その結果，分析対象となった10名によるＰとＩの2つの課題について，20課題中18課題で注視割合が50％を越えた側の選択肢を，実験参加者は最終的に選択していた。50％を越えたとはいうものの，18課題中11課題では50％から60％の間にあり，注視割合からの最終選択を予測することは難しいことがわかる。またこうした結果を示さなかった2課題は，いずれもＩ課題であったが，それでも50％を大きく下回るということはなかった。また，実験参加者内で2つの課題間での注視割合を比較してみると，どちらの課題で注視割合が高いかは実験参加者によって異なっており，一定した関係は観察されなかった。

次に，ボタン押し反応に先立つ時系列での視線の推移をみた。Shimojo et al.（2003）の視線尤度の分析にならい，最終的な選択の時点から1秒間遡り，その間の視線尤度の変化について，実験参加者ごとにＰ課題とＩ課題に分けて分析を行った。その結果，ボタン押しの瞬間に向かって徐々に視線尤度が高くなる傾向は見られたが，各課題で共通する特徴を見出すことはできなかった。

いずれの課題においても注視点はロボットの頭部に集中していた。注視点の推移は刺激間の移動を表す左右方向への移動がほとんどであり，刺激内での上

5. 選択や判断に関わる眼球運動についての研究

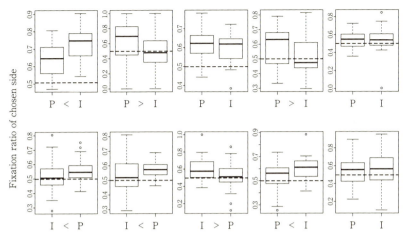

図 5-7 実験参加者ごとの各条件における選択した側の選択肢に対する注視割合　長方形の下側の辺は第 1 四分位，上側の辺は第 3 四分位を表す。長方形内に引かれた線は中央値を表す。水平の点線は無差別点 (0.5) を示している。

下の視線の推移，特に 3 つのパーツ間での垂直方向の移動はほとんど観察されなかった。

P 課題と I 課題の間に差が見られなかったこと，また各課題で実験参加者間に共通したボタン押しの前の視線の特徴的な偏りを観察できなかったことから，いわゆるゲーズカスケード効果の一般性を見出すことはできなかった。これらの結果は，視線尤度の上昇が選好判断課題に特有の現象ではなく，選択課題における一般的な現象であるという前節の主張を支持するものであると言える。

●Implicit Relational Assessment Procedure における眼球運動測定

近年，応用行動分析の分野を中心に，言語による報告や質問紙等を用いずに選好を測定する手続きとして implicit relational assessment procedure（以下 IRAP; Barnes-Holmes & Barnes-Holmes, 2006）という手続きが用いられている。IRAP は，刺激間の潜在的な関係の強さを，反応潜時によってミリ秒単位で測定する方法である。IRAP の手続きでは，刺激の属性を表す単語刺激（属性項），標的刺激（対立項）がコンピュータ画面上に呈示され，実験参加者はそれらの

第5章 眼球運動測定装置を用いた意思決定過程分析

刺激に対する判断（判断項）を選択する。選択反応を行う際に，社会的に妥当な判断であると考えられる一致条件と，その反対の不一致条件をともに同一の実験参加者内で実施する。たとえば，属性項で「快」「不快」，対立項で「愛情」「憎悪」，判断項で「賛成」「反対」という項目があるとき，一致条件では「快－愛情」または「不快－憎悪」が呈示されているときには「賛成」を，「快－憎悪」または「不快－愛情」が呈示されているときには「反対」を選択することが求められる。不一致条件では，この関係が逆転し，反対の反応を求められる。IRAPでは，個人内での対象とその判断についての連合の強度に差があるほど，一致条件と不一致条件の間の反応潜時の差分が大きくなると考えており，その差分を算出することで，刺激同士の連合の強度を測定し，その刺激への選好を推定することが可能であるとされている。

　これまでのIRAPを用いた研究では，快－不快単語（Barnes-Holmes, Hayden, Barnes-Holmes, & Stewart, 2008），黒人や白人などの人種（Barnes-Holmes, Murphy, Barnes-Holmes, & Stewart, 2010），嗜好品（Barnes-Holmes, Murtagh, Barnes-Holmes, & Stewart, 2011）など，様々な単語や画像を対立項として使用して検討を行ってきた。その結果，多くの実験において一致条件よりも不一致条件の反応潜時が長いことが示されている。この一致条件と不一致条件の反応潜時の差はIRAP効果（IRAP effect）と呼ばれる。本研究では，IRAPによる刺激間の連合強度の測定と眼球運動測定をあわせて行った。一致条件よりも不一致条件において反応潜時が長くなるのであれば，眼球運動データにおいても，不一致条件において一致条件よりも特定の領域に対する注視時間や注視回数が多くなることが予測された。

　本研究では，10名の大学生（男性2名，女性8名）を実験参加者とし，約60cm離れた27インチディスプレイ上に属性項としての「好き」と「嫌い」の単語刺激，対立項としての「花」および「虫」のカテゴリーについて複数の画像刺激を，判断項としての「賛成」および「反対」の単語刺激を呈示し，IRAPの手続きを用いて，画像刺激に対する選好の評価を行った。呈示された画面の一例を図5-8に示した。32試行を1ブロックとし，実験参加者は一致条件のブロックと不一致条件のブロックを交互に行った。練習試行では両ブロックにおいて，反応潜時の中央値が3秒以内であること，正答率が80%以上であること

148

5. 選択や判断に関わる眼球運動についての研究

図5-8　実験で用いた刺激呈示画面のイメージ　この場合,「好き」と「花画像」に対して,一致条件では右キー,不一致条件では左キーに反応することが求められた。

を達成基準とし,基準を達成できなかった場合は再度練習試行を繰り返した。基準に達した場合にテスト試行に移行し,各条件についてそれぞれ3回のテストブロックのデータが解析に用いられた。テストブロック中の実験参加者の眼球運動は,Tobii Technology 社製の眼球運動測定装置 Tobii120 によって測定された。IRAP の手続きによって得られた反応潜時のデータから,実験参加者が持つ刺激に対する選好について分析を行い,さらに刺激に対する注視時間,視線の停留回数といった眼球運動データと組み合わせて,相互関係の分析を行った。

　刺激要因(花・虫)とブロック要因(一致条件・不一致条件)の2要因2水準の分散分析を行った結果,反応潜時において刺激要因の有意な主効果 ($F(1, 9)$ = 12.96, $p < .01$),ブロック要因の有意な主効果 ($F(1, 9) = 7.27, p < .05$) および有意な交互作用が見られた ($F(1, 9) = 6.83, p < .05$)。一致条件の花画像に対する反応潜時が他の条件に比べ反応潜時が短かった。一方,虫画像については2条件間で反応潜時の有意差は見られなかった。この結果から,花画像に対しては IRAP 効果が見られたが,虫画像に対しては IRAP 効果が見られなかった。

　一方,眼球運動データについては,合計注視時間では刺激とブロックの2要因について,主効果は見られなかったが,交互作用は見られた ($F(1, 9) = 5.84$, $p < .05$)。合計注視回数についてはブロック要因の主効果および2要因の交互作用が見られた (主効果 $F(1, 9) = 5.59, p < .05$; 交互作用 $F(1, 9) = 9.35, p < .01$)。また刺激呈示から判断を行うまでの二次元座標上における視線の移動量を総視線軌

第5章　眼球運動測定装置を用いた意思決定過程分析

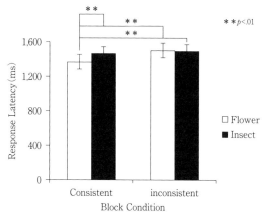

図5-9　各ブロック，条件における反応潜時の平均値

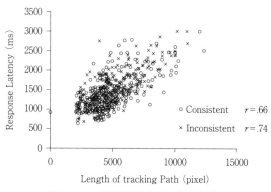

図5-10　総視線軌跡の長さと反応潜時

跡の長さと定義し算出したが，いずれの要因についても主効果も交互作用も見られなかった。

　さらに，IRAP効果が見られた花刺激について，一致条件と不一致条件の間で刺激呈示画面における注視エリアの分布の違いについて分析を行った。その結果，属性項と対立項に対する注視回数は2つの条件間で差がないことがわかった。それに対して「賛成」，「反対」と表示された判断項については，一致条件よりも不一致条件において注視回数が多くなる傾向があることがわかった。

この結果から，2つの条件間の反応潜時の差は判断項に対する注視回数の違いによって生じた可能性があると考えることができる。

　また試行ごと眼球運動のデータをみると，総視線軌跡の長さと反応潜時の間には正の相関がみられた（一致条件：$r = .66$, 不一致条件：$r = .74$）。また注視回数と反応潜時の間にも正の相関が見られた（一致条件：$r = .61$, 不一致条件：$r = .59$）。この結果から，不一致条件において反応潜時が長くなる要因として，視線軌跡が長くなっていることが考えられる。

　今回の実験においては，虫画像に対して IRAP 効果が見られなかった。その原因として，刺激の選定に問題があったことが考えられる。すなわち実験で使用した虫の画像の好き嫌いに関する強度が弱かったため，一致条件と不一致条件の間で反応潜時に差が出なかった可能性がある。IRAP における反応潜時と眼球運動の関係性について結論づけるためには，さらなる検討が必要である。しかし IRAP 効果が確認された花刺激に対しては，判断項に対する注視回数について，一致条件と不一致条件で差がみられたことから，眼球運動測定が，IRAP の手続きにおける条件間での課題遂行過程の違いを解明する上で1つの有用な手段と成りうることを示している。

参考文献

Barnes-Holmes, D., & Barnes-Holmes, Y. (2006). Do you really know what you believe? Developing the Implicit Relational Assessment Procedure (IRAP) as a direct measure of implicit beliefs. *The Irish Psychologist*, *32*(7), 169-177.

Barnes-Holmes, D., Hayden, E., Barnes-Holmes, Y., & Stewart, I. (2008). The Implicit Relational Assessment Procedure (IRAP) as a response-time and event-related-potentials methodology for testing natural verbal relations: A preliminary study. *The Psychological Record*, *58*, 497-516.

Barnes-Holmes, D., Murtagh, L., Barnes-Holmes, Y., & Stewart, I. (2011). Using the Implicit Association Test and the Implicit Relational Assessment Procedure to measure attitudes toward meat and vegetables in vegetarians and meat-eaters. *The Psychological Record*, *60*, 287-306.

Barnes-Holmes, Dermot, Murphy, A., Barnes-Holmes, Y., & Stewart, I. (2010). The Implicit Relational Assessment Procedure: Exploring the impact of private versus public pro-white and anti-black stereotyping among white Irish individuals. *The Psychological Record*, *60*, 57-66.

Carpenter, R. H. S. (2004). Contrast, probability, and saccadic latency: Evidence for Independence of Detection and Decision. *Current Biology, 14*, 1576-1580.

Carpenter, R. H., & Williams, M. L. (1995). Neural computation of log likelihood in control of saccadic eye movements. *Nature, 377* (6544), 59-62.

Fantz, R. L. (1961). The origin of form perception. *Scientific American, 204*(5), 66-73.

Fantz, R. L. (1963). Pattern vision in newborn infants. *Science, 140*, 296-297.

Fantz, R. L. (1964). Visual experience in infants: decreased attention to familiar patterns relative to novel ones. *Science, New Series, 146*, 668-670.

Findlay, J.M., & Gilchrist, I. D. (2003). *Active vision.* Oxford University Press.（フィンドレイ J. M.，ギルクリスト I.D. 本田仁視（訳）(2006). アクティヴ・ビジョン 北大路書房）

福田忠彦 (1995). 生体情報システム論 産業図書

福田忠彦・渡辺利夫 (1996). ヒューマンスケープ 日科技連出版社

Glaholt, M. G., & Reingold, E. M. (2009). The time course of gaze bias in visual decision tasks. *Visual Cognition, 17*, 1228-1243.

Glaholt, M. G., & Reingold, E. M. (2009). Stimulus exposure and gaze bias: A further test of the gaze cascade model. *Attention, Perception, & Psychophysics, 71*, 445-450.

Glaholt, M. G., & Reingold, E. M. (2011). Eye movement monitoring as a process tracing methodology in decision making research. *Journal of Neuroscience, Psychology, and Economics, 4*(2), 125-146. http://doi.org/10.1037/a0020692

Greenwald, A. G., McGhee, D. E., & Schwartz, J. L. (1998). Measuring individual differences in implicit cognition: the implicit association test. *Journal of personality and social psychology, 74*, 1464-1480.

Holmqvist, K., Nyström, M., Andersson, R., Dewhurst, R., Jarodzka, H., & Van de Weijer, J. (2011). *Eye tracking: A comprehensive guide to methods and measures.* OUP Oxford.

Ikeda, T., & Hikosaka, O. (2003). Reward-dependent gain and bias of visual responses in primate superior colliculus. *Neuron, 39*, 693-700.

古賀一男 (1998). 眼球運動実験ミニ・ハンドブック 労働科学研究所出版部

Krajbich, I., Armel, C., & Rangel, A. (2010). Visual fixations and the computation and comparison of value in simple choice. *Nature neuroscience, 13*, 1292-1298.

Krajbich, I., & Rangel, A. (2011). Multialternative drift-diffusion model predicts the relationship between visual fixations and choice in value-based decisions. *Proceedings of the National Academy of Sciences of the United States of America, 108*, 13852-13857.

Lauwereyns, J., Watanabe, K., & Brain, C. (2002). A neural correlate of response bias in monkey caudate nucleus. *Nature, 418*, 413-417.

Lee, K.-M., Keller, E. L., & Heinen, S. J. (2005). Properties of saccades generated as a choice response. *Experimental brain research. Experimentelle Hirnforschung. Expérimentation cérébrale, 162*, 278-286.

Liversedge, S., Gilchrist, I., & Everling, S. (Eds.). (2011). *The Oxford handbook of eye movements.* Oxford University Press.

Ludwig, C. J. H. (2011). Saccadic decision-making. Simon L., Iain G., & Stefan E. (Ed) *The Oxford Handbook of Eye Movements* (pp. 425-437). Oxford University Press.

Ludwig, C. J. H., Gilchrist, I. D., & McSorley, E. (2004). The influence of spatial frequency and contrast on saccade latencies. *Vision research, 44*, 2597-2604.

松永勝也 (1990). 瞳孔運動の心理学　ナカニシヤ出版

Mazur, J. E. (2006). *Learning and Behavior; 6th ed.* Pearson Education, Inc. (メイザー J. E. 磯博行・坂上貴之・川合伸幸 (2008). メイザーの行動と学習 日本語版第 3 版)

McConkie, G. W., & Rayner, K. (1975). The span of the effective stimulus during a fixation in reading. *Perception & Psychophysics, 17*, 578-586.

Mitsuda, T., & Glaholt, M. G. (2014). Gaze bias during visual preference judgements: Effects of stimulus category and decision instructions. *Visual Cognition, 22*(1), 11-29. http://doi.org/10.1080/13506285.2014.881447

Morii, M., Ideno, T., Takemura, K., & Okada, M. (2017). Qualitatively coherent representation makes decision-making easier with tables : An eye-tracking study. *Frontiers in Psychology, 8*(August), 1-12. http://doi.org/10.3389/fpsyg.2017.01388

Morii, M., Omori, M., Yamamoto, J., & Sakagami T. (2012). Eye movement patterns in choice behavior with implicit relational assessment procedure (IRAP): An exploratory study. Association for Behavior Analysis International (ABAI) 38th Annual Convention.

Morii, M., & Sakagami, T. (2015). The effect of gaze-contingent stimulus elimination on preference judgments. *Frontiers in Psychology, 6*(September), 1-8. http://doi.org/10.3389/fpsyg.2015.01351

中島義明・安藤清志・子安増生・坂野雄二・繁桝算男・立花政夫・箱田裕司 (編) (1999). 心理学辞典　有斐閣

苧阪良二・中溝幸夫・古賀一男 (1993). 眼球運動の実験心理学　名古屋大学出版会

Paeye, C., & Madelain, L. (2011). Reinforcing saccadic amplitude variability. *Journal of the experimental analysis of behavior, 95*, 149-162.

Rayner, K. (1998). Eye movements in reading and information processing: 20 years of research. *Psychological bulletin, 124*, 372-422.

Russo, J. E., & Dosher, B. A. (1983). Strategies for multiattribute binary choice. *Journal of experimental psychology. Learning, memory, and cognition, 9*, 676-696.

Russo, J. E., & Rosen, L. D. (1975). An eye fixation analysis of multialternative choice. *Memory & cognition, 3*, 267-276.

Russo, J., & Leclerc, F. (1994). An eye-fixation analysis of choice processes for consumer nondurables. *Journal of Consumer Research, 21*, 274-290.

Sakagami, T. (2012). Choice and eye tracking behavior. 30th International Congress of Psychology.

坂上貴之・井上雅彦 (2018). 行動分析学――行動の科学的理解をめざして　有斐閣

Schotter, E. R., Berry, R. W., McKenzie, C. R. M., & Rayner, K. (2010). Gaze bias: Selective encoding and liking effects. *Visual Cognition, 18*, 1113-1132. http://doi.org/10.1080/13506281003668900

Schroeder, S. R., & Holland, J. G. (1969). Reinforcement of eye movement with concurrent schedules. *Journal of the experimental analysis of behavior, 12*, 897-903.

Schroeder, S. R., & Holland, J. G. (1968a). Operant Control of Eye Movements during Human Vigilance Operant Control of Eye Movements during Human Vigilance. *Science, 161* (3838), 292-293.

Schroeder, S. R., & Holland, J. G. (1968b). Operant control of eye movements. *Journal of Applied Behavior Analysis, 1*, 161-166.

Shimojo, S., Simion, C., Shimojo, E., & Scheier, C. (2003). Gaze bias both reflects and influences preference. *Nature neuroscience, 6*, 1317-1322.

Simion, C., & Shimojo, S. (2006). Early interactions between orienting, visual sampling and decision making in facial preference. *Vision research, 46*, 3331-3335.

Takikawa, Y., Kawagoe, R., Itoh, H., Nakahara, H., & Hikosaka, O. (2002). Modulation of saccadic eye movements by predicted reward outcome. *Experimental brain research. Experimentelle Hirnforschung. Expérimentation cérébrale, 142*, 284-291.

丹野貴行・神谷直樹・坂上貴之 (2008). 確率モデルおよび空間統計学を用いた注視点の分析 基礎心理学研究, 27, 26-31.

Wade, N., & Tatler, B. W. (2005). *The moving tablet of the eye: The origins of modern eye movement research.* Oxford University Press, USA.

Wang, J. T. Y. (2011). Pupil dilation and eye tracking. In M. Schulte-Mecklenbeck, A., Kühberger, and R., Ranyard (Eds.), *A handbook of process tracing methods for decision research: A critical review and user's guide* (pp. 185-204). Psychology Press.

Watanabe, K., Lauwereyns, J., & Hikosaka, O. (2003). Neural correlates of rewarded and unrewarded eye movements in the primate caudate nucleus. *The Journal of Neuroscience, 23*, 10052-10057.

Zajonc, R.B. (1968). Attitudinal effects of mere exposure. *Journal of Personality and Social Psychology, 9*(2), 1-27.

第 6 章	多段階多属性意思決定過程の 計算機シミュレーション分析

1. はじめに

　選好形成の結果，人々はその選好に基づいて意思決定を行う。人々のほとんどの意思決定は，多属性意思決定（multi-attribute decision-making）とみなすことができる。たとえば，商品の価格，基本性能，デザイン，メーカーなどの観点から商品を検討し，我々は意思決定を行っている。多属性意思決定の過程の把握は，社会行動の予測を行う上でも，マーケティング，経営政策，経済政策を行う上でも重要である（都築・松井, 2006; 竹村, 2009; Takemura, 2014）。

　本稿では，多属性意思決定過程における認知的方略としての決定方略（decision strategy）について計算機シミュレーションを行い，その心理的な機能について検討を行う。決定方略とは，意思決定過程において，どのような情報探索を行い，評価を行うかについての心的操作の系列である。Payne, Bettman, & Johnson（1993）は，決定方略の心理的機能について検討するために，計算機シミュレーションを用い，決定方略の心理的機能が選択肢数や属性数によって異なるなどの興味深い結果を出している。本稿では，この研究の枠組みを用い，彼らの扱っていなかった決定方略も加え，さらに，意思決定の途中で決定方略が変更されることを考慮に入れて，意思決定過程に二段階を設定し，決定方略が変化することを仮定した計算機シミュレーション研究（竹村・原口・玉利, 2015）の結果を報告する。この研究では，取り上げた決定方略の二段階での組み合わせを考えて，計算機シミュレーションを行い，どのような決定方略の組み合わせが，認知的努力が少なく，比較的正確かを検討した。そして，どのよ

155

うな二段階意思決定方略が現実場面での意思決定において，認知的努力が少なく正確なのかについて，その心理的な機能の側面からの考察を行う。本稿は，竹村ら（2015, 2018）の論文に加筆・修正を行ったものである。

2. 決定方略についての知見と多段階決定方略 ……………………………

◉決定方略の性質と研究法

決定方略の把握は，決定の基準や条件だけでなく，情報探索や選択肢の評価の時系列的なパターンが決定の結果自体を決めることもあるため，重要である（Tversky, 1972）。たとえば，パソコンの購買は，通常，多属性意思決定であり，属性をどのような順序で情報探索してゆくかがそのパソコンの評価に影響を与える。各属性を同基準で評価したとしても，すべての選択肢のすべての属性の情報探索を行う場合と，一部の選択肢のみの情報探索と評価を行う場合とでは，選択肢の評価は異なる場合がある。身近な例で言うと，いくつかの店舗を回って，最も満足のいくブランドで最も価格の安いパソコンを選ぶ場合と，1つの店舗ですぐに決めてしまう場合では，異なる選択肢が選ばれる可能性が高い。また，価格のような属性において最も良いブランドを探すために，まずすべてのブランドの価格の情報探索を行い，つぎに，2番目に重視する属性について情報探索を行う場合（属性型の情報探索）と，ブランドごとに情報探索を行い，各銘柄の総合的評価をしてから決定する場合（選択肢型の情報探索）でも，選択の結果は異なることが多い（図6-1参照）。

このような選択肢の評価過程を検討する方法に過程追跡技法（process tracing technique）がある。Kühberger, Schulte-Mecklenbeck, & Ranyard（2011）は，多属性意思決定過程を分析する方法を下記の3つにわけている。第一は，情報モニタリング法（methods for tracing information acquisition），第二は，情報統合法（methods of tracing information integration），第三が認知過程の生理学的，神経科学的，その他の随伴現象を追跡する技法（methods for tracing physiological, neurological, and other concomitants of cognitive processes）である。

第一の情報モニタリング法は，実験参加者にブランドについての情報を自由に探索させ，どのような選択肢のどのような属性の情報をどのような順序で探

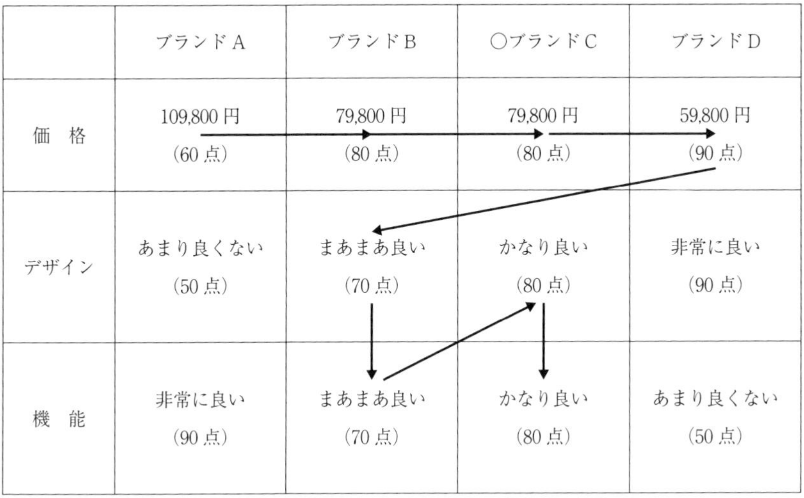

2. 決定方略についての知見と多段階決定方略

	ブランドA	ブランドB	○ブランドC	ブランドD
価　格	109,800 円 （60 点）	79,800 円 （80 点）	79,800 円 （80 点）	59,800 円 （90 点）
デザイン	あまり良くない （50 点）	まあまあ良い （70 点）	かなり良い （80 点）	非常に良い （90 点）
機　能	非常に良い （90 点）	まあまあ良い （70 点）	かなり良い （80 点）	あまり良くない （50 点）

図6-1　情報モニタリング法での情報探索のパターン

索したかを分析する方法である。この方法では，図6-2に示したようにカードに示されたブランドの属性情報（価格など）を順次獲得していく様子を調べる情報呈示ボード（information board）による方法，図6-3，図6-4に示したような眼球運動測定装置などを用いて意思決定における注視パターンを分析する方法などがある（Bettman, 1979; Bettman, Johnson, & Payne, 1991; 大久保・諸上・竹村，2006; 竹村，2009）。情報モニタリング法を用いた実験データの分析では，たとえば，すべての選択肢の情報を選択肢型の情報探索で検討していたら加算型であるとか，属性をベースにして情報探索をして次々と検討する選択肢を少なくしていればEBA（Elimination By Aspects）型であるというように決定の方略を推測していくのである。情報モニタリング法の呈示情報の例を図6-2に示す。

　第二の情報統合法には，いわゆる言語プロトコール法と自己記述式の評定手法がある。言語プロトコール法は，実験参加者に意思決定過程中のことを発話させたり筆記させたりして内容を記録し，その記録をもとにどのような決定方略が採用されていたかを検討する方法である。言語プロトコール法は，意思決定過程中に同時に発話させる方法と意思決定直後の記憶をもとに記録をとる方

157

第 6 章　多段階多属性意思決定過程の計算機シミュレーション分析

メーカー	 東芝	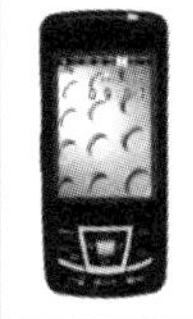 三菱電機	 カシオ計算機	 SANYO	 モトローラ
価格	¥12,800	¥17,900	¥21,680	¥9,240	¥19,800
同時発色数	約26万色	約26万色	約26万色	約26万色	65535色
質量	142g	128g	144g	117g	168g
ディスプレイサイズ	2.4インチ	2.4インチ	2.6インチ	2.2インチ	2.9インチ
カメラ画素数	131万画素	200万画素	320万画素	133万画素	131万画素
その他の機能	TV受像可能	なし	なし	FMラジオ受信可	ウェブブラウズ可

図 6-2　携帯電話選択課題呈示刺激（大久保他，2006）

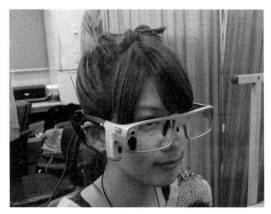

図 6-3　接触型の眼球運動測定装置（Tobii 社製 Tobii グラスアイトラッカー）　眼鏡の左部分に，実験参加者の視野を撮影するためのカメラが取りつけられている。

法がある。また，この方法のヴァリエーションとして，あらかじめ実験参加者にいくつかの決定方略のリストを呈示しておき，どの方略を用いたかを事後的に報告させる方法もある。

　第三が認知過程の生理学的，神経科学的，その他の随伴現象を追跡する技法

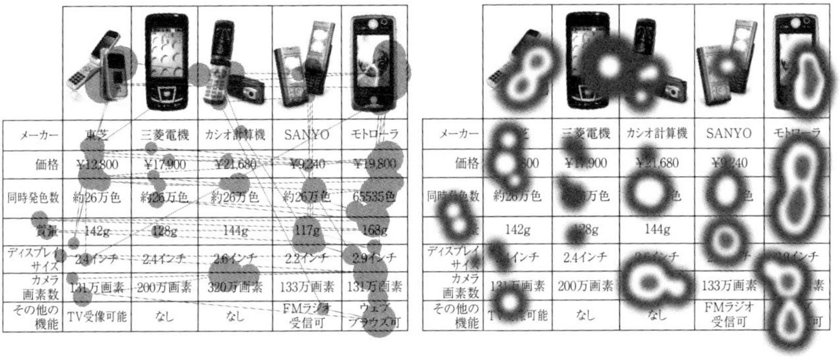

図6-4　眼球運動測定装置で測定された携帯電話のスペック表に対する視線データの可視化例（大久保・竹村，2011）　右図では多くの注視の対象となった部分が，サーモグラフィー状に白→黒の順で示されている。

であり，皮膚電位抵抗，脳波，瞳孔反応などがあるが，近年では，機能的脳画像解析などが主流になりつつある。特に，機能的脳画像解析を用いる消費者行動研究は，ニューロマーケティング（neuro-marketing）や神経経済学（neuro-economics）とも呼ばれている（竹村，2009, 2016）。

　これまでの研究は，人々の意思決定が，比較的簡便な決定方略によって行われていることを実験室実験や行動観察から見出している（Simon, 1957; Payne & Bettman, 2004; Brandstätter, Gigerenzer, & Hertwig, 2006; 竹村, 2015）。Simon（1957）は，伝統的経済学に仮定されているように，人間が利用しうるかぎりの選択肢から最良のものを選び出す，最大化や最適化の原理によって意思決定するのではなく，情報処理能力の限界のために，ある一定のところで満足のいく選択肢を探し求める，満足化の原理によって意思決定することを指摘した。それ以降，主に人間の情報処理能力の限界に起因する数多くの決定方略が見出され，状況に応じてさまざまな決定方略が用いられることがわかっている（Payne et al., 1993; 都築・松井, 2006; 竹村, 2015）。

◉決定方略の種類

　決定方略は，特に，認知心理学の分野では，決定ヒューリスティックス（decision heuristics）とも呼ばれている。ヒューリスティックスという概念は，最

第6章　多段階多属性意思決定過程の計算機シミュレーション分析

適解を必ず導く実行方略であるアルゴリズム（algorithm）と対比される概念である。ヒューリスティックスの使用は，アルゴリズムの使用に比べて，問題を迅速に効率的に解決することが多いが，ある場合には，不適当な解を導いたり，非一貫的で状況に依存する決定を導くことがある。

　これまでに見出された決定方略には，代表的なものとして，以下のようなものがある（Payne et al., 1993; Takemura, 2014; 竹村，2015）。

加算（additive）型

　この決定方略においては，各選択肢がすべての属性にわたって検討されてゆき，各選択肢の全体的評価がなされ，全体的評価が最良であった選択肢が選ばれる。加算型には，各属性に異なる重みが置かれるもの（荷重加算（weighted additive）型：WADD）とそうでないもの（等荷重（equal weight）型：EQW）とがある。たとえば図6-1のように，パソコンのブランドがA，B，C，Dと4種類あり，検討する属性として，価格，機能，デザインでブランドの検討をすると考えてみる。また，簡略化のために，これらの属性の値が，点数で評価されると仮定する。この方略では，まずブランドAについて検討して，たとえば，「価格は39,800円か（60点）。デザインはあまりよくないな（50点）。機能は非常に優れているな（90点）」というようにみて，「全体としてブランドAはまあまあいいな（合計200点）」というような判断をする。同様に，ブランドBは「非常に良いな（合計220点）」，ブランドCは「かなり良いな（240点）」，ブランドDは「まあまあ良いな（合計230点）」というように全部の選択肢を評価して，一番評価の高かったブランドC（合計240点）を選ぶような決め方になる。

加算差（additive difference: DIF）型

　この決定方略においては，任意の一対の選択肢について，属性ごとに評価値の比較が行われる。選択肢の数が3以上の場合は，一対の比較によって勝ち残ったもの同士が，いわばトーナメント方式で順次比較され，最終的に残った選択肢が採択される。たとえば，この方略では，まず，ブランドAとブランドBとを比較する。価格ではブランドBが優れていて，デザインの評価はブランドBが優れていて，機能ではブランドAが優れている。たとえば，価格について

160

はブランドAからBの差がマイナス20点（60点−80点），機能についてはマイナス20点（50点−70点），デザインについては20点（90点−70点）という風に考えて，ブランドAからBの差の合計点はマイナス20点になるので，ブランドAとBを比べるとブランドBをひとまず選ぶというような具合になる。次に，ブランドCとブランドDを同様な手順で比べて，ブランドCをひとまず選び，そして，最後に，残ったブランドBとブランドCを比べて，たとえば，ブランドBを選ぶというような決め方になる。加算差型では，属性の評価値の差を加算していくことによって，一対の選択肢間の選好関係が決まることになる。

連結（conjunctive: CON）型

　この決定方略においては，各属性について必要条件が設定され，1つでも必要条件を満たさないものがある場合には他の属性の値にかかわらずその選択肢の情報処理は打ち切られ，その選択肢は拒絶される。またこの決定方略で選択肢を1つだけ選ぶ場合，全属性にわたって必要条件を上回った最初の選択肢が選ばれることになる。たとえば，すべての属性の必要条件が80点以上であるとして，ブランドAから順次選択肢の評価を行うとすると，最初に条件をクリアしたブランドCが選ばれることになる。この場合，残りのブランドDの検討は行われない。この決定方略は，Simon（1957）の満足化原理に基づく決定に相当する。ただし，本研究のシミュレーションでは，後述するような方法で，第一段階では，選択肢を複数残す形にした。

分離（disjunctive: DIS）型

　この決定方略においては，各属性について十分条件が設定され，1つでも十分条件を満たすものがある場合には他の属性の値にかかわらず，その選択肢が採択される。たとえば，すべての属性の十分条件が80点以上とする。ブランドAから順次選択肢の評価を行うとすると，ブランドAでは，価格とデザインはこの条件を満たしていないが，機能に関して80点以上であるので，すぐにブランドAを選ぶことになる。この場合，残りのブランドB，ブランドC，ブランドDは検討されない。

第6章 多段階多属性意思決定過程の計算機シミュレーション分析

辞書編纂（lexicographic: LEX）型

　この決定方略においては，最も重視する属性において最も高い評価値の選択肢が選ばれる。もし最も重視する属性について同順位の選択肢が出た場合には，次に重視する属性で判定が行われる。ただし，ある範囲の僅少差も同順位とみなされ，次に重視する属性で判定が行われる場合は，半順序的辞書編纂（lexicographic semi-order: LEX-S）と呼ばれる。いずれにしても，重要な少数の属性で意思決定して，ほかの重要でない属性の情報は考慮されないことになる。たとえば，辞書編纂型で価格を最も重視するならば，価格の最も安いブランドDが選ばれることになる。

EBA（elimination by aspects）型

　この決定方略においては，属性ごとに必要条件を満たしているかどうかが検討され，必要条件をクリアしない選択肢は拒絶される。この決定方略は，連結型に類似しているが，1つの属性について複数の選択肢を走査してゆく属性型の決定方略を採っている点が連結型と異なっている。たとえば，連結型と同じ基準の必要条件（80点以上）として，価格，デザイン，機能の順に属性が逐次検討されるとする。そうすると，価格に関してブランドB，C，Dが残り，次に残った3つのうちデザインではブランドC，Dが残り，最後に機能に関してブランドDが残り，最後に残ったブランドDが選ばれるという風になる。

勝率最大化（Majority of confirming dimensions: MCD）型

　この決定方略においては，任意の一対の選択肢について，総当たり方式で，属性ごとに評価値の比較が行われる。評価方式は，加算差型と異なり，より優越する属性の数が多いかどうかを比較し，総当たりの比較においてもっとも勝率が高かった選択肢を採択する。たとえば，パソコンの比較では，ブランドAとBとではブランドBのほうが2つの属性において優れており，ブランドAが1つの属性において優れているので，ブランドBが勝っていると評価していく。このような手順で最も勝っている数の多い選択肢が選ばれる。

　以上のような種々の決定方略が指摘されているが，すべての決定方略は，補

162

償（compensatory）型と非補償（non compensatory）型の2つのうちのいずれか
に分類されている。補償型の決定方略とは，ある属性の評価値が低くても他の
属性の評価値が高ければ，補われて総合的な評価がなされる決定方略であり，
加算型（WAD, EQW），加算差型（DIF），勝率最大化型（MCD）がこれに含ま
れる。補償型では，すべての選択肢の情報が検討される。一方，非補償型の決
定方略は補償型とは異なり，属性間の補償関係がないような決定方略であり，
連結型（CON），分離型（DIS），辞書編纂型（LEX），EBA型（EBA）がこれに
含まれる。

　非補償型の決定方略のもとでは，選択肢や属性を検討する順序によって決定
結果が異なることがあるので，一貫しない意思決定の原因になることがある。
連結型では，最初に必要条件をクリアした選択肢が採択されるので，どのよう
な順番で銘柄を検討するかが重要となる。もし，テレビのブランドの意思決定
において，別の店にその消費者が最も気に入るテレビのブランドが置いてあっ
たとしても，最初に訪れた店に必要条件を満たすものがあれば，その銘柄が購
入される。したがって，その消費者が最も気に入る銘柄を購入するかどうかは，
店頭の商品配置や店舗の位置などの状況要因に左右されやすくなる。

　また，実際の意思決定場面では，いくつかの決定方略が決定段階に応じて，
混合されることが多い。たとえば，これまでの実験研究で，意思決定者は，認
知的努力を低減するために，まずEBA型のような選択肢の拒絶を行ってゆく
方略で選択肢を少数に絞った後に，加算型のような補償型の方略が用いること
が多いことが見出されている（Bettman, 1979; Takemura, 2014; 竹村, 1996）。こ
のように，決定方略自体が意思決定過程の進行に応じて変異することもあるの
である。このような意思決定は，多段階決定方略と呼ばれる（Takemura, 1993,
2014）。

●これまでの多属性意思決定過程の計算機シミュレーション研究と多段階決定方略

　決定方略が種々の状況要因に依存して採択されるために，決定の結果も状況
に依存し，多属性意思決定は，状況に大きく左右される（Payne et al., 1993;
Takemura, 2014）。このような状況依存的な多属性意思決定の変異現象を説明

第6章　多段階多属性意思決定過程の計算機シミュレーション分析

する代表的な理論の枠組みとして，計算論的枠組みによる研究がある。計算論的アプローチでは，意思決定者が状況に適応するように，当該の決定方略を使うことによるコスト（出費）とベネフィット（利益）を計算して，適切な決定方略を採択すると仮定する。コストとベネフィットの計算の際に考えられるのは，意思決定に必要な認知的努力の大きさや意思決定の最適性などである。

　この計算論的アプローチによる最初のモデルは，Beach & Mitchell（1978）による状況即応的モデルであるが，このモデルの基本的アイデアを拡張し，コンピュータ・シミュレーションができるように精緻化させたモデルは，Payneら（1993）による適応的意思決定モデルである。Payne らは，意思決定者が決定に必要な認知的努力の大きさと意思決定の最適性（正確さ）をトレードオフした結果，ある状況で特定の決定方略が採択されると考えている。彼らは，選択肢数と属性数を変化させて，表6-1に示した7つの決定方略と2つの決定方略の組み合わせの計算機シミュレーションを行い，各方略の実行に伴う認知的努力（Elementary Information Processes: EIP: 基本的情報処理の操作数によって操作的に定義される）と，決定結果の相対的正確さ（Relative Accuracy: RA: 荷重加算型と全く同じ結果の場合に1の値をとり，全くランダムな反応をした場合に0をとる指標により操作的に定義される）を各条件において計算した。また，彼らの認知的努力の指標は，以下の表6-2の8種に分けることができる（Payne et al., 1993）。

　意思決定のプロセスおよび結果は，認知的努力の大きさと相対的正確さの観点から分析された。相対的正確さは以下の式で計算される（Payne et al., 1993）。

$$\text{Relative Accuracy} = \frac{EV_{\text{heuristic rule choice}} - EV_{\text{random rule choice}}}{EV_{\text{expected value choice}} - EV_{\text{random rule choice}}} \quad \cdots\cdots (1)$$

　（1）式の $EV_{\text{expected value choice}}$ は，属性値を重要度で荷重加算した数値を得点として，得点が最も高くなるように選択肢を採択する方略で，正選択数の期待値である。また，$EV_{\text{random rule choice}}$ は選択肢の中からランダムに1つ選択肢を採択する方略での $EV_{\text{expected value choice}}$ と一致する選択数（正選択数）の期待値である。$EV_{\text{heuristic rule choice}}$ は検討を行う方略のうち，正選択数の期待値のことである。（1）

164

2. 決定方略についての知見と多段階決定方略

表6-1 Payne, Bettman, & Johnson（1993）が用いた決定方略

方　略	定　義
連結型 （conjunctive, CON）	各属性について必要条件（閾値）が設定され，選択肢を1つずつ評価する。1つでも必要条件を満たさない属性を持つ選択肢は他の属性の値に関わらず除外される。これを繰り返し，全ての属性において，必要条件を満たした最初の選択肢を採択する。
EBA型 （elimination by aspects, EBA）	最も重要度の高い属性から必要条件を満たしているかどうかを検討し，必要条件を満たしていない選択肢は他の属性に関わらず除外される。これを繰り返し，最後に残った選択肢を採択する。
辞書編纂型 （lexicographic, LEX）	最も重要な属性において，最も高い評価値の選択肢が選択される。もし最も重視する属性の値が同じであれば，2番目に重視する属性で評価がされる。
半順序的辞書編纂型 （lexicographic semi-order, LEX-S）	ある範囲内でのわずかな差（丁度可知差異，JND）であれば同じ値と見なし，辞書編纂型と同じ選択方法を行う。
MCD型 （majority of confirming dimensions, MCD）	選択肢を2つ選び，属性ごとに比較を行う。有意な評価値をより多く持っていた選択肢を残し，選択肢の残りが1つになるまでトーナメント方式で比較を繰り返す。
荷重加算型 （weighted additive, WADD）	それぞれの属性とその属性の重要度を掛け合わせ，選択肢ごとに加算する。その値が最も大きい選択肢を採択する。
EBA＋MCD型	EBA型を用いて意思決定を行い，残りの選択肢が3つ以下になったところでMCD型で選択肢を決定する。
EBA＋WADD型	EBA型を用いて意思決定を行い，残りの選択肢が3つ以下になったところでWADD型で選択肢を決定する。

式によって，期待値に基づいた意思決定（正選択）による結果を1，ランダム選択による決定の結果を0として決定方略の結果の正確さの割合を表すことができる。この分析により，正確な判断を下すことのできる方略はおおむね大量の情報処理を必要とし，迅速な意思決定を行うには結果の正確性を犠牲にしなくてはならないということが明らかになった。この研究から Payne ら（1993）は，結果の正確さと処理の迅速さはトレードオフの関係にあり，選択肢が少ない場合は多くの認知的努力を必要としないため正確な決定方略を採択し，選択肢や属性が多くなると煩雑な処理をせずに迅速な決定方略を採択しやすいと結

165

第6章　多段階多属性意思決定過程の計算機シミュレーション分析

表6-2　Payne at al.（1993）が用いた認知的努力の指標

認知的努力	処理の内容
読み込み	数値を読み込む。
比　較	2つ以上の数値を比較する。
除　算	2つの数値の差を求める。
加　算	2つの数値の和を求める。
乗　算	2つの数値の積を求める。
除　去	意思決定の考慮から選択肢や属性を除外する。
移　動	次の外的要因へ移動する。
選　択	選択肢を採択し意思決定を終了する。

論づけた。

　荷重加算型は，(1) 式の定義によって，相対的正確さは1となるが，選択肢数や属性数の増加とともに，認知的努力を非常に多く必要とする（Payne et al., 1993）。また，辞書編纂型は，選択肢数や属性数の増加によっても，ほとんど認知的努力を必要とせず，しかも正確さもある程度保持していることがわかっている（Payne et al., 1993）。さらに，非補償型の決定方略では，選択肢数や属性数が増加しても，認知的努力を，荷重加算型ほど要求しないことがわかっている（Payne et al., 1993）。これまでの実験研究は，選択肢数や属性数の増加に伴って非補償型の決定方略の採択率が高まることを示しているが（e.g. Bettman, 1979; Takemura, 2014），この現象を，このシミュレーションの結果から整合的に解釈することができる。すなわち，選択肢数や属性数の少ない状況では，認知的努力をあまり必要としないので，正確さの高い荷重加算型のような補償型の方略が用いられやすいが，選択肢数や属性数の多い状況では，認知的努力を非常に多く必要とする補償型の決定方略は採択されず，認知的努力をあまり多く必要としない非補償型の決定方略が採択されやすいと考えることができる。

　Payne ら（1993）は，このシミュレーションの結果と多くの心理実験の結果を対応づけて，選択の正確さと認知的努力をトレードオフして，意思決定者が適応的に決定方略を選択していると結論づけている。Payne らのモデルは，どのような状況においてどのような決定方略が採用され，どのような決定がなさ

166

れやすいかを定量的に予測することができるので，マーケティングにおける消費者行動の予測や消費者の意思決定支援においても有用であると考えられる。このような観点は，近年の消費者行動の意思決定理論においても採用されている（竹村，2015）。

しかし，Payne らの計算機シミュレーション研究では，多段階意思決定過程は扱っておらず，どのような決定方略の組み合わせが意思決定の相対的正確さや認知的努力に影響を与えるのかについては，表 6 - 1 の EBA 型と一部の決定方略の組み合わせだけを検討しているのみである。分離型や加算差型といった，現実的にも用いられていると考えられる方略が検討されていない。また，これまでの意思決定研究では，途中で決定方略を変えるような多段階的な意思決定方略が見出されており，たとえば，意思決定の初期においては辞書編纂型で候補を絞り込んで，絞り込んだ候補を加算型で決定するというような方略が比較的多く報告されている（Takemura, 1993, 2014）。このことから，多段階意思決定の観点からも決定方略を検討することが必要だと考えられる。そこで，竹村ら（2015）の研究では，Payne らの研究で取り上げた決定方略に加えて，加算差型（DIF），分離型（DIS），等荷重型加算型（EQW）を加えて分析を行い，それらの取り上げた方略を組み合わせて二段階での検討を行った。たとえば，最初に辞書編纂型で行い，次の段階で加算型，辞書編纂型，連結型などさまざまな方略を行うというように，取り上げた方略の組み合わせを検討した。

3. 計算機シミュレーション 1 の目的と方法 ·····································

◉計算機シミュレーション 1 の目的

計算機シミュレーション 1 では以下に示す 2 つの問題について検討を行った。第一に，本研究では，単一の方略で行う意思決定と 2 つの方略を組み合わせて行う意思決定の間における，相対的正確さや認知的努力の違いを検討した。すなわち，1 つの決定方略を用いて選択肢をいくつかに絞り込んだのちに別の決定方略を用いて選択肢を決定した場合の意思決定の結果について，認知的努力と相対的正確さを測定し，決定方略を組み合わせずに 1 つだけの方略を最初から最後まで利用した意思決定過程と比較検討を行った。第二に，二段階での決

第6章　多段階多属性意思決定過程の計算機シミュレーション分析

定方略を用いる場合に，決定方略の組み合わせの違いが，意思決定の相対的正確さと認知的努力にどのように影響するかについて検討した。

●計算機シミュレーション１の方法

この研究のシミュレーションでは，複数の属性からなる選択肢を作成した。各属性の値は，0から1000までの整数値を取りうるとし，属性値は一様乱数を用いて発生させた。また，各属性の重要度を0から1までの実数を取りうるとし，一様乱数で発生させた。

多属性意思決定課題の作成法

第一段階から第二段階に進める選択肢の数はPayneら（1993）を参考に3つに設定した。二段階に分けて意思決定を行う際，選択肢を3つ以上にするために，意思決定開始時の選択肢数を5，8，10の3水準とした。また，属性数はPayneら（1993）を参考に，3，5，8の3水準とした。さらに，意思決定課題の多様性をもたせるために，Payneら（1993）のシミュレーションの方法に従い，重要度に偏りを持たせるかどうかの条件（分散の高低）と，各意思決定課題における優越する選択肢の有無という条件を加えた。重要度の分散（dispersion）は各属性に対して設定される重要性のばらつきの大きさのことを指し，優越する選択肢とは，すべての属性において他の選択肢と同等あるいはそれよりも優れた値を持った選択肢のことを指す。今回は優越選択肢の有無は存在する場合と存在しない場合の二段階に設定した。属性の重要度は分散の高低の設定に応じて分岐させた2種類の作成方法によってランダムに発生させて適用した。分散が低い群では $[0, 1]$ 区間での一様分布からランダムに重要度を発生させ合計が1になるよう変換を行っている（図6-5）。分散が高い群では，まず重み a_1 を，$[0, 1]$ 区間の一様分布からランダムに発生させた。次に，重み a_2 を，$[0, 1-a_1]$ の一様分布からを発生させた。以降，上記の操作を属性 $n-1$ まで繰り返し，重み a_{n-1} を，$[0, 1-\sum_{i=1}^{n-2} a_i]$ 区間の一様分布から発生させた。重み a_n は，$1-\sum_{i=1}^{n-1} a_i$ とした（図6-6）。

3. 計算機シミュレーション1の目的と方法

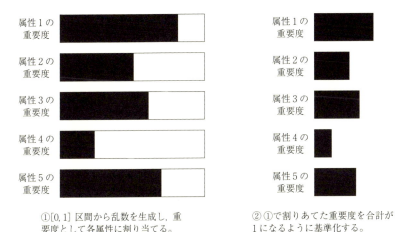

①[0, 1] 区間から乱数を生成し，重要度として各属性に割り当てる。

②①で割りあてた重要度を合計が1になるように基準化する。

図6-5　低分散条件下での重要度の生成方法（5属性を例に）

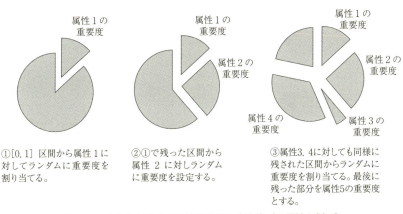

①[0, 1] 区間から属性1に対してランダムに重要度を割り当てる。

②①で残った区間から属性2に対しランダムに重要度を設定する。

③属性3, 4に対しても同様に残された区間からランダムに重要度を割り当てる。最後に残った部分を属性5の重要度とする。

図6-6　高分散条件下での重要度の生成方法（5属性を例に）

これらの方法は，Payne ら（1993）の方法に基づいている（図6-7）。

シミュレーションの方法

「選択肢数（3条件）」×「属性数（3条件）」×「重要度の分散（2条件）」×「優越する選択肢の有無（2条件）」の全36条件で，それぞれ3000回多属性意思決定課題を発生させた（表6-3）。発生させた課題に対し，第一段階では，連結

169

第6章　多段階多属性意思決定過程の計算機シミュレーション分析

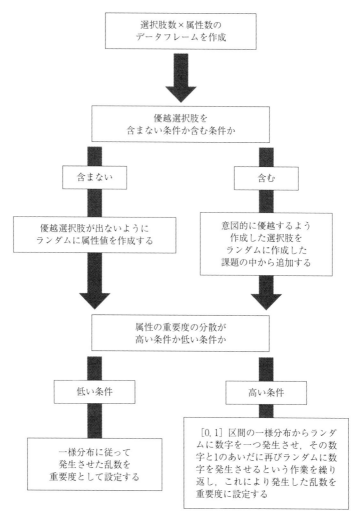

図6-7　多属性意思決定課題の生成

型（CON），分離型（DIS），EBA型（EBA），辞書編纂型（LEX），選択肢の絞り込みを行わずに単一の方略を用いて意思決定を行う（NONE）の5種類の方略を用いた（図6-8）。本来CONやDISは条件を満たした最初の選択肢を採択し意思決定を終了するため，選択肢の絞り込みには適さない方略であるが，

3. 計算機シミュレーション1の目的と方法

表6-3　意思決定課題の条件

優越する 選択肢	属性間の 重みづけ	選択肢数								
		5			8			10		
		3属性	5属性	8属性	3属性	5属性	8属性	3属性	5属性	8属性
有り	分散大	3属性	5属性	8属性	3属性	5属性	8属性	3属性	5属性	8属性
	分散小	3属性	5属性	8属性	3属性	5属性	8属性	3属性	5属性	8属性
無し	分散大	3属性	5属性	8属性	3属性	5属性	8属性	3属性	5属性	8属性
	分散小	3属性	5属性	8属性	3属性	5属性	8属性	3属性	5属性	8属性

今回選択肢の絞り込みに使用するにあたって条件に合致する選択肢が最大で3つ現れるまで探索を続けるよう新たに設定した。なお，結果を簡潔に説明するために，重要度の分散条件および優越する選択肢の有無条件の結果は総合して記述しており，条件ごとに分けて記述していない。

　第二段階では，連結型（CON），加算差型（DIF），分離型（DIS），EBA型（EBA），等荷重型（EQW），辞書編纂型（LEX），半辞書編纂型（LEX-S），MCD型（MCD），荷重加算型（WAD）の9つの方略を用いた。DIF, DIS, EQW は Payne ら（1993）では用いられていなかったが，決定方略として代表的なものとして取り上げられることが多いので（e.g. Bettaman, 1979; Takemura, 2014），今回の研究で取り上げる方略として新たに追加した方略である。DIF と DIS は先述したとおりであるが，EQW は等荷重加算型で選択肢ごとに属性値を足し合わせ，その値が最も大きかった選択肢を採択するという方略である。また，第二段階における各決定方略において，設定した認知的努力を表6-4に示した。CON とEBA で使用した属性値の必要条件は Payne ら（1993）の基準に従いそれぞれ700 と 500 に設定した。LEX-S で用いた差異を無視するかどうかの判断の閾値も同様に Payne ら（1993）に従って 50 に設定した。また，DIS の十分条件は700 に設定した。さらに，CON, DIS, EBA において設定した基準を超える選択肢が1つも存在しなかった場合，必要条件の値を 0.9 倍しもう一度検討を行うことにした。また，第一段階で絞り込みを行う方略を表6-5に示した。第一段階の方略5種類と第二段階の方略9種類を用いた全45通りの組み合わせ方略でシミュレーションを行った。シミュレーションから，認知的努力の平均と相対的正確さを算出しそれぞれの方略の組み合わせの違いを検討した。

171

第6章　多段階多属性意思決定過程の計算機シミュレーション分析

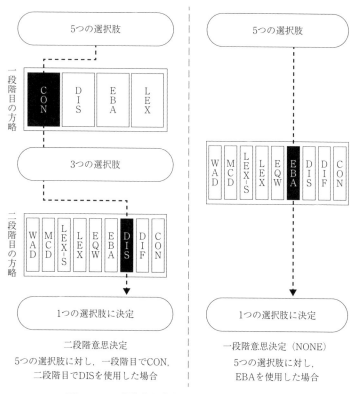

図6-8　二段階意思決定と一段階意思決定の概略

4. 計算機シミュレーション1の結果と考察

●第一段階の方略と認知的努力

　第一段階で用いた方略ごとに認知的努力の平均値を求め，図6-9に示した。認知的努力の標準偏差が大きかったため，対数変換を行った上で平均と標準偏差を算出した。なお，図におけるエラーバーは標準偏差を表している。図6-9から第一段階にDISあるいはCONを用いて選択肢の絞り込みを行った群が他の3つの群に比べて大きな認知的努力を示したことがわかる。認知的努

4. 計算機シミュレーション1の結果と考察

表6-4　各決定方略で用いられる認知的努力の種類

方略	使用するEIP	処理の内容
CON	読み込み	選択肢ごとの属性値の読み取り
	比較	必要条件と各属性値との比較
	除去	必要条件に満たない属性値の除外
DIF	読み込み	属性の重要度の読み取り，選択肢ごとの属性値の読み取り
	比較	選択肢ごとに属性優位数を比較
	加算	選択肢ごとの属性優位数を合計
	乗算	重要度と属性値を乗算
	除去	属性優位数が少ないほうを除外
DIS	読み込み	選択肢ごとの属性値の読み取り，必要条件の読み取り
	比較	必要条件と各属性値との比較
	除去	必要条件に満たない属性値の除外
EBA	読み込み	属性の重要度の読み取り，選択肢ごとの属性値の読み取り，必要条件の読み取り
	比較	属性の重要度の比較，必要条件と各属性値との比較
	除去	必要条件に満たない属性値の除外
EQW	読み込み	属性の重要度の読み取り，各選択肢の属性値の読み取り
	加算	属性値の合算
	比較	加算で合算した数値の比較
	除去	比較で数値が小さかった選択肢の除外
LEX	読み込み	属性の重要度の読み取り，選択肢ごとの属性値の読み取り
	比較	重要度の比較，属性値の比較
	除去	比較で数値の低かった選択肢の除外
LEX-S	読み込み	属性の重要度の読み取り，選択肢ごとの属性値の読み取り
	比較	重要度の比較，属性値の比較
	除去	比較で数値の低かった選択肢の除外
MCD	読み込み	選択肢ごとの属性値の読み取り
	加算	選択肢ごとの属性値の優位数を加算
	比較	選択肢ごとの属性値の比較，加算の数値を比較
	除去	比較で数値が低かった方の選択肢を除外
WAD	読み込み	属性の重要度の読み取り，各選択肢の属性値の読み取り
	乗算	重要度と属性値の乗算
	加算	選択肢ごとの乗算を合算
	比較	加算の数値を比較

第6章 多段階多属性意思決定過程の計算機シミュレーション分析

表6-5 第一段階に使用した決定方略とその内容

第一段階に 使用した方略	方略の内容
CON	全ての属性値が閾値を上回っている選択肢を第二段階に進める。その際，残った選択肢が4つ以上あった場合，残った選択肢の中からランダムに3つを選んで第二段階に進める。
DIS	属性値が1つでも閾値を上回っている選択肢を第二段階へ進める。その際，残った選択肢が4つ以上あった場合，残った選択肢の中からランダムに3つを選んで第二段階に進める。
EBA	最も重要な属性に関して属性値が閾値を上回った選択肢を第二段階に進める。その際，残った選択肢が4つ以上あった場合，2番目に重要な属性に関しても属性値が閾値を上回っているか考慮する
LEX	最も重要な属性に関して上位3つの選択肢を第二段階へ進める。

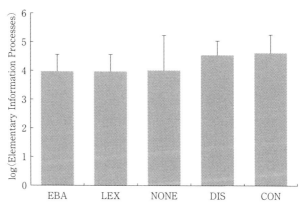

図6-9 第一段階で使用した方略の種類と全条件での認知的努力の平均

力の値が小さかったEBAとLEXは共に，すべての選択肢を属性単位で見ていく属性型の方略である。認知的努力の値が大きかったCONとDISはすべての属性を選択肢単位で見ていく選択肢型の方略である。

●第一段階の方略と相対的正確さ

第一方略の種類ごとに相対的正確さの平均値を求め，図6-10に示した。図6-10では，DISを第一段階に使用した場合の相対的正確さが最も低く，次い

4. 計算機シミュレーション 1 の結果と考察

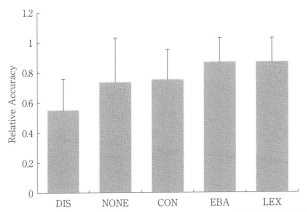

図 6-10　第一段階で使用した方略の種類とその相対的正確さの平均

で NONE と CON が同程度であり，EBA および LEX を使用した場合の相対的正確さが最も高かった。また，先ほどの認知的努力と同様，属性型の方略は相対的正確さが高く，逆に選択肢型の方略は相対的正確さが低い傾向が認められた。

● 相対的正確さと認知的努力の関係

　二段階で行った意思決定の相対的正確さと認知的努力の関係を図 6-11 に示した。なお，図 6-11 において●で示した点は CON を，▲は DIS を，■は EBA を，★は LEX を，◆は NONE を，それぞれ第一段階に使用したことを示している。図中には認知的努力と相対的正確さをそれぞれ自然対数で対数変換したものから求めた回帰線が記してある。この回帰線は，両変数を対数変換したのちに，直線回帰を行っているので，べき関数の積になっている。図では，わかりやすくするために，横軸の値は反転させてあるため，右上に行くほど相対的正確さが高く，認知的努力の値が低くなっている。図 6-11 において，密集している点の部分を拡大表示したものを図 6-12 に示した。図 6-11, 図 6-12 から，第一段階に EBA と LEX を使用している組み合わせが右上に位置していた。また，CON を第一段階に使用している組み合わせは全体的に回帰線より下側に位置していた。また，LEX で選択肢の絞り込みを行った群と EBA で選

175

第6章　多段階多属性意思決定過程の計算機シミュレーション分析

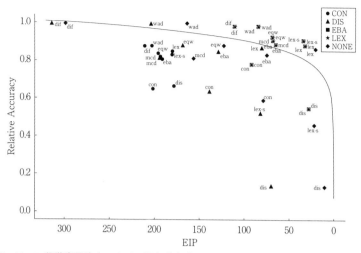

図6-11　二段階意思決定における認知的努力と相対的正確さの関係　プロットの形状は選択肢の絞り込みに用いた方略を，ラベルは選択肢の採択に用いた方略を示している。

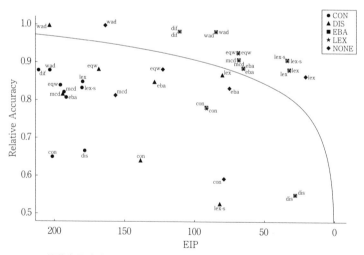

図6-12　二段階意思決定における認知的努力と相対的正確さの関係（部分拡大）　プロットの形状は選択肢の絞り込みに用いた方略を，ラベルは選択肢の採択に用いた方略を示している。

4. 計算機シミュレーション1の結果と考察

択肢の絞り込みを行った群は，散布図上でほぼ同じ位置であった。

また，相対的正確さをy，相対化した認知的努力をxと置き両変数を対数変換し $\log(y) = a\log(x)$ で回帰分析を行った。その結果，$a = 0.2237$ が得られた。

これにより，相対的正確さの予測値が認知的努力の 0.2237 乗で推定される。この回帰式から算出された相対的正確さの予測値をシミュレーションで実際に得られた相対的正確さから引いた差を，大きいものから順に並べたものが表6-6である。回帰式の予測値は認知的努力と相対的正確さの平均的なトレードオフ関係を表現していると考えられる。予測値よりプラス方向で逸脱している値は，認知的努力を減らしているにも関わらず，相対的な正確さは平均値以上に維持している，適応的な決定方略と解釈することが可能である。

この結果では LEX や EBA といった属性型の方略を用いて選択肢の絞り込みを行う組み合わせが上位に位置した。

以上から，決定方略を組み合わせて使用する際は選択肢の絞り込みに EBA や LEX などの属性型の方略を用いることで，正確性の高い意思決定が行えるが，逆に CON や DIS といった選択肢型の方略を選択肢の絞り込みに使用すると，選択肢の絞り込みを行わず単一の方略で行う意思決定よりも認知的努力が大きく，正確性も低くなるという傾向があることが示唆された。

●選択肢数と認知的努力および相対的正確さの関係

選択肢数と認知的努力の関係

次に，選択肢数と認知的努力の関係の検討を行った。それぞれの方略の組み合わせにおける選択肢数ごとに認知的努力を，図6-13から図6-15に示した。なお，選択肢の絞り込みに NONE 以外を使用した結果ではすべての組み合わせにおいて，選択肢の増加とともに認知的努力が単調に増大していくという結果が現れたため，考察の対象から除外し，CON と DIS に関する図のみを示した。

図6-13，図6-14，図6-15を通じて，選択肢数が増えると認知的努力が上昇する傾向が方略の組み合わせのほとんどに見られたが，選択肢の絞り込みを行わず CON もしくは DIS のみを用いて意思決定を行った群は，選択肢数による認知的努力の変化がほとんど認められなかった。この結果が出たのは，CON と DIS では，選択肢型で探索を行い，必要条件を満たした選択肢を見つ

177

第6章 多段階多属性意思決定過程の計算機シミュレーション分析

表6-6 方略の組み合わせと予測値との差

第一段階の方略	第二段階の方略	実測値−予測値	第一段階の方略	第二段階の方略	実測値−予測値	第一段階の方略	第二段階の方略	実測値−予測値
NONE	LEX	.32	NONE	WAD	.14	CON	DIF	−.04
LEX	LEX-S	.30	DIS	LEX	.13	NONE	MCD	−.04
EBA	LEX-S	.30	NONE	EBA	.11	CON	LEX-S	−.05
LEX	LEX	.28	DIS	WAD	.09	CON	EQW	−.06
EBA	LEX	.28	NONE	EQW	.07	CON	MCD	−.08
LEX	WAD	.24	DIS	EBA	.03	DIS	MCD	−.08
EBA	WAD	.24	EBA	CON	.02	CON	EBA	−.09
EBA	EQW	.22	LEX	CON	.02	NONE	LEX-S	−.09
LEX	EQW	.22	DIS	EQW	.01	NONE	CON	−.14
EBA	MCD	.20	NONE	DIF	.01	DIS	CON	−.19
LEX	MCD	.20	DIS	DIF	.00	DIS	LEX-S	−.21
LEX	DIF	.19	CON	WAD	−.03	CON	DIS	−.21
EBA	DIF	.19	LEX	DIS	−.03	CON	CON	−.25
LEX	EBA	.18	EBA	DIS	−.03	NONE	DIS	−.33
EBA	EBA	.18	CON	LEX	−.03	DIS	DIS	−.57

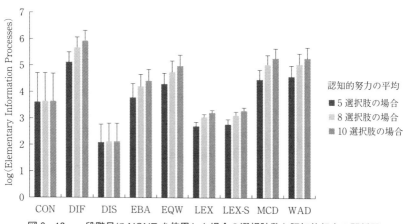

図6-13 一段階目に NONE を使用した場合の選択肢数と認知的努力の関係図

4. 計算機シミュレーション1の結果と考察

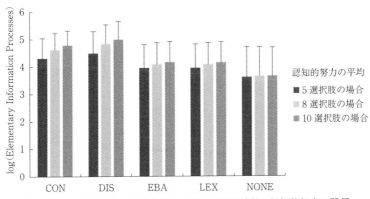

図 6-14　一段階目に CON を用いた場合の選択肢数と認知的努力の関係

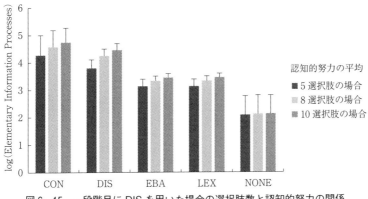

図 6-15　一段階目に DIS を用いた場合の選択肢数と認知的努力の関係

けると探索を打ち切るために，選択肢の数が多くてもその影響を受けにくくなったためと解釈できる．一方で組み合わせの意思決定の第二段階として CON や DIS を用いた場合には，第一段階で方略を用いて選択肢の絞り込みを行った時点で選択肢数の大きさに影響を受けるために，同じ CON および DIS を利用した組み合わせであるにもかかわらず認知的努力が増加したと考えられる．また，選択肢数の増減に関係なく同一の選択肢数内での認知的努力の大きさの順序は一定であった．

第 6 章　多段階多属性意思決定過程の計算機シミュレーション分析

選択肢数と相対的正確さの関係

　次に選択肢数と相対的正確さの関係について検討した。それぞれの方略の組み合わせにおける選択肢数ごとの相対的正確さを，図 6 - 16 から図 6 - 18 に示した。なお CON を第一段階で使用した群は取り上げるべき特徴がなかったため図は記載しなかった。

　図 6 - 16 から，第一段階に DIS を用いて意思決定を行った場合，第二段階にどの方略を用いても選択肢数が増えるにつれて相対的正確さは減少した。これは第一段階で選択肢を絞り込む段階で少なくとも 1 つは高い属性値を持つが，期待値が高くない選択肢を多く残したことが原因であると考えられる。また，図 6 - 17，図 6 - 18 から第一段階に LEX や EBA といった属性型の方略を用いて選択肢の絞り込みをした組み合わせでは属性数の増加による影響を受けにくく，さらに第一段階で LEX もしくは EBA を用いて選択肢の絞り込みをした後に第二段階で CON や DIS といった選択肢型の方略を用いた組み合わせでは選択肢数が多いと，相対的正確さも高い傾向が示された。

●属性数と認知的努力および相対的正確さの関係

属性数と認知的努力の関係

　まず，属性数と認知的努力の関係について検証した。それぞれの方略の組み合わせにおける属性数ごとに，認知的努力の大きさを図 6 - 19 に示した。図 6 - 19 から，選択肢の絞り込みを行わずに DIS のみを用いた意思決定を除くすべての方略において，属性数の増加に応じて認知的努力の値が上昇する傾向が見られた。これは，DIS が最初に必要条件を満たす属性値が現れるまで探索を続け，条件にあてはまる属性を持った選択肢が現れたときに探索を終了する方略であるため，1 つの選択肢が持つ属性の数に認知的努力の処理数が影響を受けなかったものと推測される。

属性数と相対的正確さの関係

　次に属性数と相対的正確さの関係について検討した。それぞれの方略の組み合わせにおける属性ごとの相対的正確さを，図 6 - 20 から図 6 - 25 に示した。

　図 6 - 20 から図 6 - 25 から，EBA および LEX を第一段階に使用した意思決

180

4. 計算機シミュレーション1の結果と考察

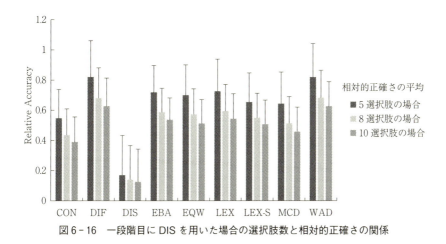

図6-16 一段階目にDISを用いた場合の選択肢数と相対的正確さの関係

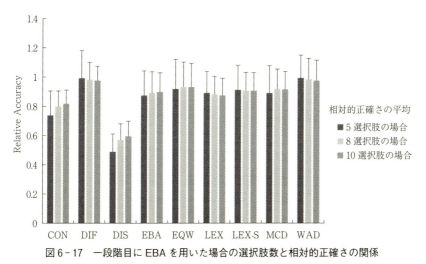

図6-17 一段階目にEBAを用いた場合の選択肢数と相対的正確さの関係

定ではCONやDISを第一段階に使用した場合よりも相対的正確さが選択肢数の影響を受けにくいという傾向が見られた。これはEBAやLEXが最も重要な属性に関して属性型で選択肢を見ていくためと考えられる。また、同じ選択肢型であるCONとDISでも、第二段階にCONを使用した場合は属性が増えると相対的正確さが増加するのに対しDISを使用した場合は属性数が増える

第6章　多段階多属性意思決定過程の計算機シミュレーション分析

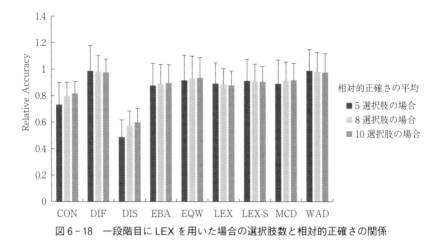

図6-18　一段階目にLEXを用いた場合の選択肢数と相対的正確さの関係

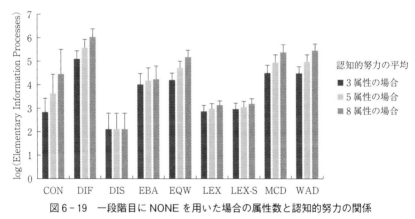

図6-19　一段階目にNONEを用いた場合の属性数と認知的努力の関係

と相対的正確さが減少するといったように選択肢数による相対的正確さへの影響の受け方に違いが発生した。DISは，属性が増えることで，より選択肢が必要条件に合致する属性値を持ちやすくなり，相対的正確さの低い選択肢でも採択されやすくなるのに対して，CONでは属性数が増えるとそれだけ必要条件に当てはまらない属性値を持つ確率が上がり相対的正確さの低い選択肢が採択されにくくなるからだと推測できる。

　以上から，属性数を増やすことによって認知的努力の大きさは，方略によら

4. 計算機シミュレーション1の結果と考察

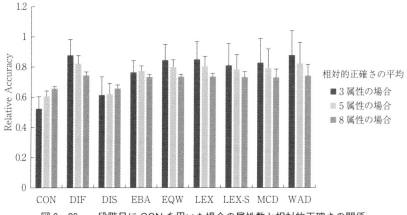

図6-20 一段階目にCONを用いた場合の属性数と相対的正確さの関係

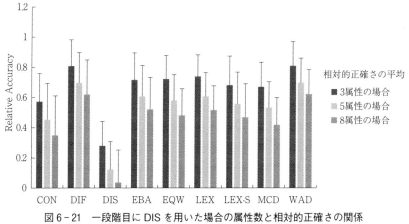

図6-21 一段階目にDISを用いた場合の属性数と相対的正確さの関係

ず上昇するが,相対的正確さに関しては使用する方略ごとに異なることが示された。

第6章 多段階多属性意思決定過程の計算機シミュレーション分析

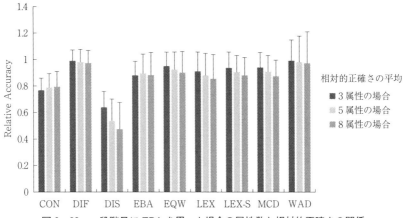

図6-22 一段階目にEBAを用いた場合の属性数と相対的正確さの関係

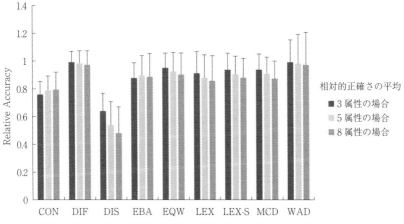

図6-23 一段階目にLEXを用いた場合の属性数と相対的正確さの関係

4. 計算機シミュレーション1の結果と考察

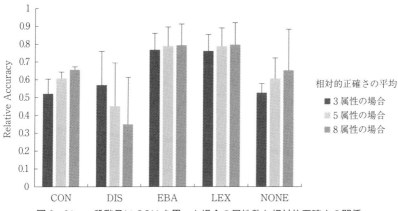

図6-24 一段階目に CON を用いた場合の属性数と相対的正確さの関係

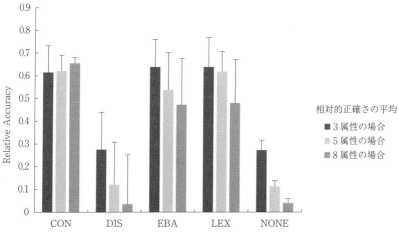

図6-25 一段階目に DIS を用いた場合の属性数と相対的正確さの関係

第6章　多段階多属性意思決定過程の計算機シミュレーション分析

5. 計算機シミュレーション2の目的と方法 ………………………………

◉計算機シミュレーション2の目的
　計算機シミュレーション1の結果を受けて，新しく計算機シミュレーション2を行った（竹村ら，2015）。シミュレーション2の目的は，二段階に分けて意思決定を行う際に第一段階から第二段階に残す選択肢の数を変異させることによって，相対的正確さや認知的努力がどのように変化するかについての検討である。すなわち，第一段階から第二段階に絞り込む際に残す選択肢の数が，認知的努力と相対的正確さに与える影響を検討した。その際に，選択肢や属性の数は固定し，第二段階に残す選択肢の数を変化させ，その時の意思決定過程と結果について検討を行った。

◉計算機シミュレーション2の方法
　属性数3，選択肢数5の多属性意思決定課題に対し，先の計算機シミュレーションにおいて回帰曲線よりも上に位置していた組み合わせ上位7組を使用して選択肢の絞り込みおよび選択肢の採択を行った。この際，第二段階に残す選択肢の数はPayneら（1993）で用いられていた数値の前後である2つ以下，3つ以下，4つ以下の3段階とした。方略を用いて選択肢の絞り込みを行い，その中から方略を用いて採択を行う一連の流れを1試行とする。これを「選択肢を2つ以下に絞り込む条件」「選択肢を3つ以下に絞り込む条件」「選択肢を4つ以下に絞り込む条件」のそれぞれで3000試行繰り返した。その結果から認知的努力および相対的正確さの平均を算出し，それぞれの方略の組み合わせで比較を行った。なお，方略を組み合わせずLEXのみを用いて意思決定をする群については，選択肢の絞り込みは行わないため，二段階目に残す選択肢数について考慮しなかった。

6. 計算機シミュレーション2の結果と考察

●第二段階に残す選択肢数と認知的努力の関係
　第二段階に残す選択肢数ごとに，認知的努力の関係を図6-26に記述した。図6-26から，選択肢のLEXを用いた組み合わせと比較してEBAを用いて選択肢の絞り込みを行った組み合わせの方が二段階目に残す選択肢の数の認知的努力への影響が小さくなっていることがわかる。これはEBAの性質上，二段階目に進める選択肢の数が指定した数よりも小さくなる場合があり，二段階目に残す選択肢数の変動がLEXよりも小さくなったためと考えられる。

●第二段階に残す選択肢数と相対的正確さの関係
　次に第二段階に残す選択肢数ごとに相対的正確さを，図6-27に示した。図6-27から同一の方略を組み合わせて意思決定を行った場合，相対的正確さは第二段階に残す選択肢の影響をほとんど受けない傾向が見られた。これは，属性型の方略では同じ方略を組み合わせた場合，まったく同じ観点で再度選択肢を見ていくことになるため，第二段階に選択肢をいくつ残しても結果に差が出なかったのだと考えられる。また，第二段階でWADを用いる組み合わせで

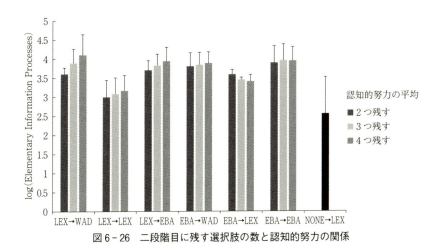

図6-26　二段階目に残す選択肢の数と認知的努力の関係

第6章 多段階多属性意思決定過程の計算機シミュレーション分析

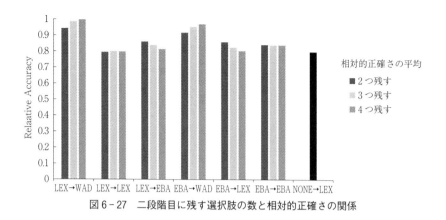

図6-27 二段階目に残す選択肢の数と相対的正確さの関係

は第二段階に残す選択肢の数が多いと相対的正確さが高くなる傾向が見られた。この傾向は，WADによって相対的正確さの高い選択肢を採択する前に選択肢の絞り込みで相対的正確さの高い選択肢を考慮から除外する確率が低くなるためだと考えることができる。また，LEXで絞り込んだ後にEBAを用いた場合，あるいはEBAで選択肢の絞り込みをした後にLEXを用いて意思決定を行った場合には第二段階に残す選択肢が多くなると相対的正確さが減少するという傾向が見られた。これはLEXやEBAが多くの選択肢の中から選択を行うと最も重要な属性のみに関して評価の高い選択肢を採択してしまう可能性が高くなるためと思われる。

7. 総合考察

これまでの計算機シミュレーションで得られた結果からは，二段階の意思決定を行う際に，選択肢の絞り込みに使用する方略をEBAやLEXといった1つの属性に関して複数の選択肢にまたがって探索していく属性型の方略を用いると，単一の方略で行う意思決定と変わらない認知的努力で相対的正確さが高くなるという傾向が見られた。これまでの意思決定過程の研究において，意思決定者は，認知的努力を低減するために，まずLEXのような決定方略で選択肢を少数に絞った後に，荷重加算型で決定する（Bettman, 1979; Takemura, 2014）

という報告があるが，竹村ら（2015）の知見はその解釈をサポートするもので
あった。

　このことを，現実の意思決定場面で考察してみると，以下のようになる。た
とえば，パソコンを購入する場合，CPU などの機能だけで順位づけて，もっと
も機能の優れているブランドを2，3に絞って，その2，3のブランドについて，
価格，デザインなどすべての属性を検討するような加算型を用いて，最も評価
の高かったブランドを購入決定するというような決め方が，比較的認知的努力
も低くてすみ，それにもかかわらず荷重加算型の正確さの9割以上の正確さで
の決め方ができるということが図6-11から示唆される。Payne ら（1993）が
明らかにし，また本研究でも確認したように，辞書編纂型のみにおいても，荷
重加算型の8割程度の正確さを持てることがわかっているが，辞書編纂型と荷
重加算型の2つを組み合わせることによって，正確さが向上することが示唆さ
れる。実際の実験参加者の意思決定においても多段階意思決定において，この
ような方略が用いられることが多いのは，人間ができるだけ認知的努力を最小
化させようとしながらも，荷重加算型に近い正確さの意思決定を行おうとして
いることを暗示している。

　計算機シミュレーションの結果，CON や DIS といった選択肢型の決定方略
を第一段階に用いた二段階意思決定では単一の方略を用いて行う意思決定より
も認知的努力を消費する上に相対的正確さも減少するという結果が得られた。
この結果を解釈すると，選択肢の数や属性の数といった意思決定課題の状況を
考慮しない多属性意思決定全般において，属性型の方略を用いて選択肢を絞り
込んだのちに別の方略を用いて意思決定を行うというのがもっとも迅速で正確
な意思決定につながりやすい方法になると推測できる。CON は，Simon（1957）
の満足化原理に対応する意思決定であるが，荷重加算の方略の正確さとはかな
り乖離してしまうことがわかった。この結果は，満足化原理に基づく意思決定
が，意思決定の結果においても，荷重加算型とはかなり異なる決定方略である
ことを示唆している。荷重加算型は，社会心理学においては，多属性態度モデ
ル，意思決定理論においては，多属性意思決定理論や期待効用理論に仮定され
ているような荷重加算の情報統合様式を示しているが，このような決定方略は，
満足化原理に基づく連結型とは認知的努力の面だけでなく，決定結果において

もかなり異なることを示唆している。辞書編纂型が，荷重加算型の結果と比較的近かったのとは対照的である。

つぎに，第二シミュレーション研究で，選択肢数を操作して意思決定を行った際，属性型の選択肢で選択肢を絞り込んだ組み合わせでは他の組み合わせより選択肢の増加による影響を受けにくくなるという結果が得られた。また今回行った5から10個の選択肢を持つ多属性意思決定課題の範囲では選択肢数によって方略の相対的正確さや認知的努力の順位は変わるといった現象は見られなかった。これを踏まえると属性型の方略で選択肢の絞り込みを行った後に選択肢型の方略を行えば選択肢数の大小に関係なく意思決定を行いやすくなるということが示唆される。これまでの多属性意思決定の実験研究でも，属性型の方略で選択肢の絞り込みを行った後に選択肢型の方略が用いられやすいことが見出されているが（Takemura, 1993, 2014），このことと竹村ら（2015）の知見を組み合わせて考えてみると，人間が選択肢の増加などの情報過負荷の状態に対処するために，属性型の絞り込みを行ってから選択肢型の方略を用いるということを示唆している。

また，属性数を操作して実験を行った結果，CON を使用した意思決定は属性の増加に伴って相対的正確さが増加するが DIS を使用した場合は逆に相対的正確さが減少するという結果が得られた。これを解釈すると，より良い選択肢を採択しようと多くの属性を視野に入れて意思決定を行おうとすると CON を使う場合には相対的正確さの高い選択肢を採択しやすくなるが DIS を使った意思決定では逆に相対的正確さの低い選択肢を採択してしまう可能性が高くなるということが予測できる。実際，これまでの多属性意思決定の研究では，多くの属性を実験参加者に呈示すると，意思決定の結果が荷重加算型から大きくずれるという報告があるが（Bettman, 1979），実験参加者が分離型のような方略を用いていたと解釈すれば，この現象を整合的に説明できる。ただ，この解釈は，従来の荷重加算型モデルの研究ではその情報処理の在り方や決定方略が検討されていないために，この解釈があたっているかについては今後の検討の余地があるだろう。

8. まとめと今後の研究の問題 ……………………………………………

　本稿では，Payne ら（1993）の決定方略についての計算機シミュレーション
の基本的枠組みを用いて，彼らの扱っていなかった決定方略も加え，さらに，
意思決定の過程において，途中で決定方略が変更されることを考慮に入れて，
意思決定過程に二段階を設定し，その意思決定過程で決定方略が変化すること
を仮定した計算機シミュレーション研究（竹村ら，2015）について解説した。
この研究では，取り上げた決定方略のすべてについて二段階の組み合わせを考
え，計算機シミュレーションを行った。この計算機シミュレーションでは，ど
のような決定方略が，また，どのような決定方略の組み合わせが，認知的努力
が少なくて，比較的正確か，ということを検討し，どのような二段階意思決定
方略による意思決定の仕方が現実的な意思決定おいて，比較的認知的努力が少
なくて正確なのかという観点からの考察を行い，その心理的な機能についての
考察を行った。

　本稿では，二段階の決定方略について検討した結果，LEX を用いて 2 つに
選択肢を絞って，それから WAD で比較検討することが比較的認知的負荷が
低く正確であることが示された。このことを現実的な状況で考えると，意思決
定者は自分にとって一番重視する属性で選択肢を絞り込んで，決められないと
きは次で絞り込み，最終候補を 2 つに絞って荷重加算型で意思決定をすると，
比較的認知的努力が少なくて，最初から荷重加算型で行う結果に近い意思決定
ができるということである。これまでの多属性の意思決定の研究ではそのよう
な意思決定過程を示す者が多いことを示している（Bettman, 1979; Takemura,
2014）。このようなことから，多段階意思決定方略を示す多くの消費者が比較
的合理的な意思決定をしていることが示唆される。しかし，ここで注意しない
といけないことは，相対的正確さ（RA）を本研究では，Payne らの研究と同
様に，荷重加算型で測ったことである。荷重加算型は本当に合理的で正確な決
定方略なのか規範的意思決定論からの疑問が残る。多目標最適化の観点に立つ
と，荷重加算型がパレート最適になる条件にも制限があり，その意味でも荷重
加算型が最適で合理的であるということは，必ずしも言えない。また，すべて

第6章　多段階多属性意思決定過程の計算機シミュレーション分析

の属性値が数値的に荷重加算できるという前提も，その荷重加算型の公理的な条件（Krantz, Luce, Seppes, & Tversky, 1971; 竹村・藤井，2015）を考えると，十分に検討すべき問題がある。

　また，本稿で示したシミュレーションでは，二段階の意思決定がそれぞれの条件においてどのように認知的努力や結果の正確さを変化させるかについて検討を行ってきた。今回は必要条件を用いた方略である CON 群，DIS 群，EBA 群では選択肢の絞り込みの際に，残った選択肢が３つ以下になるまで探索を続けるように設定してあり，すべての試行で第二段階に３つ丁度の選択肢を残せるわけではなかった。そのため，実際に第二段階に残された選択肢の数の平均は３つよりも少ないものとなっているケースも存在していたと推測される。第二段階での意思決定を毎回三選択肢の内から行えるように，第二段階に選択肢を必ず３つ丁度残せるように設定するべきであったと考える。また，この研究では，比較的優れた成績の LEX を用いて選択肢の絞り込みを行う際の第二段階に残す選択肢の数を変化させてその効果を確かめ，第二段階に残す選択肢の数が相対的正確さに与える影響が組み合わせた方略によって異なると結論づけたが，本稿で検討した以外の決定方略の組み合わせについてもさらに検討する必要があると考える。

　また，本稿で検討した決定方略は，基本的には，その代表的なものにすぎず，現実場面における決定方略を網羅したものでない。実際の決定方略は言語プロトコール法や情報モニタリング法などの過程追跡法によって検討されているが，その同定は難しく，測定における曖昧性も存在する（Takemura, 2014）。したがって，本研究で扱った決定方略の考察については，計算機シミュレーションだけの検討では限界がある。これについては，過程追跡技法などを用いながら実験的に再検討することが必要である。たとえば，過程追跡技法を用いて，実際の意思決定における多段階方略とその心理的状態についての相関分析研究を行ったり，あるいくつかの多段階的な決定方略を実験参加者に実行させて，その心理状態の比較を行うというような実験研究などが考えられる。

参考文献

Beach, L. R., & Mitchell, T. R. (1978). A contingency model for the selection of decision strategies. *Academy of Management Review, 3*, 439-449.

Bettman, J. R. (1979). *An information processing theory of consumer choice*. Cambridge, MA: Addison-Wesley.

Bettman, J. R., Johnson, E. J., & Payne, J. W. (1991). Consumer decision making. In T. S. Robertson, & H. H. Kassarijan (Eds.), *Handbook of consumer behavior* (pp. 50-84). Engelwood Cliffs, NJ: Prentice Hall.

Brandstätter, E., Giggerenzer, G., & Hertwig, R. (2006). The priority heuristic: Making choices without tradeoffs, *Psychological Review, 113*, 409-432.

Krantz, D.H., Luce, R.D., Suppes, P., & Tversky, A. (1971). *Foundations of measurement: Additive and polynomial representations*. Vol. 1. New York: Academic Press.

Kühberger, A., Schulte-Mecklenbeck, M., & Ranyard, R. (2011). Introduction: Windows for understanding the mind. In M. Sshulte-Mecklenbeck, *A. Kühberger, & R. Ranyard* (Eds.), *A handbook of process tracing methods for decision research: A critical review and user's guide* (pp. 1-17). New York: Psychology Press.

大久保重孝・竹村和久（2011）．2. 眼球運動と消費者行動分析 繊維製品消費科学, *52*, 744-750.

大久保重孝・諸上詩帆・竹村和久（2006）．感情が商品選択における情報検索過程に及ぼす影響の実験研究 日本感性工学会第17回あいまいと感性研究部会ワークショップ講演論文集, *18*, 147-155.

Payne, J. W., Bettman, J. R., & Johnson, E. J. (1993). *The adaptive decision maker*. Cambridge, UK: Cambridge University Press.

Payne, J. W., & Bettman, J. R. (2004). Walking with the scarecrow: The information-processing approach to decision research. In D. J. Koehler and N. Harvey (Eds.), *Blackwell handbook of judgment and decision* (pp. 110-132). Malden, MA: Blackwell Publishing.

Simon, H. A. (1957). *Administrative behavior: A study of decision making processes in administrative organization* (2nd ed.). New York, NY: McMillan.（サイモン H. A. 松田武彦・高柳暁・二村敏子（訳）（1965）．経営行動 ダイヤモンド社）

Takemura, K. (1993). Protocol analysis of multistage decision strategies. *Perceptual and Motor* Skills, *77*, 459-469.

竹村和久（1996）．意思決定の心理——その過程の探究 福村出版

竹村和久（2009）．行動意思決定論——経済行動の心理学 日本評論社

Takemura, K. (2014). *Behavioral decision theory: Psychological and mathematical representations of human choice behavior*. Tokyo: Springer Japan.

竹村和久（2015）．経済心理学——行動経済学の心理的基礎 培風館

竹村和久・藤井聡（2015）．意思決定の処方 朝倉書店

竹村和久・原口僚平・玉利祐樹（2015）．多属性意思決定における決定方略の認知的努力と正確さ——計算機シミュレーションによる行動意思決定論的検討 認知科学, *22*, 368-388.

第 6 章　多段階多属性意思決定過程の計算機シミュレーション分析

竹村和久・原口僚平・玉利祐樹（2018）．消費者の意思決定方略　繊維製品消費科学，2018
　　年 6 月号

都築誉史・松井博史（2006）．多属性意思決定における文脈効果に関するモデル研究の動向
　　立教大学心理学研究，*48*, 69-79.

Tversky, A.（1972）. Elimination by aspects: A theory of choice. *Psychological Review, 79*,
　　281-299.

第7章	意思決定における確率荷重関数と 時間割引関数

1. はじめに ·····

　不確実性下の意思決定の中でも，確率分布がわかっている場合の意思決定はリスク下の意思決定と呼ばれている。リスク下の意思決定において，人々は確率で表現されるリスクをどのように評価しているのであろうか。たとえば，宝くじに当たる確率は極めて低いが，人々はこれを過大評価することが知られている。一方，比較的良く起こる事象は，人々は過小評価することも知られている（Kahneman & Tversky, 1979; Tversky & Kahneman, 1992）。このように人々は，確率情報をある意味で歪めて解釈していると考えることができる。このような確率を歪めて解釈する傾向性を表現するのに，確率荷重関数を考えるやり方がある。本章では，この確率荷重関数について考える。

　この確率荷重関数がどのようにして生じるのかということについては，意思決定研究の文脈でいろいろな理論的考察がなされている（Luce, 2001; Prelec, 1998; Prelec & Loewenstein, 1991; Rachlin, Raineri, & Cross, 1991; Takahashi, 2011; Tversky & Kahneman, 1992）。Prelec（1998）は，特定の選好パターンを示したときに，どのような確率荷重関数の形状になるかを公理論的なアプローチから検討した最初の研究とされている（Luce, 2001）。彼は Compound invariance という公理を提案し，この公理に従った選好パターンを示したときに，確率荷重関数は，$W(p) = \exp[-\beta(-\ln p)]^a$ となることを導いた。さらに，Luce（2001）は，Prelec（1998）の公理をよりシンプルにした Reduction invariance を提案している。この公理は，Compound invariance よりも，選好パターンの検証が

第7章　意思決定における確率荷重関数と時間割引関数

容易であるという特徴がある。このように公理論的なアプローチから，選好パターンと確率荷重関数の形状の関係について検討した研究とは別のアプローチとして，リスク下の意思決定と異時点間の選択の類似性から確率荷重関数がどのように生じるかを検討した研究がある。

　Prelec & Loewenstein（1991）は，リスク下の意思決定と異時点間の選択におけるアノマリー（アレのパラドックス（Allais, 1953）など，経済学における規範理論から逸脱した実際の選択行動）から，これらにはいくつかの共通した性質があることを指摘している。従来の研究ではリスク下の意思決定と異時点間の選択は別々の理論により説明されているが，一方で彼らは，現実の世界において時間と不確実性は相互作用の関係にあることにも言及している。たとえば，何かが遅延するということは多くの場合，それは不確実であるということであり，また不確実性は時間により解決することが多く，不確実な事象は大抵，遅延して生起することを挙げている。

　リスク下の意思決定と異時点間の選択との関係性について検討した別の研究として，Rachlin et al.（1991）は，時間割引と確率割引が同一のプロセスにより行われることを主張している。Rachlin et al.（1991）は，確率と遅延時間は互いに変換可能であることを示した。さらに，彼らは価値の割引において，遅延時間が確率より本質的な要因であると考え，確率を遅延時間に変換し，遅延時間による価値の割引と，確率を遅延時間に変換した値による価値の割引はともに双曲線関数で表現できることを報告している。Takahashi（2011）は，Rachlin et al.（1991）の考え方を発展させ，確率荷重関数のモデルを提案している。このように，リスク下の意思決定と異時点間における選択行動との関係を示唆する研究は，近年増えてきており（詳しくは芝（2017）を参照），これら2つの意思決定の関係について検討することは人の意思決定をより深く理解する上で重要であると考えられる。本章では，確率情報は一種の遅延報酬であるとの観点から，確率荷重関数の形状を考えてみることにする。また，その考察をもとに，実際の確率荷重関数を実験心理学的に推定した結果を竹村・村上（2016）および Takemura & Murakami（2016）の論文を加筆・修正した形で報告する。

196

2. プロスペクト理論と確率荷重関数 ……………………………………………

　これまでリスク下の意思決定では，ギャンブル課題によって，確率への人の認知傾向の特徴を検討するといった枠組みを用いて，検討が行われてきた。たとえば，Tversky & Kahneman（1992）では，150 ドルを得る確率が25％で50ドルを得る確率が75％のギャンブルが呈示され，実験参加者の選択結果から，人の確率への重みづけが検討されている。確率への認知傾向の検討は，意思決定研究において重要な課題とされてきたが，今日では，行動経済学，脳機能研究，リスクコミュニケーションなどからも注目され，ギャンブル依存などの臨床場面への応用が期待される領域となっている（竹村，2006; Takahashi et al., 2010; 高橋，2014）。意思決定研究における，確率への人の認知傾向の検討は，プロスペクト理論（Kahneman & Tversky, 1979; Tversky & Kahneman, 1992）が中心的な役割を担ってきた（Takemura, 2014）。プロスペクト理論は，代替案に対する人の評価を，確率荷重関数と価値関数という 2 つの関数を置くことで数理的に表現している。図 7 - 1 は確率荷重関数を示している。

　確率荷重関数は，代替案の結果が生じる確率に対して，人が主観的に感じるインパクトを表す関数である。確率荷重関数の特徴として，低い確率では実際の確率より高いインパクトを示し，高い確率に対しては実際の確率より低いインパクトを示すため，逆S字の形状となる。また，価値関数とは，代替案を選択したことで得られる結果の価値を表現する関数である。

　Kahneman & Tversky（1979）と Tversky & Kahneman（1992）は，理論の提案とともに，実験データをもとに確率荷重関数の推定を行っている。彼らの行った実験は，呈示されたギャンブルと確実同値額を実験参加者に決定させるといった実験手続きを用いていた。

　彼らの提唱したプロスペクト理論（prospect theory）によると，確率が非常に低い状況では確率を過大評価し，$\pi(p) > p$ という関係が成立する。Kahneman & Tversky（1979）は，彼らの実験参加者となった大学生や教員に，下記の質問をして，確率荷重関数に関するこの仮定を検討している。

第 7 章　意思決定における確率荷重関数と時間割引関数

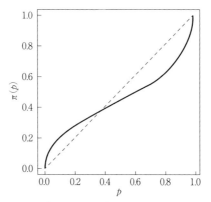

図7-1　累積プロスペクト理論における確率荷重関数（Tversky & Kahneman（1992）のモデルをもとに作図）

　問題1　次の選択肢のうち，どちらが好ましいですか？
　　A．0.1％の確率で5000ドルが得られる（プロスペクトA =（5000, .001））。
　　B．確実に5ドルが得られる（プロスペクトB =（5, 1.00））。
　問題2　次の選択肢のうち，どちらが好ましいですか？
　　C．0.1％の確率で5000ドルを失う（プロスペクトC =（-5000, .001））。
　　D．確実に5ドルを失う（プロスペクトD =（-5, 1.00））。

　72名の実験参加者のうち，問題1では72％がA，28％がBを選び，問題2では17％がC，83％がDを選んだ。この結果は，問題1において，実験参加者が確率の非常に低い利得のギャンブルをその期待値額よりも選好することを示し，問題2において，実験参加者が非常に低い確率で起こる損失のギャンブルよりその期待値額を選好することを示している。

　問題1の多数の実験参加者の回答パターンより，$\pi(.001)v(5000) > v(5)$ という関係が示されているが，プロスペクト理論の価値関数 v が利得領域で凹関数であることを仮定すると，下記の関係が成り立つことがわかる。

$$\pi(.001) > [v(5) / v(5000)] > .001$$

同様に，問題2の結果より，$\pi(.001)v(-5000) < v(-5)$ という関係が示され，プロスペクト理論の価値関数 v が損失領域で凸関数であることを仮定すると，下記の関係が成り立つことがわかる。

$$\pi(.001) > [v(-5) / v(-5000)] > .001$$

この結果から，確率が非常に低い状況では確率を過大評価し，$\pi(p) > p$ という関係が成立することが示される。

次に，プロスペクト理論では，ある確率，$0 \leqq p, q, r \leqq 1$ に対して，$[\pi(pqr) / \pi(pr)] > [\pi(pq) / \pi(p)]$ という非比例性が成り立つことが仮定されている。Kahneman & Tversky（1979）は，彼らの実験参加者に，下記の質問をして，この性質を検討している。

　　問題3　次の選択肢のうち，どちらが好ましいですか？
　　　A．45％の確率で6000ドルが得られる（プロスペクト A = (6000, .45)）。
　　　B．90％の確率で3000ドルが得られる（プロスペクト B = (3000, .90)）。
　　問題4　次の選択肢のうち，どちらが好ましいですか？
　　　C．0.1％の確率で6000ドルが得られる（プロスペクト C = (6000, .001)）。
　　　D．0.2％の確率で3000ドルが得られる（プロスペクト D = (3000, .002)）。

66名の実験参加者が問題3に答え，14％がA，86％がBを選んだ。また，66名の実験参加者が問題4に答え，73％がC，27％がDを選んだ。問題3と問題4の結果をもとにして，価値関数 v が利得の領域で凹関数であることを仮定すると，

$$\frac{\pi(.001)}{\pi(.002)} > \frac{v(3000)}{v(6000)} > \frac{\pi(.45)}{\pi(.90)} \quad\text{..} \quad (1)$$

となる。ここで，$p = 9/10$, $q = 1/2$, $r = 1/450$ とすると，$[\pi(pqr) / \pi(pr)] > [\pi(pq) / \pi(p)]$ という関係が成り立っていることがわかる。

プロスペクト理論の確率荷重関数の性質から説明できる現象としていくつかのものがある（Camerer, 2000; 多田, 2003）。まず，指摘できるのが，競馬の大穴バイアスである。Thaler & Ziemba（1988）が報告しているように，勝つ確

第 7 章　意思決定における確率荷重関数と時間割引関数

率が極めて低い大穴の期待配当率は，本命馬に賭けるより相当悪いのだが，レース場で人々は大穴に好んで賭ける傾向がある。これは，確率が非常に低い状況では確率が過大評価されることを示す確率荷重関数の性質から説明することができる。同様に，宝くじやロトに多くの人が参加するのも，確率荷重関数の性質から説明することができる。さらに，この確率荷重関数の性質によって，なぜ多くの人が保険に加入するのかということも説明ができる。たとえば，電話線修理保険は，1 カ月 45 セントであるが，修繕費は 60 ドルで実際の生起率から求められる修繕の期待費用は 1 カ月 26 セントにすぎない（Chiccheti & Dubin, 1994）。このようにプロスペクト理論によって，確率の低い事象のウェイトが大きくなると解釈することによって，保険加入の現象が説明できるのである。

3. 累積プロスペクト理論と確率荷重関数 ……………………………………

　プロスペクト理論は，1979 年の当初の論文では，リスク下の意思決定を表現するモデルであったが（Kahneman & Tversky, 1979），1992 年の論文では，曖昧性とリスクを含む不確実性の下での意思決定を表現するモデルに拡張され，累積プロスペクト理論と呼ばれている（Tversky & Kahneman, 1992）。累積プロスペクト理論は，ランク依存型の非線形期待効用理論（e.g. Quiggin, 1993; Starmer, 2000; 田村・中村・藤田, 1997）の一種であると解釈することができる。
　まず，意思決定問題の要素を定義する。X を結果の集合，Θ を自然の状態の集合とし，不確実性下のプロスペクト（選択肢）を $f: \Theta \rightarrow X$ とする。すなわち，ある自然の状態 $\theta \in \Theta$ のもとで，$x \in X$ という結果が生じるならば，$f(\theta) = x$ となるような関数が存在すると考える。ただし，簡単のために，結果 $x \in X$ は，金銭的価値であると考える。たとえば，f は，サイコロを転がして，「奇数の目」（θ_1）だと 1000 円（x_1）をもらえ，「偶数の目」（θ_2）だと 2000 円（x_2）もらえるような籤である。
　累積プロスペクト理論を考えるために，準備として，結果の望ましさが増加する順に結果を順位づけておく。たとえば，結果に応じて，1000 円，2000 円，4000 円……というように並べるのである。この結果の望ましさの順位によって総合評価値を求める仕方は，ショケ積分（Choquet, 1955）によるランク依存型

200

の非線形期待効用（Fishburn, 1988）を求める時と基本的に同じである。実際，累積プロスペクト理論でもショケ積分を用いている。

　また，$\{\theta_i\}$ を Θ の部分集合で，θ_i が生じると結果 x_i になるとすると，プロスペクト f は，(x_i, θ_i) のペアの列であらわすことができる。たとえば，上記のサイコロを転がす例だと，プロスペクト $f =$（1万円，奇数の目：2万円，偶数の目）というように表現できる。ここでも，結果の望ましさの昇順によって，結果と対応する自然の状態を並べておくのである。

　累積プロスペクト理論では，利得の領域と損失の領域で価値関数が異なることを仮定するので，f^+ を正の結果になるプロスペクト，f^- を負の結果になるプロスペクトとして区別して扱う。すなわち，もし $f(\theta) > 0$ ならば $f^+(\theta) = f(\theta)$，もし $f(\theta) \leqq 0$ ならば $f^+(\theta) = 0$，もし $f(\theta) < 0$ ならば $f^-(\theta) = f(\theta)$，もし $f(\theta) \geqq 0$ ならば $f^-(\theta) = 0$ とする。上のサイコロの目の例だと，$f^+(\theta_1)$ $= 1000$ 円，$f^+(\theta_1) = 2000$ 円，$f^-(\theta_1) = 0$ 円，$f^-(\theta_2) = 0$ 円，である。

　期待効用理論と同様に，プロスペクト f がプロスペクト g より，強選好されるか無差別ならば $V(f) \geqq V(g)$ というようになる関数を考え，

$$V(f) = V(f^+) + V(f^-), \quad V(g) = V(g^+) + V(g^-) \cdots\cdots\cdots\cdots (2)$$

と，利得領域のプロペクトと損失領域のプロスペクトの関数の和で全体的な効用が求められると仮定する。

　期待効用理論では，サヴェッジ（Savage, 1954）の主観的期待効用理論の体系のように，自然の状態の集合に関する加法的集合関数を考えるが，累積プロスペクト理論では，確率測度を一般化した非加法的な集合関数を考える。これは，前回に解説した容量やファジィ測度と同じである。すなわち，非空な自然の状態の集合 Θ の部分集合からなる集合体から閉区間 $[0, 1]$ への集合関数 $W: 2^{\Theta} \rightarrow [0, 1]$ である。また，有界性の条件（$W(\varphi) = 0$，$W(\Theta) = 1$）と単調性の条件（Θ の部分集合 A_i が A_j の部分集合であるとき，すなわち，$A_i \subseteqq A_j$ ならば $W(A_i) \leqq W(A_j)$ という関係）を満たす。たとえば，サイコロを転がして 1，3，5 の目が出るという信念の度合がそれぞれ 0.1 で，奇数の目が出るという信念の度合が 0.4 であったとすると，確率測度の加法性の条件を満たしていないが，単調性の条件は満たしていると言える。

第7章　意思決定における確率荷重関数と時間割引関数

累積プロスペクト理論では，価値関数として，狭義の単調増大関数 v: $X \to R_e$ を考え，$v(x_0) = v(0) = 0$ を満足するように基準化されていると仮定している。たとえば，具体例として，$v(x) = 2x^{0.8}$ と言うような関数を想定してもよいが，価値関数は，効用関数の説明のときと同じように一般的に論じることが多い。また，プロスペクトの総合的評価値 $V(f)$ を先に示したように $V(f^+)$ と $V(f^-)$ の和で説明し，さらに $V(f^+)$ と $V(f^-)$ を以下のように定める。

$$V(f) = V(f^+) + V(f^-), \quad \cdots\cdots\cdots\cdots\cdots\cdots\cdots\cdots\cdots\cdots\cdots (3)$$

$$V(f^+) = \sum_{i=1}^{n} \pi_i^+ v(x_i), \; V(f^-) = \sum_{i=m}^{0} \pi_i^- v(x_i). \quad \cdots\cdots\cdots\cdots (4)$$

このとき，$f^+ = (x_0, A_0; x_1, A_1; ...; x_n, A_n)$，$f^- = (x_{-m}, A_{-m}; x_{-m+1}, A_{-m+1}; ...; x_0, A_0)$ となっている。

また，π_0^+，$\cdots$，π_n^+ は利得領域のウェイトであり，π_{-m}^-，$\cdots$，π_0^- は損失領域のウェイトである。ここで注意することは，ウェイトが結果の望ましさの順位をもとにして決定されることである。

累積プロスペクト理論では，ウェイトは下記のように定められる。

$$\pi_n^+ = W^+(A_n), \; \pi_{-m}^- = W^-(A_{-m}) \quad \cdots\cdots\cdots\cdots\cdots\cdots\cdots\cdots\cdots (5)$$

$$\pi_i^+ = W^+(A_i \cup ... \cup A_n) - W^+(A_{i+1} \cup ... \cup A_n), \, 0 \le i \le n-1, \; \cdots\cdots (6)$$

$$\pi_i^- = W^-(A_{-m} \cup ... \cup A_i) - W^-(A_{-m} \cup ... \cup A_{i-1}), \, 1-m \le i \le 0. \; \cdots (7)$$

上記の式をもう少し説明する。まず，意思決定ウェイトの π_i^+ は，結果が正になる利得領域に関するものであり，x_i と少なくとも同じだけ望ましい結果をもたらす事象の非加法的確率と x_i より望ましい結果をもたらす事象の非加法的確率との差異である。また，意思決定ウェイトの π_i^- は，負の結果に関するものであり，x_i と少なくとも同じだけ望ましくない結果をもたらす事象の非加法的確率と x_i より望ましくない結果をもたらす事象の非加法的確率との差異である。各 W が加法的であれば，W は確率測度であり，π_i は単純に A_i の確率になるのである。

ここで表現を簡単にするために，もし $i \geqq 0$ なら $\pi_i = \pi_i^+$，$i < 0$ なら $\pi_i = \pi_i^-$ と表現し直すと，

$$V(f) = \sum_{i=-m}^{n} \pi_i \, v(x_i) \cdots\cdots\cdots\cdots\cdots\cdots\cdots\cdots\cdots\cdots\cdots\cdots\cdots \text{(8)}$$

となる。

つぎにリスク下の累積プロスペクト理論について説明する。もしプロスペクト $f = (x_i, A_i)$ が確率分布 $p(A_i) = p_i$ によって与えられるとするならば，リスク下の意思決定問題になり，プロスペクトは $f = (x_i, p_i)$ と表現することができる。このリスク下の意思決定問題の場合，決定荷重は，下記のようになる。

$$\pi_n^+ = W^+(p_n), \; \pi_{-m}^- = W^-(p_{-m}) \cdots\cdots\cdots\cdots\cdots\cdots\cdots\cdots \text{(9)}$$

$$\pi_i^+ = W^+(p_i \cup ... \cup p_n) - W^+(p_{i+1} \cup ... \cup p_n), 0 \leq i \leq n-1, \cdots\cdots \text{(10)}$$

$$\pi_i^- = W^-(p_{-m} \cup ... \cup p_i) - W^-(p_{-m} \cup ... \cup p_{i-1}), 1-m \leq i \leq 0, \cdots \text{(11)}$$

ただし，W^+，W^- は狭義の単調増大関数であり，$W^+(0) = W^-(0) = 0$，$W^+(1) = W^-(1) = 1$ と基準化される。不確実性下の累積プロスペクト理論と同様に，もし $i \geqq 0$ なら $\pi_i = \pi_i^+$，$i < 0$ なら $\pi_i = \pi_i^-$ と表現すると，

$$V(f) = \sum_{i=-m}^{n} \pi_i \, v(x_i) \cdots\cdots\cdots\cdots\cdots\cdots\cdots\cdots\cdots\cdots\cdots\cdots \text{(12)}$$

となる。

リスク下におけるプロスペクト理論の例を示すために，下記のような状況を考えてみる（Tversky & Kahneman, 1992）。サイコロを一回投げて，出る目を x とすると，$x = 1, \cdots, 6$ となる。もし x が偶数ならば $1000x$ 円の利得を得て，もし奇数ならば $1000x$ 円を支払うようなゲームを考える。そうすると，f は（-5000円，-3000円，-1000円，2000円，4000円，6000円）という結果を，各結果の確率 1/6 で生じさせるプロスペクトであると考えることができる。これにより，$f^+ = (0, 1/2; 2000, 1/6; 4000, 1/6; 6000, 1/6)$，$f^- = (-5000, 1/6; -3000, 1/6; -1000, 1/6; 0, 1/2)$ と表現することができる。というのは，f^+ で，0円になる確率は奇数の目が出る確率であるので 1/2 であり，2000円，4000円，6000円

第7章　意思決定における確率荷重関数と時間割引関数

を得られる確率はそれぞれ 1/6 になっており，f^- で，-5000 円，-3000 円，-1000 円を得られる確率はそれぞれ 1/6 になっており，0 円になる確率は偶数の目が出る確率であるので 1/2 になっているからである。したがって，

$$
\begin{aligned}
V(f) =\ & V(f^+) + V(f^-) \\
=\ & v(2000\,円)\,[\,W^+(1/6+1/6+1/6) - W^+(1/6+1/6)\,] + v(4000\,円)\,[\,W^+ \\
& (1/6+1/6) - W^+(1/6)\,] + v(6000\,円\,)\,[\,W^+(1/6) - W^+(0)\,] + v(-5000 \\
& 円)\,[\,W^-(1/6) - W^-(0)\,] + v(-3000\,円)\,[\,W^-(1/6+1/6) - W^-(1/6)\,] \\
& + v(-1000\,円)\,[\,W^-(1/6+1/6+1/6) - W^-(1/6+1/6)\,] \\
=\ & v(2000\,円)\,[\,W^+(1/2) - W^+(1/3)\,] + v(4000\,円)\,[\,W^+(1/3) - W^+(1/6)\,] \\
& + v(6000\,円)\,[\,W^+(1/6) - W^+(0)\,] + v(-5000\,円)\,[\,W^-(1/6) - W^-(0)\,] \\
& + v(-3000\,円)\,[\,W^-(1/3) - W^-(1/6)\,] + v(-1000\,円)\,[\,W^-(1/2) - W^- \\
& (1/3)\,]
\end{aligned}
$$

となる。この関係を表現したのが，図 7-2 である。$V(f^+)$ は，図 7-2 の左側の面積であり，$V(f^-)$ は図 7-2 の右側の面積にマイナスを掛けたものである。このことを言葉で表現すると，累積プロスペクト理論での総合評価値は下記のようにして求められることになる。まず，2000 円の価値に関するウェイト π は，2000 円以上を得る確率についてのウェイト w から 4000 円以上を得る確率のウェイト w の差異によって求められる。同様にして，他のウェイト π も求められる。その π と価値 v の積和によって総合評価値が求められるのである。

　Tversky & Kahneman（1992）は，スタンフォードとバークレーの大学院生計 25 名に，コンピューターで，いろいろなプロスペクトを呈示して選択実験を行い，累積プロスペクト理論の価値関数を推定した。彼らの呈示したプロスペクトは，150 ドルを得る確率が 25％で 50 ドルを得る確率が 75％というようなものであり，彼らはそのようなプロスペクトを，確実なプロスペクトとも比較をさせ，どちらが望ましいかの選択実験を行ったのである。彼らは，価値関数として以下のようなべき関数を仮定した。

$$
v(x) = \begin{cases} x^\alpha, & (x \geq 0 \text{ の場合}) \\ -\lambda\,(-x)^\beta, & (x < 0 \text{ の場合}) \end{cases} \quad\cdots\cdots\cdots\cdots\cdots\cdots\cdots\cdots\cdots (13)
$$

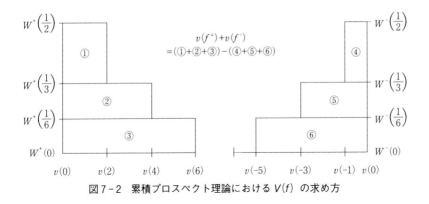

図7-2 累積プロスペクト理論における $V(f)$ の求め方

彼らは，この実験の選択結果をもとにして非線形回帰分析を行い，α と β については共に 0.88，λ については 2.25 を推定した。推定された α と β の値が 1 以下であることは，価値関数が利得の領域で下に凹，損失の領域で下に凸であることを示している。また，推定された λ の値は，損失が利得よりも約 2 倍インパクトがあることを示しており，損失忌避の性質が強いことを示している。

彼らは，また，累積プロスペクト理論の具体的な確率荷重関数 W^+，W^- として下記のような関数を考えており，この選択実験によって，図7-3 のように，確率荷重関数の形状を推定している。

$$W^+(p) = \frac{p^\gamma}{[p^\gamma + (1-p)^\gamma]^{1/\gamma}} \qquad W^-(p) = \frac{p^\delta}{[p^\delta + (1-p)^\delta]^{1/\delta}} \quad \cdots (14)$$

推定された γ の値は 0.61 であり，δ の値は 0.69 である。わずかに δ の値が γ の値より大きく，図7-3 にも示されているように，正の結果に関する確率荷重関数の方がややカーブの度合いが大きいことを示している。

4. 遅延価値割引と確率荷重関数

報酬を得る場合に即時に得られる場合とある程度待つ場合では，後者のほうが報酬の価値が割り引かれることがわかっている。このような価値が待つ時間とともに減少する様子を示す関数を遅延時間割引と呼ぶ。この遅延時間に関する意思決定研究では，これまで指数型の時間割引関数と双曲線型の時間割引関

第7章　意思決定における確率荷重関数と時間割引関数

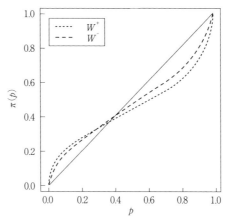

図7-3　利得（W^+）と損失（W^-）に対する確率荷重関数の形状

数に関する議論が繰り広げられてきた。指数割引関数は，数理的に扱いやすい利点と人間の合理性の観点から記述しやすい性質があるが，動物実験やヒトの選択実験ではどちらかというと双曲線割引関数のほうが当てはまりがいいことがわかっている。

また，遅延時間割引関数から確率荷重関数を導出するような研究もある（Takemura & Murakami, 2016）。本研究では，遅延時間割引関数から導かれる確率荷重関数を理論的に考察するととともに，確率荷重関数の心理実験の結果の分析とこれまでの遅延時間割引関数の実験結果の分析を通じて，モデルの当てはまりを検討して，確率荷重関数と時間割引関数との関係について考察を行う。

Rachlinら（1986）は，時間割引関数から一種の確率荷重関数（確率割引関数）を導出している。通常，動物の選択行動を研究する行動分析学でよく用いられている双曲線割引モデルがある。これは，下記のモデルである。

$$V = \frac{A}{1+kD} \quad \cdots\cdots\cdots\cdots\cdots\cdots\cdots\cdots\cdots\cdots\cdots\cdots\cdots\cdots\cdots\cdots\cdots\cdots\cdots\cdots\cdots\cdots\cdots\cdots \quad (15)$$

ただし，V は強化の価値，A は強化量，D は強化遅延を表す。k は割引率を表すパラメータであり，この値が大きくなるほど価値が大きく割り引かれる。この式は，強化の価値が遅延の逆数に比例するという考え方に基づいている。

4. 遅延価値割引と確率荷重関数

Rachlin ら（1986）の研究を再解釈して割引の部分だけを考えて，その率を $W(D)$ とすると，

$$W(D) = \frac{A}{1+kD} \quad\text{……………………………………………… (16)}$$

となるだろう。(16) 式の強化遅延を表す D を，ベルヌイ試行ではじめて当たるまでの平均試行回数にあたるまでの期待値を 1 回目の試行で当たる場合を 1 で考えると，その期待値は確率 p の逆数である $1/p$ から 1 を引いた $(1/p)-1$ になり，$D=(1/p)-1$ と考えることができる。

したがって，彼らは，確率荷重関数 $W(p)$ を下記のように考えたと言える。

$$W(p) = \frac{1}{1+k[(1/p)-1]} \quad\text{………………………………… (17)}$$

すなわち，確率割引の現象と遅延価値割引の現象を双曲線関数で考えようとした。彼らは，おおむねこのような考えで選択行動を説明できるとしたが，しかしながら，報酬量を変えると，両者の対応性が見られないなどの批判もでている（佐伯，2011）。

他方，Takahashi（2011）は，この考えをさらに拡張して，下記のような双曲線型のモデルを考えている。このモデルのパラメータごとの形状の推移を図 7-4，図 7-5 に示す。

$$W(p) = \frac{1}{\{1+k[(1/p)-1]\}^{a}} \quad\text{………………………………… (18)}$$

また Takahashi（2011）は，遅延時間が主観的に対数法則によって変換され，さらに，確率荷重関数による主観的遅延時間が客観確率による主観的遅延時間のべき乗になっているという仮定から，一般的な確率荷重関数を導出している。この仮定により Takahashi（2011）は，Prelec（1998）の確率荷重関数と双曲線型のモデルを時間割引のパラメータの違いから説明しようとした。

一方，Takemura & Murakami（2016）は，行動分析学や動物心理学で用いられることの多い双曲線型の遅延時間割引モデルから，以下の確率に対する人の感受性のモデルを導出した。このモデルでは，Rachlin ら（1986）や Takahashi（2011）の定式化とは異なり，1 試行目の待ち時間は仮定しないので，(16) 式の強化遅延を表す D を，ベルヌイ試行ではじめて当たるまでの平均試行回

第 7 章　意思決定における確率荷重関数と時間割引関数

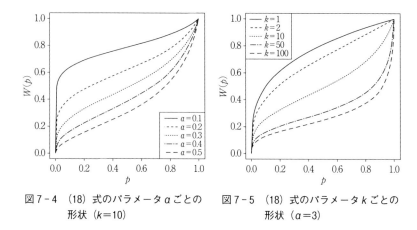

図 7-4　(18) 式のパラメータ a ごとの形状 ($k=10$)　　図 7-5　(18) 式のパラメータ k ごとの形状 ($a=3$)

数にあたるまでの期待値のフェヒナー型の対数型心理物理関数と比例していると考える点では同じであるが，幾何分布下での平均試行回数の期待値は確率 p の逆数である $1/p$ であるとすることになり，その対数は $-\log p$ となる．遅延回数についてフェヒナーの対数関数の心理物理関数が働くと仮定し，双曲線型の時間割引モデル (16) 式に組み入れると，以下の (20) 式を導く．

$$W(p) = \frac{1}{1+k\log(1/p)} \quad \cdots\cdots (20)$$

さらに，(19) 式は，以下の (20) 式に変換される．

$$W(p) = \frac{1}{1-k\log(p)} \quad \cdots\cdots (21)$$

この遅延価値割引から導出した確率荷重関数のモデルは，パラメータ k の値は 0 以上をとる．また，Tversky & Kahneman (1992) のモデルとの特徴的な違いは，客観的な確率に対して主観的な確率をより大きく判断するような態度への対応が可能である点である．このモデルのパラメータごとの形状の推移を図 7-6 に示す．

このような双曲線型のモデルは心理学ではよく用いられているが，伝統的経済学においては，双曲線型の遅延時間割引モデルとは異なり，指数関数型の時間割引モデルがよく用いられている．すなわち，

4. 遅延価値割引と確率荷重関数

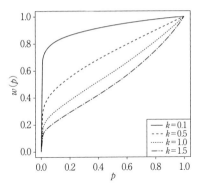

図7-6 遅延価値割引から導出したモデル（21）式におけるパラメータごとの形状

$$V = \frac{A}{\exp(kD)} \quad \cdots\cdots\cdots (22)$$

ただし，V は強化の価値，A は強化量，D は強化遅延を表す。k は割引率を表すパラメータであり，この値が大きくなるほど価値が大きく割り引かれる。

割引の部分だけを考えて，その率を $W(D)$ とすると，

$$W(D) = \exp\{-kD\} \quad \cdots\cdots\cdots (23)$$

このモデルに，フェヒナー型の心理物理関数を適用すると

$$W(p) = \exp\{-[-k\log(p)]\} = \exp\{k\log p\} \quad \cdots\cdots (24)$$

となる。パラメータ k の値は0以上をとる。また，パラメータ k の値が1より小さいと凹関数となり，1より大きいと凸関数となる。このモデルのパラメータごとの形状の推移を図7-7に示す。興味深いことに，心理物理関数が遅延試行回数の平均値の対数のべき乗であると仮定すると，

$$W(p) = \exp\{-k\{-\log p\}^a\} \quad \cdots\cdots\cdots (25)$$

となり，Prelec（1998）の確率荷重関数と一致する。

第7章　意思決定における確率荷重関数と時間割引関数

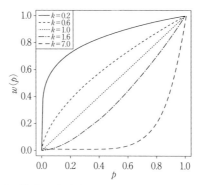

図7-7　変形指数関数（24）式におけるパラメータごとの形状

5. 確率荷重関数の推定実験

　このような観点から，さまざまな確率荷重関数のモデルが導出される（表7-1参照）。下記の方法によって，確率荷重関数の推定実験を行った。方法は，Takemura & Murakami（2016）によっている。

　●手続き
　課題は，Tversky & Kahneman（1992）と Gonzalez & Wu（1999）の課題を簡易にした形式で行った。PC の画面左側には，クジ（たとえば，75％で40,000円，25％で0円をもらえる）を，右側には確実にもらえる金額の一覧を呈示した。実験画面を図7-8に示した。確実にもらえる金額の一覧は，クジの最高賞金額（たとえば40,000円）から最低賞金額（たとえば0円）までを，40,000, 38,400, 36,800……4,800, 3,200, 1,600, 0 と4％間隔で25個とした。実験では，確実にもらえる金額とクジを比較する際に，一覧の最も高い金額から順に判断を行っていく群と，最も低い金額から順に判断を行っていく群を設け，被験者間でカウンターバランスをとった。実験参加者は，一覧の最も高い（または低い）金額（40,000円）から順に，その金額を確実にもらうことの方がクジを引くことよりも好ましいかを1つずつ判断し，確実にお金をもらうことよりもクジを

5. 確率荷重関数の推定実験

表7-1 確率荷重関数モデルの一覧

モデル	心理物理関数	遅延割引関数の型	確率荷重関数
一般化双曲線関数		双曲線型 $f(D)=[1+kD]^{-1}$	$W(p)=\{1+k[(1/p)-1]\}^{-\alpha}$
変形双曲線関数	フェヒナー型 $F(D)=\ln(D)$		$W(p)=[1-k\ln(p)]^{-1}$
一般化変形双曲線関数			$W(p)=[1-k\ln(p)]^{-\beta}$
変形指数関数		指数型 $f(D)=\exp(-kD)$	$W(p)=\exp[k\ln(p)]$
Prelec type1	$F(D)=[\ln(D)]^{\alpha}$		$W(p)=\exp[-(-\ln(p))^{\alpha}]$
Prelec type2			$W(p)=\exp-k(-\ln(p))^{\alpha}$
Tversky & Kahneman			$W(p)=p^{\gamma}/[p^{\gamma}+(1-p)^{\gamma}]^{1/\gamma}$

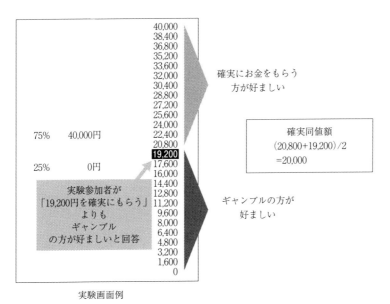

実験画面例

図7-8 実験画面の例と課題の説明

引くほうが好ましいと判断した時の金額（図7-8では19,200円）を回答した。実験参加者が回答すると，次の新しいクジと確実にもらえる金額の一覧を呈示した。クジの呈示順序は実験参加者間でランダムとした。

クジの確実同値額の推定値は，実験参加者がクジを引く方が好ましいと判断した金額の最高額と，確実にもらう方が好ましいと判断した金額の最低額との

第 7 章　意思決定における確率荷重関数と時間割引関数

中点（図 7 - 8 では 20,000 円）とした。

◉刺　激

　実験では 174 個のクジに対して確実同値額（certainty equivalent: CE）を求めた。また 174 個中，165 個（賞金額 11 水準×確率 15 水準＝165 種類）は推定用のデータに用いた。賞金額は，2,500 - 0，5,000 - 0，7,500 - 0，10,000 - 0，15,000 - 0，20,000 - 0，40,000 - 0，80,000 - 0，5,000 - 2,500，7,500 - 5,000，10,000 - 5,000，15,000 - 5,000，15,000 - 10,000，20,000 - 10,000，20,000 - 15,000 の 11 水準，賞金をもらえる確率は，0.01，0.05，0.10，0.25，0.40，0.50，0.60，0.75，0.90，0.95，0.99 の 15 水準を用いた。信頼性を測定するために，165 種類のクジのうちランダムに 9 種類を選び，繰り返し呈示した。

◉推定方法

　Gonzalez & Wu（1999）の推定アルゴリズムを参考に 165 個の確実同値額を用いて，価値関数と確率荷重関数を推定した。Gonzalez & Wu（1999）の推定アルゴリズムでは，プロスペクト理論の理論式 $v(CE) = w(p)v(X) + [1 - w(p)]v(Y)$ を仮定し，価値関数の 8 水準（$v(2,500)$，$v(10,000)$ など）と確率荷重関数の 11 水準（$w(0.01)$，$w(0.50)$ など）を目的関数として推定する。推定した確率荷重関数の 11 水準の値を用いて，非線形最小二乗法により，確率荷重関数のモデルのフリーパラメータの推定を行った。

　Gonzalez & Wu（1999）の推定アルゴリズムを以下に示した。ただし，i は繰り返し数を表す。

1. 賞金額 8 水準（2,500，5,000，7,500，10,000，15,000，20,000，40,000，80,000）を用いて，価値関数 $v(\ )$ を推定し，$v(\ )$ の推定値から $v^i(CE)$ を算出する。ここで算出した 165 個の $v^i(CE)$ はステップ 2，3 の推定でデータとして用いられる。
2. 価値関数 $v(\ )$ の値を固定し，確率荷重関数 $w^i(\ )$ の 11 水準の値を推定する。
3. 確率荷重関数 $w(\ )$ の値を固定し，価値関数 $v^i(\ )$ の 8 水準の値を

212

5. 確率荷重関数の推定実験

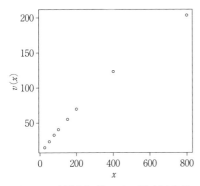

図7-9 実験参加者46名の確実同値額の中央値を用いた価値関数のプロット

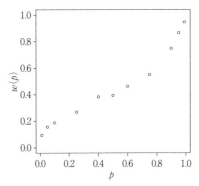

図7-10 実験参加者46名の確実同値額の中央値を用いた確率荷重関数のプロット

推定する。
4. もし最適解が見つかれば停止する。そうでない場合は，繰り返し数を更新し，ステップ1から繰り返す。

確率荷重関数 $w(\ )$ の11水準，価値関数 $v(\ )$ の8水準の初期値には，Tversky & Kahneman（1992）の推定結果を用いた（価値関数 $v(x)=x^{0.88}$，確率荷重関数 $w(p)=p^\beta/(p^\beta+(1-p)^\beta)^{1/\beta}$ ただし $\beta=0.61$）。また，Gonzalez & Wu（1999）の推定アルゴリズムでは導入されていない制約であるが，ステップ2, 3において，それぞれ $p<p' \rightarrow w(p)<w(p')$, $x<x' \rightarrow v(x)<v(x')$ という制約を設けた。分析対象とした実験参加者の確実同値額の中央値から推定した価値関数と確率荷重関数をそれぞれ図7-9，図7-10に示した。

●実験参加者

実験参加者は50名（女性35名。年齢19-24歳）であった。信頼性を測定するために，繰り返し呈示した9つのクジを用いて，級内相関係数を算出した。級内相関係数の中央値は0.98であった（最小値0.36, 最大値は1.00）。級内相関係数の値が0.70以下であった4名を除き，46名のデータを解析対象とした。

第7章　意思決定における確率荷重関数と時間割引関数

●実験の結果

　実験の結果を下記に示す。表7-2には，個人ごとに7つのモデルのAICを
比較し，当てはまりが良いほどランキングが低くなるようにランクづけした集
計結果を示した。これによると，一般化双曲線関数（18）式が最も当てはまり
がよく，次に一般化変形双曲線関数とPrelec型（25）式のモデルが良いこと
がわかる。また，図7-11から図7-13には，個人ごとの分析例を示し，図
7-14と図7-15には，最も当てはまりのよかった一般化双曲線関数のパラメ
ータの推定値をヒストグラムで表した。なお，図7-13の分析例では，一般化
双曲線関数のパラメータ k の推定値が最も大きかった分析例を示した。表
7-3には，集計データ（実験参加者46名の確実同値額の中央値をデータとして用

表7-2　7つのモデルのAICのランキング

モデル	AICランキング						
	1	2	3	4	5	6	7
一般化双曲線関数	16	15	13	2	0	0	0
変形双曲線関数	6	3	0	11	8	18	0
一般化変形双曲線関数	8	12	11	7	7	0	1
変形指数関数	0	1	1	0	11	4	29
Prelec type1	4	1	3	9	9	13	7
Prelec type2	8	11	16	11	0	0	0
Tversky & Kahneman	4	3	2	6	11	11	9

表7-3　集計データにおける7つのモデルのAIC

モデル	AIC
一般化双曲線関数	-55.41
変形双曲線関数	-38.28
一般化変形双曲線関数	-46.82
変形指数関数	-15.89
Prelec type1	-41.44
Prelec type2	-44.24
Tversky & Kahneman	-40.85

214

5. 確率荷重関数の推定実験

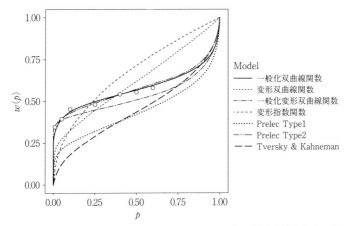

図 7-11 一般化双曲線関数の AIC のランクが 1 位の例（実験参加者 19）

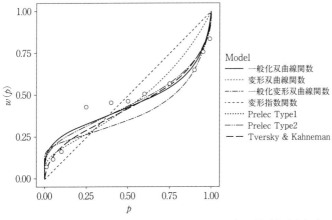

図 7-12 一般化双曲線型モデルの AIC のランクが 4 位の例（実験参加者 25）

いた）における 7 つのモデルの AIC を表示した。AIC は低いほうがいいので，そのことを考えると，一般化双曲線関数のモデルが最も当てはまりがよく，次に Prelec タイプと一般化変形双曲線関数のモデルの当てはまりがよいことがわかる。

215

第7章　意思決定における確率荷重関数と時間割引関数

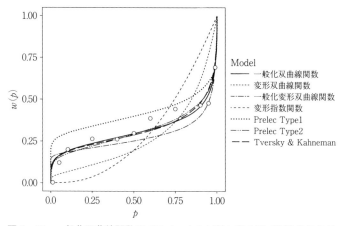

図7-13　一般化双曲線関数のパラメータ k が外れ値の例（実験参加者7）

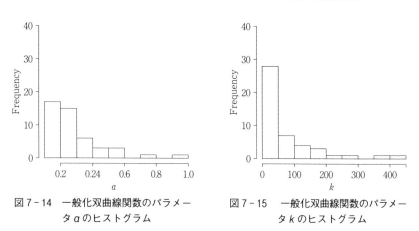

図7-14　一般化双曲線関数のパラメータ a のヒストグラム

図7-15　一般化双曲線関数のパラメータ k のヒストグラム

6. 遅延時間割引関数の推定

　上記の確率荷重関数と同様に，時間割引の関数も大まかに，双曲線型と指数関数型が考えられる。また，詳細なヴァリエーションを考えると，表7-4のようになる。このモデルに従って，従来の遅延時間割引の実験の結果（表7-5を参照）をもとに，非線形最小二乗法でパラメータを推定して，AICを求めた

6. 遅延時間割引関数の推定

表7-4 遅延価値割引モデルの一覧

モデル	心理物理関数	遅延割引関数のモデル
指数型		$f(D) = \exp(-kD)$
双曲線型		$f(D) = (1+kD)^{-1}$
一般化双曲線型		$f(D) = (1+kD)^{-a}$
変形指数型		$f(D) = \exp(-k\ln(D))$
変形双曲線型	フェヒナー型 $F(D) = \ln(D)$	$f(D) = [1+k\ln(D)]^{-1}$
一般化変形双曲線型		$f(D) = [1+k\ln(D)]^{-\beta}$
Prelec 型	$F(D) = [\ln(D)]^a$	$f(D) = \exp[-k(\ln(D))^a]$

表7-5 遅延価値割引のデータの概要

使用したデータ	実験参加者数	遅延	遅延の単位	金額
Rachlin et al. (1991)	40 名	1 カ月, 6 カ月, 1 年, 5 年, 10 年, 25 年, 50 年		$1,000
Green et al. (1997)	24 名	3 カ月, 6 カ月, 1 年, 3 年, 5 年, 10 年, 20 年	月	$100
				$2,000
				$25,000
				$100,000
Takahashi et al. (2007)	31 名	1 週間, 2 週間, 1 カ月, 6 カ月, 1 年, 5 年, 25 年	日	1,000 円
Takahashi et al. (2008)	26 名			100,000 円

結果を表7-6に示した。

これによると確率荷重関数と同様に一般化双曲線型の当てはまりがよく，また広義の双曲線型の当てはまりがいいことがわかる。また，図7-16から図7-22までに各実験の当てはまりを図示した。これらによると，やはりパラメータ数の少ない指型や変形双曲線型の当てはまりはあまりよくないことがわかる。ただ，双曲線型はパラメータ数が少ない割には比較的当てはまりがよかった。

217

第7章 意思決定における確率荷重関数と時間割引関数

表7-6 遅延価値割引のデータの AIC

データ	指数型	双曲線型	一般化双曲線型	変形指数型	変形双曲線型	一般化変形双曲線型	Prelec 型
Rachlin et al. (1991)	−13.39	−17.47	−15.93	−1.87	0.58	0.20	−13.59
Green et al. (1997)							
$100	−4.77	−11.62	−16.78	−11.37	−7.12	−9.17	−15.49
$2,000	−19.23	−28.75	−28.97	−3.16	−1.32	−1.08	−23.25
$25,000	−22.98	−25.14	−24.31	−4.62	−3.32	−2.57	−21.20
$100,000	−20.50	−33.00	−31.23	−4.30	−2.78	−2.23	−31.03
Takahashi et al. (2007)	−4.96	−10.95	−21.62	−5.24	−3.73	−3.15	−23.47
Takahashi et al. (2008)	−3.36	−8.35	−48.39	−6.52	−4.94	−4.43	−36.26

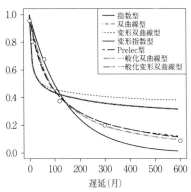

図7-16 Rachlin et al.（1991）のデータを用いた7つのモデルのプロット

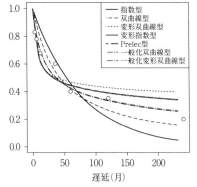

図7-17 Green et al.（1997）のデータ（$100）を用いた7つのモデルのプロット

6. 遅延時間割引関数の推定

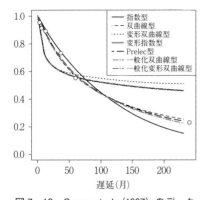

図 7 - 18　Green et al.（1997）のデータ（$2,000）を用いた 7 つのモデルのプロット

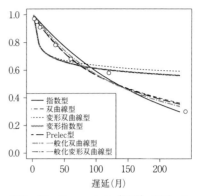

図 7 - 19　Green et al.（1997）のデータ（$25,000）を用いた 7 つのモデルのプロット

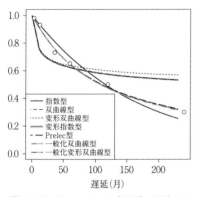

図 7 - 20　Green et al.（1997）のデータ（$100,000）を用いた 7 つのモデルのプロット

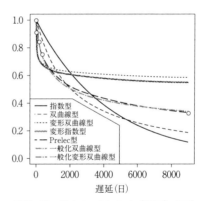

図 7 - 21　Takahashi et al.（2007）のデータを用いた 7 つのモデルのプロット

219

第7章 意思決定における確率荷重関数と時間割引関数

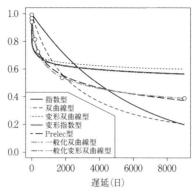

図7-22 Takahashi et al.（2008）のデータを用いた7つのモデルのプロット

7. 結論と今後の課題

　本章では，遅延時間割引関数から導かれる確率荷重関数を理論的に考察するとともに，確率荷重関数の心理実験の結果の分析とこれまでの遅延時間割引関数の実験結果の分析を通じて，モデルの当てはまりを検討し，確率荷重関数と時間割引関数との関係について考察を行った。結果は，確率荷重関数では一般化双曲線関数の当てはまりがよく，遅延時間割引においても一般化双曲線型のモデルの当てはまりがよかった。上述のように確率荷重関数の一般化双曲線関数 (18) 式は，Takahashi（2011）により，遅延時間割引関数から導出されたモデルである。そして，実験では，同型のモデルが確率荷重関数と遅延時間割引関数の両方において当てはまりがよかったことが示された。これらのことから，確率荷重関数と遅延時間割引関数との関連性を示唆する結果が得られたと考えられる。一方で，確率荷重関数において当てはまりのよかった一般化変形双曲線関数と Prelec 型のモデルは，遅延時間割引関数においては，当てはまりがよくなかった。なぜこのような違いがでるのかについて，これまでの反例的知見（Green et al., 1999, 2004）などを参照にして検討する必要がある。また，ここで示した結果は，確率荷重関数においては，個人ごとのデータを用いていたが，

遅延時間割引においては，従来の研究における集計データを用いていた。同一の実験参加者内における確率荷重関数と遅延時間割引の関係について検討を行っていないため，今後さらなる検討が必要である。

　このようにこれまで遅延時間割引関数と確率荷重関数の関係は，さまざまな形で議論されてきているが，数理モデルとして明確な類似性があるものの，遅延価値割引関数が確率荷重関数の原因になっているのかどうかについては推測の域を出ない。このような問題はあるものの確率荷重関数は近似的には遅延価値割引関数からも説明されるようである。しかし，佐伯（2011）が展望しているように，遅延価値割引と確率割引は，報酬量によって異なるパターンを示したりして，必ずしも全く同じメカニズムで生起しているとは言えないことを示唆する実験結果も数多く報告されている。今後は，このような報酬量効果も説明できるような統一的な確率荷重関数の導出ができることが期待される。

謝　辞

　本研究は，文部科学省科学研究費基盤研究Ａ　（課題番号 24243061　行動意思決定研究を基礎とした多元的価値下での処方的社会心理学の構築）および早稲田大学研究費の補助を得ている。また，本研究に際して，筑波大学中村豊先生，早稲田大学椎名乾平先生，東京大学玉利祐樹先生の有益なコメントをいただいた。記して謝意を表します。

参考文献

Allais, M. (1953). Le comportement de l'homme rationnel devant le risque: critique des postulats et axiomes de l'école Américaine. *Econometrica*, *21*, 503-546.

Camerer, C. F. (2000). Prospect theory in the wild: Evidence from the field. In D. Kahneman, & A. Tversky (Eds.), *Choices, values, and frames* (pp. 288-300). New York, NY: Cambridge University Press.

Chiccheti, C., & Dubin, J. (1994). A microeconometric analysis of risk-aversion and the self-insure. *Journal of Political Economy*, *102*, 169-186.

Choquet, G. (1955). Theory of capacities. *Annales de l'Institute Fourier*, *5*, 131-295.

Fechner, G. T. (1860). *Elemente der Psychophysik*. Leipzig: Breitkopf & Hartel.

Fishburn, P. C. (1988). *Nonlinear Preference and Utility Theory*. Baltimore: Johns Hopkins University Press.

Gonzalez, R., & Wu, G. (1999). On the shape of the probability weighting function. *Cognitive Psychology*, *38*, 129-166.

第7章　意思決定における確率荷重関数と時間割引関数

Green, L., & Myerson, J. (2004). A discounting framework for choice with delayed and probabilistic rewards. *Psychological Bulletin, 30*, 769-792.

Green, L., Myerson, J., & McFadden, E. (1997). Rate of temporal discounting decreases with amount of reward. *Memory & Cognition, 25*, 715-723.

Green, L., Myerson, J., & Ostaszewski, P. (1999). Amount of reward has opposite effects on the discounting of delayed and probabilistic outcomes. *Journal of Experimental Psychology: Learning, Memory, and Cognition, 25*, 418-427.

Kahneman, D., & Tversky, A. (1979). Prospect theory: An analysis of decision under risk. *Econometrica, 47*, 263-292.

Luce, R. D. (2001). Reduction invariance and Prelec's weighting functions. *Journal of Mathematical Psychology, 45*, 167-179.

Prelec, D. (1998). The probability weighting function. *Econometrica, 66*, 497-527.

Prelec, D., & Loewenstein, G. (1991). Decision making over time and under uncertainty: a common approach. *Management Science, 37*, 770-786.

Quiggin, J. (1993). *Generalized Expected Utility Theory: The Rank Dependent Model*. Boston: Kluwer Academic Publishers.

Rachlin, H., Logue, A. W., Gibbon, J., & Frankel, M. (1986). Cognition and behavior in studies of choice. *Psychological Review, 93*, 33-45.

Rachlin, H., Raineri, A., & Cross, D. (1991). Subjective probability and delay. *Journal of the Experimental Analysis of Behavior, 55*, 233-244.

佐伯大輔（2011）．価値割引の心理学──動物行動から経済現象まで　昭和堂

Savage, L. J. (1954). *The foundations of statistics*, New York, NY: Wiley.

芝　正太郎（2017）．リスク選好と時間選好の統合に向けて　WINPEC Working paper Series, *No. J1701*, 1-40.

Starmer, C. (2000). Developments in nonexpected-utility theory: The hunt for descriptive theory of choice under risk. *Journal of Economic Literature, 38*, 332-382.

多田洋介（2003）．行動経済学入門　日本経済新聞社

Takahashi, T., Ikeda, K., & Hasegawa, T. (2007). A hyperbolic decay of subjective probability of obtaining delayed rewards. *Behavioral and Brain Functions, 3*. doi:10.1186/1744-9081-3-52

Takahashi, T., Oono, H., & Radford, M. H. B. (2008). Psychophysics of time perception and intertemporal choice models. *Physica A: Statistical Mechanics and its Applications, 387*, 2066-2074.

Takahashi, H., Matsui, H., Camerer, C., Takano, H., Kodaka, F., Ideno, T., ... Suhara, T. (2010). Dopamine D1 receptors and nonlinear probability weighting in risky choice. *Journal of Neuroscience, 30*, 16567-16572.

Takahashi, T. (2011). Psychophysics of the probability weighting function. *Physica A: Statistical Mechanics and Its Applications, 390*, 902-905.

竹村和久（2006）．リスク社会における判断と意思決定　Cognitive Studies, *13*, 17-31.

竹村和久・村上始（2016）．意思決定における確率荷重関数と時間割引の関係について　日本知能情報ファジィ学会第21回あいまいな気持ちに挑むワークショップ講演論文集（大分市コンパルホール），CDロム．

Takemura, K. (2014). *Behavioral Decision Theory: Psychological and Mathematical Descriptions of Human Choice Behavior.* Tokyo: Springer.

Takemura, K., & Murakami, H. (2016). Probability Weighting Functions Derived From Hyper-bolic Time Discounting: Psychophysical Models and Their Individual Level Testing. *Frontiers in Psychology*, 7. doi:10.3389/fpsyg.2016.00778

田村坦之・中村　豊・藤田眞一（1997）．効用分析の数理と応用　コロナ社

Thaler, R. H., & Ziemba, W. T. (1988). Parimutual betting markets: Racetracks and lotteries. *Journal of Economic Perspectives*, 2, 161-174.

Tversky, A., & Kahneman, D. (1992). Advances in prospect theory: cumulative representation of uncertainty. *Journal of Risk and Uncertainty*, 5, 297-323.

索　引

あ 行

アッシュ　5
アノマリー　6
アルゴリズム　160
アレ　4, 7
意思決定　27, 99
意思決定方略　139
一般化双曲線関数　214, 215, 220
移動ウィンドウ法　130, 141
意図的行動　27
いま・ここ原理　29
エドワーズ　4
エルスバーグ　7
オペラント学習　19, 22, 23
オペラント条件づけ　124, 125
オルテガ　41

か 行

カーネマン　2, 87
開散運動　128
確実同値額　197
核選好　19
確率荷重関数　195-197, 199, 200, 205-208,
　　210, 212, 213, 216, 217, 220, 221
加算型　160
加算差型　160-163
荷重加算型　160, 165, 166, 188
価値関数　197, 199, 202, 204, 212, 213
過程追跡技法　156, 192
眼球運動　114
眼球運動測定装置　157
感性マーケティング　119
記述普遍性　101
基準比率の無視　64
期待効用理論　3, 99, 189

気遣い　29
強化　53
境界線法　130
強化スケジュール　55, 133, 134, 137
強化量効果　63
共同運動　127
協力的傾向　29
巨視的最大化理論　58
近代エージェント尺度　44, 45
近代人的選好構造　39, 40
近代大衆社会　41
クームズ　4
経済心理学　2
計算機シミュレーション　155, 163, 191
計算論的枠組み　164
ゲーズカスケード効果　103, 112, 142-144, 147
決定ヒューリスティックス　159
決定方略　155, 156, 159, 160, 164, 166, 177,
　　191, 192
言語プロトコール法　157, 192
現存在　20
好意度評定　116, 120
行動意思決定　1, 4
行動経済学　1
行動分析学　53
傲慢性　41
効用関数　15, 16
固視微動　127, 129, 131
コミットメント効果　107

さ 行

サーチコイル法　131
最大化　159
最適化　159
サヴェッジ　4
サッケード　127, 128, 131, 134-136

索　引

視運動性眼振　127, 129
時間性　26, 29
時間選好率　59
時間割引関数　206, 216
シグナル　24
自己閉塞性　41
辞書編纂型　162, 163, 165, 166, 170
指数関数　59
視線尤度　141-143, 146, 147
質的弁証法　33
社会的準備性　28
弱化　53
自由選択パラダイム　106, 107, 111
周辺視　129
重要度　168
主観確率　28
主観的遅延時間　207
状況依存的焦点モデル　102
状況依存的選好　19
情報探索　155, 157
情報統合法　156, 157
情報モニタリング法　156, 157, 192
勝率最大化型　162, 163
初期確率　28
所有感　105, 107
神経経済学　86
身体化認知　119
シンボル　24-26
シンボル体系　20, 21
スキナー　3
静止網膜像　129
精神医学　79
生得的準備性　22, 28
セイラー　4
先駆の覚悟性　29
選好　15, 16, 99-103, 105-109, 111, 112, 118-120,
　　140, 141, 147
選好関係　1, 99-101, 106-108, 112
選好逆転　18
選好逆転現象　101, 102
選好形成　1, 2, 16-21, 100-105, 107, 108, 118,
　　119, 141, 155
選好形成プロセス　33

選好構造　15, 16
選好注視法　140
選好パルス　72
潜在連合テスト　140
線条体　107
選択行動　16
選択肢型　156, 174, 175, 179-181, 190
選択による選好の変化　112, 118, 120
前庭動眼反射　127, 128
双曲線関数　59
相対的な正確さ　164, 175, 177, 180-183, 186-188,
　　190-192
相対的な決定価値　143
ソーンダイク　3
属性　156, 163
属性型　156, 174, 175, 177, 180, 181, 188-190
損失忌避　90, 91

た　行

大衆　41
大衆性　41, 45
大衆の反逆　41
態度変容　17
多属性意思決定　155, 156
多属性意思決定過程　163, 166
多属性意思決定理論　189
多段階意思決定　189
多段階決定方略　163
単純接触効果　34, 35, 102, 103, 141
遅延価値割引　5, 205, 208, 216, 217, 221
遅延時間　196
遅延時間割引　207
遅延時間割引関数　206, 220
遅延割引　58
知覚の流暢性　102, 107
注視　131, 135, 138, 146
注視回数　126, 148-151
注視時間　114, 126, 148, 149
注視点　126, 130, 131, 138, 146
中心窩マスク法　130
中心視　129
追従運動　127, 128, 131
適応的意思決定モデル　164

226

索　引

手続き普遍性　　101
トヴェルスキー　　2, 4, 87
等荷重型　　160
道具的連関性　　21, 22, 27
瞳孔運動　　126, 127
瞳孔－角膜反射法　　126, 132
道徳的な判断　　83
トレードオフ　　165

な　行

西部邁　　100
二段階意思決定方略　　156, 191
人間疎外　　42-44
認知過程の生理学的，神経科学的，その他の随伴現象を追跡する技法　　156, 158
認知的努力　　155, 156, 164, 166, 167, 171, 172, 174, 175, 177, 179, 180, 186-192
認知的不協和　　107
認知的不協和理論　　35, 105, 106
認知的方略　　155
妬み　　84, 86
ノルアドレナリン　　91

は　行

ハーシュ　　3
罰　　53
パブロフ　　3
パレート最適　　191
半順序的辞書編纂　　162, 165
非協力者　　29
非道具的シンボル体系　　32, 39
被投的存在　　31
皮膚伝導速度　　91
非補償型　　163, 166
非本来的時間性　　29
非本来的な現存在　　29
ヒューリスティックス　　160
フェヒナー　　3
不確実性下の意思決定　　2
不確実性嫌悪　　64
輻輳運動　　128
輻輳開散運動　　127, 128, 131
不公平性に対する判断　　83

賦存効果　　105
フレーミング効果　　6, 18, 101, 102
プロスペクト理論　　61, 87, 90, 102, 197-200, 203
分離型　　161, 163, 170
ベイズ学習　　27, 28
並立スケジュール　　133
ヘーゲル　　41, 42, 49
ベットマン　　5
ベルヌーイ　　3
弁証法的止揚　　33
変動環境法　　71
報酬量効果　　63
方法論的個人主義　　17
補償型　　162, 163
本来的時間性　　29
本来的な現存在　　29

ま　行

埋没費用　　105
マッチング法則　　54, 57, 58, 61, 72, 134, 137
満足化　　159, 161, 189
ミルグラム　　5, 6

ら　行

リスク下の意思決定　　2, 87, 195
量的弁証法　　33
累積プロスペクト理論　　200-204
レスポンデント学習　　19, 22, 23
レスポンデント条件づけ　　124, 125
連結型　　161-163, 165, 170
論理的推論過程　　28, 29

わ　行

割引率　　59

アルファベット

AIC　　215
BOLD　　80
CON　　161
decision making　　27
DIF　　160
Differentiation and Consolidation Theory　　18

227

索　引

DIS　161
Dominance Structure Theory　18
EBA 型　157, 162, 163, 165, 170
EEG　81
Electro-Oculo Graphy 法　132
EQW　160, 163
ERP　81
fMRI　79, 91
IKEA effect　105
intentional behavior　27
IRAP　147-149, 151

IRAP 効果　148-151
LATER モデル　135, 137
LEX　162
LEX-S　162
MCD　162, 165
MEG　81
PET　81, 91
SPECT　81
WAD　163
WADD　160

執筆者紹介

竹村和久（たけむら かずひさ）　編者　序章，第4章，第6章，第7章
1960年生まれ。同志社大学大学院文学研究科博士課程単位取得退学。博士（学術），博士（医学）。現在，早稲田大学文学学術院教授，同大学意思決定研究所所長。専門は社会心理学，意思決定論，行動計量学。著書に『意思決定の処方』（共著，朝倉書店），"Behavioral decision theory"（Springer）。

藤井聡（ふじい さとし）　第1章
1968年生まれ。京都大学大学院工学研究科修士課程修了。博士（工学）。現在，京都大学大学院工学研究科教授，同大学レジリエンス実践ユニット長。専門は実践的公共政策論，人文社会科学研究。著書に『意思決定の処方』（共著，朝倉書店），『大衆社会の処方箋』（共著，北樹出版）。

羽鳥剛史（はとり つよし）　第1章
1980年生まれ。京都大学卒業。博士（工学）。現在，愛媛大学大学院理工学研究科准教授。専門は土木計画，合意形成論。著書に『大衆社会の処方箋』（共著，北樹出版），『思いやりはどこから来るの？』（分担執筆，誠信書房）。

丹野貴行（たんの たかゆき）　第2章
1979年生まれ。慶應義塾大学社会学研究科後期博士課程単位取得退学。博士（心理学）。現在，明星大学心理学部准教授。専門は実験心理学，行動分析学。著書に『実験が切り開く21世紀の社会科学』（分担執筆，勁草書房）。

坂上貴之（さかがみ たかゆき）　第2章，第5章
1953年生まれ。慶應義塾大学社会学研究科博士課程単位取得退学。文学博士。現在，慶應義塾大学文学部教授。専門は実験心理学，行動分析学。著書に『心理学の実験倫理』（共編，勁草書房），『心理学が描くリスクの世界』（共編，慶應義塾大学出版会），『行動生物学事典』（共編，東京化学同人），『基礎心理学実践法ハンドブック』（共編，朝倉書店）。

高橋英彦（たかはし ひでひこ）　第3章
1971年生まれ。東京医科歯科大学医学部卒業。博士（医学）。現在，京都大学大学院医学研究科准教授。専門は精神医学，融合社会脳科学。著書に『なぜ他人の不幸は蜜の味なのか』（幻冬舎ルネッサンス）。

井出野尚（いでの たかし）　第4章
1962年生まれ。博士（文学）。現在，徳山大学経済学部准教授。専門は消費者行動，意思決定，社会心理学。論文に「アイトラッカーを用いた広告受容時の消費者の意思決定過程の検討」（日本感性工学会論文誌，13, 535-541）。

森井真広（もりい まさひろ）　第 5 章
1986 年生まれ。慶應義塾大学大学院社会学研究科心理学専攻博士課程単位取得退学。現在，慶應義塾大学論理と感性のグローバル研究センター研究員。専門は実験心理学，眼球運動測定，意思決定。論文に "The effect of gaze-contingent stimulus elimination on preference judgments" (*Frontiers in Psychology, 6*（1351）doi: 10.3389/fpsyg.2015.01351)。

原口僚平（はらぐち　りょうへい）第 6 章
1992 年生まれ。早稲田大学大学院文学研究科修士課程修了。現在，株式会社須永総合研究所。論文に「多属性意思決定における決定方略の認知的努力と正確さ」（認知科学，22, 368-388）

玉利祐樹（たまり ゆうき）第 6 章
1984 年生まれ。早稲田大学大学院文学研究科博士後期課程修了。博士（文学）。現在，静岡県立大学経営情報学部講師。専門は社会心理学，計量心理学，消費者行動，行動意思決定論。論文に "A report that Fukushima residents are concerned about radiation from Land, Food and Radon" (*Journal of Radiation Research, 57*, 418-421)。

村上始（むらかみ はじめ）　第 7 章
現在，早稲田大学文学学術院助手。専門は社会心理学。論文に "Probability weighting functions derived from hyperbolic time discounting" (*Frontiers in Psychology, 7*(778). doi: 10.3389/fpsyg.2016.00778)。

シリーズ監修者紹介

西條辰義（さいじょう たつよし）
1952年生まれ。ミネソタ大学大学院経済学研究科修了。Ph.D.（経済学）。オハイオ州立大学経済学部講師，カルフォニア大学サンタバーバラ校経済学部助教授，筑波大学社会工学系助教授，大阪大学社会経済研究所教授，高知工科大学制度設計工学研究センター長，一橋大学経済研究所教授を経て，現在，総合地球環境学研究所プログラムディレクター。文部科学省特定領域研究「実験社会科学——実験が切り開く21世紀の社会科学」代表。専門は制度設計工学，公共経済学。編著書に『社会科学の実験アプローチ』（共編，勁草書房）『フューチャー・デザイン』（勁草書房）。

フロンティア実験社会科学 5
選好形成と意思決定

2018年8月20日　第1版第1刷発行

編著者　竹　村　和　久
発行者　井　村　寿　人
発行所　株式会社　勁　草　書　房
112-0005 東京都文京区水道2-1-1　振替 00150-2-175253
（編集）電話 03-3815-5277／FAX 03-3814-6968
（営業）電話 03-3814-6861／FAX 03-3814-6854
本文組版 プログレス・日本フィニッシュ・松岳社

©TAKEMURA Kazuhisa　2018

ISBN978-4-326-34915-9　　Printed in Japan

<(社)出版者著作権管理機構 委託出版物>
本書の無断複写は著作権法上での例外を除き禁じられています。
複写される場合は，そのつど事前に，(社)出版者著作権管理機構（電話 03-3513-6969、FAX 03-3513-6979、e-mail: info@jcopy.or.jp）の許諾を得てください。

＊落丁本・乱丁本はお取替いたします。
http://www.keisoshobo.co.jp

フロンティア実験社会科学

監修　西條辰義

社会科学における実験研究は近年急激な勢いで増加している。その背景には，これまでの議論で前提とされてきた合理的な人間の振る舞いと，実際の行動とがうまく対応していないこと，そのため個別の行動原理のみならず，ヒトが進化のプロセスで獲得した特質や生態学的妥当性をも考慮した，人間性についての新しい基本的モデルが求められていることがある。本シリーズの特徴は，従来の社会科学実験研究の成果を再検討し，理論と実験に基づく社会制度の設計に対して基礎を与える，新たな人間性モデルの開発を重視している点にある。制度設計・評価のための実験研究と人間性モデル構築のための実験研究とを有機的に結合し，社会科学での使用に耐えうる人間性モデルを構築する。

第 1 巻　西條辰義・清水和巳編著『実験が切り開く 21 世紀の社会科学』　　3000 円

第 2 巻　西條辰義編著『人間行動と市場デザイン』　　3000 円

第 3 巻　肥前洋一編著『実験政治学』　　3200 円

第 4 巻　清水和巳・磯辺剛彦編著『社会関係資本の機能と創出』　　3000 円

第 5 巻　竹村和久編著『選好形成と意思決定』　　3300 円

第 6 巻　亀田達也編著『「社会の決まり」はどのように決まるか』　　3000 円

第 7 巻　山岸俊男編著『文化を実験する』　　3200 円

―――――――――――――――――――――――――――――――――――― 勁草書房

＊表示価格は 2018 年 8 月現在。消費税は含まれておりません。